元脱脱等撰

宋史

第四〇册

卷四七八至卷四九六（傳）

中華書局

宋史卷四百七十八

列傳第二百三十七

世家一

南唐李氏

唐自安、史之亂，藩鎭專制，百有餘年，寖成割據。及巢賊蹂躪，郡邑丘墟。降臻五季，豪傑蠭午，各挾智力，擅爲封疆，自制位號，以爭長雄。天厭禍亂，授宋大柄。太祖命將出師，十餘年間，南平荆、楚，西取巴、蜀，劉鋹旣俘，李氏納款。至于太宗，吳越請吏，漳、泉來歸，薄伐太原，遂僨北漢，而海內一矣！王稱〔一〕東都事略用東漢隗囂、公孫述例，置孟昶、劉鋹等於列傳，舊史因之。今倣歐陽脩五代史記，列之世家。凡諸國治亂之原，天下離合之勢，有足鑒者，悉著于篇。其子孫諸臣事業有可考者，各疏本國之下。作列國世家。

南唐李景，本名景通，後改爲璟。避周廟諱，復改爲景。父昪〔一〕，吳楊行密將徐溫養子，冒姓徐氏，名知誥，五代史有傳。景十餘歲，以父任駕部郎中、諸衞將軍。後唐天成二年，溫卒，昪遂專吳政。昪將出鎮，欲以國事付景，拜兵部尚書、參知政事。昪出鎮金陵，遷景司徒、平章事、知內外左右諸軍事。頃之，亦赴金陵，爲中外諸軍副都統。昪受吳禪，國號大齊，改元昪元，僭帝號，居金陵。自云唐宗室建王恪之後，下令復姓李氏，國號唐。封景吳王、諸道元帥、錄尚書事，改封齊王。

昪立七年卒，景襲位，改元保大，尊母宋氏爲皇太后，立妻鍾氏爲皇后，用宋齊丘、周宗爲宰相，郊祀天地。天福末，遣其將祖思全、何洙〔二〕侵福建漳、泉之地。漢乾祐初，李守貞以河中叛，潛遣舒元、楊訥間道求援於景。景命其將李金全、郭全義出師應之。金全以聲勢不接，初不願行，景固遣之。至沭陽，聞守貞敗，乃還。周廣順初，景又遣其將邊鎬平湖湘，尋復失之。

顯德二年，周世宗征淮南，破景衆於正陽，遂進圍壽州。太祖時總禁兵，破景將何延錫於渦口，又擒皇甫暉於滁州。景大懼，遣其臣鍾謨、李德明奉表願爲附庸。未幾，又遣其臣孫晟、王崇質奉表獻濠、壽、泗、楚、光、海六州之地，願罷兵，世宗未之許。

四年春，世宗大破景軍於紫金山，降其將朱元，克壽州。冬，又克濠、泗二州。五年春，改元中興。未幾，又改元交泰。是春，周師克楚州，又進克揚州。將議濟江，景大懼，請盡割江北之地，畫江爲界，稱臣於中朝，歲貢土物數十萬，世宗許之。始稟周之正朔，上表稱唐國主。世宗答書用唐報回鶻可汗之制，云「皇帝恭問江南國主」，臨汴水置懷信驛以待其使。景又上言世宗，請傳位於世子冀〔四〕，世宗賜書勉諭之乃止。景既失淮南之地，頗躁憤，惡其大臣宋齊丘、陳覺、李徵古〔五〕，皆殺之。六年十月，冀卒，命御廚使張延範充使弔祭。

建隆元年，太祖受命，卽遣使以書諭景。初，顯德中，江南將校相繼來降，周咸等三十四人皆在京師，至是遣歸。三月，景遣使貢絹二萬匹、銀萬兩，賀登極。及澤、潞平，景又貢銀五千兩爲賀，七月還京，又貢金器五百兩、銀器三千兩、羅紈千匹、絹五千匹，又遣其禮部郎中龔愼儀貢乘輿服御物。每歲冬、正、端午、長春節皆以土產珍異、金銀器用、繒帛、片茶爲貢。每景及錢俶遣親屬入貢，皆御前殿曲宴以寵之。景生日，遣使賜以金幣及賜羊萬口、馬三百疋、橐駝三十，以爲常制。是年，親征李重進，駐蹕廣陵，遣其左僕射嚴續來犒師。俄遣其子蔣國公從鎰朝行在所，又遣其戶部尚書馮延魯貢金買宴，并伶官五十人作樂上壽，又貢金銀器、金玉鞍勒、銀裝兵器及錢銀、綾絹，皆有加常數，太祖亦厚賜之。

初，景之襲父位也，屬中原多故，盧文進、李金全、皇甫暉之徒皆奔於景。跨據江、淮三十餘州，擅魚鹽之利，卽山鑄錢，物力富盛。嘗試貢士高祖入關詩，頗有窺覦中土之意。自世宗平淮甸，浸以衰弱。及太祖平揚州，日習馬舫戰艦於京城之南池，景懼甚。其小臣杜著頗有辭辯，僞作商人，由建安渡來歸；又彭澤令薛良坐事責授池州文學，亦挺身來奔，獻平南策，景聞之益懼。太祖命斬著於下蜀市，良配隸廬州衙校，景乃安。終以國境蹙弱，不遑寧居，遂遷於豫章。上遣通事舍人王守正持詔撫之。

俄而景卒，其臣桂陽郡公徐邈奉遺表來上，太祖廢朝五日，遣鞍轡庫使梁義弔祭，贈賻絹三千匹。子煜又遣其臣馮謐奉表，願追尊帝號，許之。煜乃謚景爲明道崇德文宣孝皇帝〔六〕，廟號元宗，陵號順陵。

煜字重光，景第六子也，本名從嘉。少聰悟，喜讀書屬文，工書畫，知音律。初封安定郡公，累遷諸衞大將軍、副元帥，封鄭王。

景始嗣位，以弟齊王景遂爲元帥，居東宮，燕王景達爲副元帥，就昇柩前盟約，兄弟相繼，中外庶政，並委景遂參决。景長子冀爲東都留守，後又立景遂爲太弟，景達爲齊王、元帥，冀爲燕王、副元帥。冀鎭京口，周師征淮，吳越圍常州，冀部將敗之。景達屯濠州，兵衂遁還。及割地後，出景遂爲洪州元帥，封晉王，景達撫州元帥，立冀爲太子。景遂尋卒，數月冀亦卒，乃立從嘉爲吳王。

建隆二年，景遷洪州，立爲太子監國，是秋襲位，居建康，改名煜。立母鍾氏爲聖尊后，以鍾氏父名泰章故也，妻周氏爲國后。遣戶部尚書馮謐來貢金器二千兩、銀器二萬兩、紗羅繒綵三萬匹。且奉表陳紹襲之意曰：

臣本於諸子，實愧非才，自出膠庠，心疎利祿。被父兄之蔭育，樂日月以優游，思追巢、許之餘塵，遠慕夷、齊之高義。繼傾懇悃，上告先君，固匪虛詞，人多知者。徒以伯仲繼沒，次第推遷，先世謂臣克習義方，既長且嫡，俾司國事，遽易年華。及乎暫赴豫章，留居建業，正儲副之位，分監撫之權，懼弗克堪，常深自勵。不謂掩丁艱罰，遂玷纘承，因顧肯堂，不敢滅性。然念先世君臨江表垂二十年，中間務在倦勤，將思釋負。臣亡兄文獻太子從冀將從內禪，已決宿心，而世宗敦勸既深，議言因息。及陛下顯膺帝籙，彌篤睿情，方誓子孫，仰酬臨照。則臣向於脫屣，亦匪邀名，既嗣宗枋，敢忘負荷。唯堅臣節，上奉天朝。若曰稍易初心，輒萌異志，豈獨不遵於祖禰，實當受譴於神明。方主一國之生靈，遐賴九天之覆燾。況陛下懷柔義廣，煦嫗仁深，必假清光，更逾曩日。遠憑帝力，下撫舊邦，克獲宴安，得從康泰。

然所慮者，吳越國隣於弊土，近似深讎，猶恐輒向封疆，或生紛擾。臣即自嚴部曲，終不先有侵漁，免結釁嫌，撓干旒扆。仍慮巧肆如簧之舌，仰成投杼之疑，曲構異端，潛行詭道。願迴鑒燭，顯諭是非，庶使遠臣得安危懇。

太祖詔答焉。自景書江內附，周世宗貽書於景，至是，因煜之立，始下詔而不名。

會昭憲太后葬，煜遣戶部侍郎韓熙載、太府卿田霖來貢。三年，詔煜應朝廷橫海、飛江、水門、懷順諸軍親屬有在江表者，悉遣令渡江。煜每聞朝廷出師克捷及嘉慶之事，必遣使犒師修貢。其大慶，即更以買宴爲名，別奉珍玩爲獻。吉凶大禮，皆別修貢助。煜有母妻之喪，亦遣使往吊。乾德元年，煜上表乞呼名，詔不許。二年，又詔江北，許諸州民及諸監鹽亭戶緣江採捕及過江貿易。先是，江北置榷場，禁商人渡江及百姓緣江樵採。是歲，以江南荐飢，特弛其禁。三年，獻銀二萬兩、金銀龍鳳茶酒器數百事。開寶四年，又以占城、闍婆、大食國所送禮物來上，又遣弟從謙奉珍寶器用金帛爲貢，且買宴，其數皆倍於前。是冬，以將郊祀，又遣弟從善來貢。

會嶺南平，煜懼，上表，遂改唐國主爲江南國主，唐國印爲江南國印〔七〕。又上表請所賜詔呼名，許之。煜又貶損制度，下書稱教；改中書門下省爲左右內史府〔八〕，尙書省爲司會府，御史臺爲司憲府，翰林爲文館，樞密院爲光政院；降封諸王爲國公，官號多所改易。五年，長春節，別貢錢三十萬，遂以爲常。太祖以從善爲泰寧軍節度，賜第留京師。是歲，煜又貢米麥二十萬石。雖外示畏服，修藩臣之禮，而內實繕甲募兵，潛爲戰備。太祖慮其難制，令從善諭旨於煜，使來朝，煜但奉方物爲貢。六年，賜米麥十萬斛，振其飢民。

七年秋，遂詔煜赴闕，煜稱疾不奉詔。冬，乃興師致討，以宣徽南院使、義成軍節度曹彬爲昇州西南面行營都部署〔九〕，山南東道節度潘美爲都監。煜初聞大兵將舉，甚惶懼，遣其弟從鎰及潘愼脩來買宴，貢絹二十萬匹、茶二十萬斤及金銀器用、乘輿服物等。及至，遂留於別館。王師克池州，又破其衆二萬於采石磯，擒其龍驤都虞候楊收等，獲馬三百匹。江表無戰馬，朝廷歲賜之。及是所獲，觀其印文，皆歲賜之馬也。初，將有事江表，江南進士樊若水詣闕獻策，請造浮梁以濟師。太祖遣高品石全振往荆湖造黃黑龍船數千艘，又以大艦載巨竹絙，自荆渚而下。及命曹彬等出師，乃遣八作使郝守濬等率丁匠營之。議者以爲古未有作浮梁渡大江者，恐不能就。乃先試於石牌口〔一〇〕，移置采石，三日而成，渡江若履平地。煜初聞朝廷作浮梁，語其臣張洎，洎對曰：「載籍已來，長江無爲梁之事。」煜曰：「吾亦以爲兒戲耳。」

王師渡江，煜委兵柄於皇甫繼勳，委機事於陳喬、張洎，又以徐溫諸孫元楀〔一一〕等爲傳詔，每軍書告急，多不時通。八年春，王師傅城下，煜猶不知。一日登城，見列栅於外，旌旗徧野，始大懼，知爲近習所蔽，遂殺繼勳，召朱令贇於上江，令連巨筏載甲士數萬人順流而下，將斷浮梁，未至，爲劉遇所破。又募勇士五千餘人謀襲官軍，皆素不習戰，以暮夜人秉一炬來攻襲北砦。宋師縱其至，擊之，殲焉，獲其將帥，悉佩印符。

初，彬之南征也，太祖親諭之曰：「卿至彼愼勿暴略，可示以兵威，俾自歸順，不必急攻。」及彬軍圍城，又命左拾遺、知制誥李穆送從鎰還本國，諭以手詔，促其降。會潤州平，煜危迫甚，遣其臣徐鉉、周惟簡奉方物來貢，手書奏目以來，哀懇求罷兵，太祖不許。俄復遣鉉等入貢，仍乞緩師，又不答，但厚賜遣之。初，從鎰之還，詔諸將罷攻城，而煜終惑左右之言，猶豫不決，遂詔進兵。

八年冬，城陷，曹彬等駐兵于宮門，煜率其近臣迎拜於門。彬等上露布，以煜幷其宰相湯悅等四十五人上獻。太祖御明德樓，以煜嘗奉正朔，詔有司勿宣露布，止令煜等白衣紗帽至樓下待罪。詔並釋之，賜冠帶、器幣、鞍馬有差。下詔曰：

上天之德本於好生，爲君之心貴乎含垢。自亂離之云瘼，致跨據之相承，諭文告而弗賓，申吊伐而斯在。慶玆混一，加以寵綏。江南僞主李煜，承奕世之遺基，據偏方而竊號。惟乃先父早荷朝恩，當爾襲位之初，未嘗稟命。朕方示以寬大，每爲含容。雖陳內附之言，罔效駿奔之禮，聚兵峻壘，包蓄日彰。朕欲全彼始終，去其疑間，雖頒召節，亦冀來朝，庶成玉帛之儀，豈願干戈之役。蹇然弗顧，潛蓄陰謀。勞銳旅以徂征，傅孤城而問罪。洎聞危迫，累示招攜，何迷復之不悛，果覆亡之自掇。

昔者唐堯光宅，非無丹浦之師；夏禹泣辜，不赦防風之罪。稽諸古典，諒有明刑。朕以道在包荒，恩推惡殺。在昔騾車出蜀，青蓋辭吳，彼皆閏位之降君，不預中朝之正朔，及頒爵命，方列公侯。爾實爲外臣，戾我恩德，比禪與皓，又非其倫。特升拱極之班，賜以列侯之號，式優待遇，盡捨尤違。可光祿大夫、檢校太傅、右千牛衞上將軍，仍封違命侯。

召升殿撫問。妻周氏封鄭國夫人，又以其子神武右廂都指揮使仲寓〔三〕爲左千牛衞大將軍，弟宣州節度使從鎰爲左領軍衞大將軍，江州節度使從謙爲右領軍衞大將軍，神武統軍從度爲左監門衞大將軍，神武左廂都指揮使從信爲右監門衞大將軍，姪戶部尚書仲遠爲右驍衞將軍，刑部尚書仲興爲右武衞將軍，禮部尚書仲偉爲右屯衞將軍，宗正卿季操爲左武衞將軍，殿中監仲康爲右領衞將軍，殿中少監仲宣爲監門衞將軍。仍賜其弟姪宅各一區。

太宗卽位，始去違命侯，加特進，封隴西郡公。太平興國二年，煜自言其貧，詔增給月奉，仍賜錢三百萬。太宗嘗幸崇文院觀書，召煜及劉鋹，令縱觀，謂煜曰：「聞卿在江南好讀書，此簡策多卿之舊物，歸朝來頗讀書否？」煜頓首謝。三年七月，卒，年四十二。廢朝三日，贈太師，追封吳王。

先是，江南自後漢以來，民間有服玩侈靡者，人詢之，必對曰：「此物屬趙寶子。」又煜之妓妾嘗染碧，經夕未收，會露下，其色愈鮮明，煜愛之。自是宮中競收露水，染碧以衣之，謂之「天水碧」。及江南滅，方悟「趙」，國姓也；「寶」，年號也；「天水」，趙之望也。

從善字子師，僞封鄭王，累遷太尉、中書令，後降封南楚國公。開寶四年春，奉方物來貢，授泰寧軍節度、兗海沂等州觀察等使，留京師。時太祖平劉鋹，將召煜入朝，故授從善節制，仍賜汴陽坊甲第一區。煜手疏求遣從善歸國，優詔不許。七年，推恩將佐，以掌書記江直木爲司門員外郎、同判兗州，衙內都指揮使兼左都押衙崔光習爲右千牛衞將軍，衙內都虞候兼右都押衙子再興爲右千牛衞中郎將，並同正。又封從善母凌氏吳國太夫人。

江南平，改右神武大將軍。雍熙初，再遷右千牛衞上將軍，出爲通許監軍。四年，卒，年四十八。

子仲翊，大中祥符初，賜同進士出身。二年，復召試，除楚州推官，累遷殿中丞，坐事免。次子仲猷，景德中，特錄爲三班借職。

從誧本名從謙，僞封吉王，後降封鄂國公〔三〕。隨煜歸朝，爲右領軍衞大將軍，遷右龍武大將軍，歷知隨、復、威三州。上表改名。淳化五年，上言貧不能自給，求外任。以本官充武勝軍行軍司馬，月給奉錢三萬。子仲偃，大中祥符八年，舉進士。

季操，昪從父弟僞江王逷〔四〕之子也。從煜入朝，後爲右神武將軍，累遷左衞大將軍，領康州刺史，出爲單州都監。歷知淮陽漣水二軍、蔡舒二州。大中祥符四年，卒。

仲寓字叔章，少聰慧，能屬文，多才藝。僞封清源郡公，歸朝爲千牛衞大將軍。煜卒，太宗賜仲寓積珍坊第一區、白金五千兩。仲寓宗族百餘口，猶貧不能給，上書自陳。太宗憐之，授郢州刺史。在郡迨十年，爲政寬簡，部內甚治。淳化五年，卒，年三十七。

子正言，景德三年，特補供奉官。早卒無嗣，唯一女孤幼，眞宗愍之，賜絹百匹、錢二百萬，以備聘財，仍遣內臣主其事。

煜有土田在常州，官爲檢校。上聞其宗屬貧甚，命鬻其半，置資產以贍之。

舒元，潁州沈丘人。少倜儻好學，與道士楊訥講習於嵩陽，通左氏及公、穀二傳。與訥同詣河中謁李守貞，與語奇之，俱館於門下。守貞謀叛，遣元與訥間道乞師江南。江南遣大將軍皇甫暉等率衆數萬次沭陽，爲之聲援。會守貞敗，元與訥留江南。元易姓朱，楊訥更姓名爲李平。

元事李景，歷江寧令、駕部員外郎、文理院待詔，嘗坐事左遷。世宗征淮南，諸郡多下，元求見言兵事，景大悅，遣率兵攻舒州，復之，即以爲團練使。又平歷陽，景以元爲淮南北面招討使。

周師圍壽春，景以其弟齊王景達爲元帥，率兵來救，以陳覺爲監軍，總軍政。元素與覺有隙，覺密表譖元於景，信之，立遣大將楊守忠代元。元憤怒，自以戰功高，又不忍負景，欲自殺。門下客宋洎諫曰：「大丈夫何往不取富貴，豈必爲妻子死哉！」元聽之，將其衆歸世宗，景盡誅其妻子。世宗素知元驍果，得之甚喜，以爲檢校太保、蔡州防禦使。淮南平，改濠州防禦使。

宋初，從平李重進，改沂州防禦使。爲滑州巡檢使，與節帥不協，誣奏元爲同産妹婿宋珉請求。事得釋，詔元復姓舒氏。開寶五年，爲白波兵馬都監。太平興國二年，卒，年五十五，特贈武泰軍節度。

元辯捷强記，治郡日，或奏其不親獄訟，事多寃滯。太祖面詰問之，凡所詰，元必具誦款占，指述曲直，太祖甚嘉歎之。子知白、知雄、知崇。

知白至作坊使。知雄初補殿直，雷有終薦授供奉官、鄜延路駐泊都監，後辭疾居嵩山。知白嘗奏事太宗，語及之，卽召出，授西京作坊副使、泉福都巡檢使。眞宗初，懇請入道，歸嵩陽舊隱。復爲王嗣宗、李元則所薦，授供備庫使，歷知棣州、麟府鄜延鈐轄，又知虔州。復求入道，面賜紫冠服，號崇玄大師。嘗獻字母圖，有詔褒獎。乾興元年，卒，年八十一。知崇累歷內職，至供備庫使。嘗爲廣州鈐轄、河北安撫副使，卒。

知白子昭遠，大中祥符五年，任大理評事，因對自陳，改大理寺丞，賜進士第，至太常博士。

韓熙載字叔言，濰州北海人。後唐同光中，舉進士，名聞京、洛。父光嗣，爲平盧軍節度副使。同光末，青州軍亂，逐其帥符習，推光嗣爲留後。明宗卽位，誅光嗣，熙載奔江南，歷僞吳滁、和、常三州從事。

李昪僭號，爲秘書郎，令事其子景於東宮。景嗣位，遷虞部員外郎、史館修撰。熙載自言：「受昪知遇，不得顯位，是以我屬嗣君也。」遂上章，言事切直，景嘉納之。又改吉凶儀禮不如式者十數事，大爲宋齊丘、馮延己所忌〔五〕。

昪將葬，以熙載知禮，令兼太常博士。時江左草創，典禮多闕，議者以昪繼唐昭宗之後，廟號合稱宗。熙載建議，以爲古者帝王已失之，己得之，謂之反正；非我失之，自我復之，謂之中興，中興之君廟號稱祖。以爲昪興既墜之業，請號烈祖。景由是益加恩禮，擢知制誥。熙載性懶慢，朝直多闕，未幾罷去。

晉開運末〔六〕，中原多事，江南方盛，其臣陳覺、馮延魯建討福州，師敗而還，景釋不問罪。熙載與徐鉉同上疏，請置于法。覺、延魯，宋齊丘之黨也。熙載爲齊丘所排，貶和州司馬，語在徐鉉傳。久之，召爲虞部郎中、史館修撰，拜中書舍人。

世宗平淮甸，景患國用不足，熙載請鑄鐵錢。及煜襲位，卒行其議，以熙載爲兵部尚書，充鑄錢使。錢貨益輕，不勝其弊，熙載頗亦自悔。

熙載善爲文，江東士人、道釋載金帛以求銘誌碑記者不絕，又累獲賞賜，由是畜妓妾四十餘人，多善音樂，不加防閑，恣其出入外齋，與賓客生徒雜處。煜以其盡忠言事，垂欲相之，終以帷薄不修，責授右庶子，分司洪州。熙載盡斥諸妓，單車即路，煜留之，改秘書監，俄而復位。向所斥之妓稍稍而集，頃之如故。煜歎曰：「吾亦無如之何！」遷中書侍郎、光政殿學士承旨。開寶三年，卒，年六十。煜痛惜之，贈左僕射、平章事，謚文靖，葬於梅嶺岡〔七〕謝安墓側，命徐鍇集其遺文。

熙載才氣俊逸，機用周敏，性高簡，無所卑屈，未嘗拜人。雖被遣逐，終不改節，江左號爲「韓夫子」。顯德中，熙載來朝廷，歸，景問中國大臣，時太祖方典禁兵，熙載對曰：「趙點檢顧視不常，不可測也。」及太祖登極，景益重之。頗以文章自負，好大言。初，乾德丁卯年，五星連珠於奎，奎主文章，又在魯分，時太宗鎭兗、海，中國太平之符也。是歲，熙載著格言五卷，自序其事云：「魯無其應，韓子格言成之。」人多笑之。

馮謐本名延魯，字叔文，其先彭城人，唐末南渡，家于新安。李昪僭號，立子景爲太子，謐與兄延已俱以文學得幸。及景嗣位，累遷至中書舍人。

晉開運末，閩越大亂，景遣謐與諫議大夫陳覺乘傳安撫，謐遂矯詔發數郡兵攻福州。及敗，引佩刀自刺，親吏制之，不死，長流舒州。會赦敍用，復爲中書舍人，改工部侍郎。江南以揚州爲東都，命謐副留守。周世宗下揚州，謐髠髮爲僧，匿于佛寺，爲官軍所獲。世宗釋之，授太常卿，賜與甚厚。數年，拜刑部侍郎，放還，爲戶部尙書。建隆三年，煜遣來貢，因表求舒州田宅，詔賜之。後改常州觀察使而卒。

子侁歸中朝，與兄儀、价並登進士第。侁文辭淸麗，嘗著平晉頌，時人稱之。累遷殿中侍御史，歷典藩郡，皆有治跡。咸平三年，知福州，卒。特賜錢十萬，錄其子玄應同學究出身。

潘佑，南唐散騎常侍處常之子。少介僻，杜門讀書，不交人事。及長，善屬文，尤長於論議。陳喬、韓熙載、徐鉉等共薦於景，爲秘書省正字、直崇文館。煜襲位，遷虞部員外郎、史館修撰。未幾，知制誥，爲內史舍人。

有李平者，本嵩山道士楊訥，依河中帥李守貞。漢乾祐中，守貞反，遣訥與舒元乞師江南。守貞敗，訥遂易姓名，江南以爲員外郎，遷衞尉少卿、蘄州刺史、戶部侍郎。平好神仙修養之事，動作妖妄，自言常與神接。佑亦好神仙，遂相善。二家皆置淨室，圖神像，常被髮裸袒處室中，家人亦不得至。佑嘗建議復井田，及依周禮置牛籍，薦平判司農寺以督之。事行，百姓大擾，未幾而罷。佑自以爲衆所排，因憤怒，歷詆大臣與握兵者兩爲朋比，將謀反叛；又言國將亡，非己爲相不可救。江南政事多在尙書省，因薦平知省事，又薦星官楊熙澄爲樞密使，小校侯英典禁兵，煜不納。佑益忿，抗疏請誅宰相湯悅等數十人，煜手書敎戒之。佑不復朝謁，乃於家上書曰：「臣聞『三軍可奪帥也，匹夫不可奪志也』。近者連上表章指陳姦惡，何面目以見士人乎？」遂自縊死。

皇甫繼勳，江州節度使暉之子。幼以父蔭爲軍校，父死難於滁州，累遷將軍、池饒二州刺史，勤於吏事。入爲諸軍都虞候，遷神衞統軍都指揮使。諸老將相次皆死，而繼勳尙少，遂爲大將。貲產優贍，營第舍、車服，畜妓樂，潔飲食，極遊宴之好。

及宋師至，諸軍多敗衄，繼勳欲煜之速降，每衆中流言，頗道國中虛弱。姪紹傑亦以繼勳故，爲巡檢。常令紹傑入見煜，陳歸命之計。會有風雹，繼勳又密陳滅亡之兆。偏裨或有募勇士欲夜出營邀宋師者，輒鞭而拘之。又因請出煜親兵千餘守闕城,爲宋師所掩。

一日，煜躬自巡城，見宋師列栅城外，旌旗徧野，始驚懼，知爲左右所蔽。及巡城還，繼勳從至宮，煜乃責其流言惑衆及不用命之狀，收付大理。始出，軍士悉集，臠割其肉，頃刻都盡。紹傑亦被誅。煜皆赦其妻子。

周惟簡，饒州鄱陽人。隱居，好學問，明易義。煜召爲國子博士、集賢侍講。頃之，以虞部郎中致仕。宋師圍金陵，煜求能使交兵者，張洎薦惟簡有遠略，可以談笑和解之。召爲給事中，與徐鉉奉使至京師。太祖召見詰責，惟簡惶恐，反言曰：「臣本居山野，無仕進之意，李煜強遣來耳。臣素聞終南山多靈藥，事寧後，願得栖隱。」太祖許之。江南平，以惟簡爲國子周易博士、判監事。開寶九年，上書述前志，求解官，蓋不得已，非其心也。改虞部郎中，致仕。以其子繕爲京兆府鄠縣主簿，俾就養。

太平興國初，惟簡自終南至闕下，求入見。有司以致仕官非有詔召無求對之制，乃還。歲餘，復上表自求用，除太常博士，遷水部員外郎，卒。繕後舉進士，至都官員外郎。

校勘記

〔一〕王稱　原作「王偁」，據余嘉錫四庫提要辨證卷五改。

〔二〕父昪　「昪」原作「昇」，據通鑑卷二八二、新五代史卷六二南唐世家改。下文同。

〔三〕祖思全何洙　通鑑卷二八四、馬令南唐書卷二嗣主書、陸游南唐書卷二元宗紀作「祖全恩」、「何敬洙」。

〔四〕請傳位於世子冀　「冀」，下文作「從冀」，通鑑卷二八二、陸游南唐書卷一六元宗諸子傳都作「弘冀」。

〔五〕李徵古　原作「李徵吉」，據馬令南唐書卷二一本傳、陸游南唐書卷二元宗紀改。

〔六〕明道崇德文宣孝皇帝　「宣」字原脫，據長編卷二、陸游南唐書卷二元宗紀補。

〔七〕江南國印　「國」下原衍「主」字，據東都事略卷二三李煜傳、長編卷一二刪。

〔八〕左右內史府　「內史」原作「內使」。據陸游南唐書卷三元宗紀、東都事略卷二三李煜傳改。

〔九〕曹彬爲昇州西南面行營都部署　「昇州」二字原脫，據長編卷一五、太平治蹟統類卷一太祖平江南條補。

〔一〇〕石牌口　原作「石脾口」，據長編卷一五、太平治蹟統類卷一改。

〔一一〕元楀　東都事略卷二三李煜傳、陸游南唐書卷三後主紀、續通鑑紀事本末卷三都作「元瑀」。

〔一二〕仲㝢　隆平集卷一二、東都事略卷二三李煜傳都作「仲寓」。下文同。

〔一三〕鄂國公　「鄂」原作「諤」，據馬令南唐書卷七宗室傳、陸游南唐書卷一六元宗諸子傳改。

〔一四〕昪從父弟僞江王逷　「逷」，新五代史卷六二南唐世家、馬令南唐書卷七宗室傳、陸游南唐書卷一六烈宗諸子傳都作「景逷」，並以爲是昪第五子。

〔一五〕馮延己　按本書卷二〇八藝文志、陸游南唐書卷一一都作「馮延巳」。

〔一六〕晉開運末　「開運」原作「天福」，據本卷馮謐傳、通鑑卷二八五改。

〔一七〕梅嶺岡　原作「梅頂岡」。按陳書卷三六始興王叔陵傳，其母死，「啓求梅嶺葬之，乃發故太傅謝安舊墓，棄去安柩以葬其母」。陸游南唐書卷一二韓熙載傳也作「梅嶺岡」，「頂」當爲「嶺」字之誤，據改。

宋史卷四百七十九

列傳第二百三十八

世家二

西蜀孟氏

西蜀孟昶，初名仁贊，及僭位改焉。其先邢州龍岡人。父知祥，事後唐武皇，武皇以弟之子妻之，是爲瓊華長公主。同光初，知祥爲太原尹、知留守事。三年，平蜀。四年，以知祥爲劍南西川節度副大使、知節度事。明宗卽位，命知祥討平東川，知祥自領兩川節度，明宗卽以授之。長興四年，封蜀王，許行墨制。五年，閔帝立，乃稱帝於蜀，改元明德，時淸泰元年也。事具五代史。昶母李氏，本莊宗嬪御，以賜知祥，天祐十六年己卯十一月，生昶於太原。初，知祥鎭西川，不及以族行，天成元年，奏遣衙校迎家太原，明宗因令部送長公主及昶與所生母至蜀。公主以長興三年卒。

知祥初署昶兩川節度行軍司馬，僭號，以昶爲檢校太保、同平章事、崇聖宮使、東川節度。知祥疾，立爲皇太子，權監軍國。明德元年七月，知祥卒，昶襲位，年始十六，止稱明德年號，委政於趙季良、張知業、李仁罕等。二年，尊其母李氏爲皇太后。四年，改元廣政。後以事誅仁罕、知業，乃親政事。十三年，加號睿文英武仁聖明孝皇帝。

晉末，秦州節度使何建〔一〕、鳳州防禦使石奉頵俱以城降昶。時契丹亂華，漢祖起并門，中土蝗旱連歲，昶益自大，開貢部，行郊祀禮，自此君臣奢縱。及周世宗克秦、鳳，昶始懼，放還先所獲濮州刺史胡立，致書世宗，稱大蜀皇帝，且言家世邢臺，願敦鄉里之分。世宗怒其無禮，不答。昶愈不自安，乃於劍門、夔、峽多積芻粟，增置師旅。用度不足，遂鑄鐵錢。禁境內鐵，凡器用須鐵爲之者，置場鬻之，以專其利。

立其子玄喆爲太子，用王昭遠、伊審徵、韓保正、趙崇韜等分掌機要，總內外兵柄。母李氏謂昶曰：「吾嘗見莊宗跨河與梁軍戰，又見爾父在并州捍契丹及入蜀定兩川，當時主兵者非有功不授，故士卒畏服。如昭遠者，出於微賤，但自爾就學之年，給事左右；又保正等皆世祿之子，素不知兵，一旦邊疆警急，此輩有何智略以禦敵？高彥儔是爾父故人，秉心忠實，多所經練，此可委任。」昶不能遵用其言。

及太祖下荆、楚，昶欲遣使朝貢，昭遠等固止之。太祖詔蜀之邸吏、將卒先在江陵者並放還，仍給賜錢帛以遣。乾德二年，昶遣孫遇、楊蠲、趙彥韜爲諜至京師。彥韜潛取昶與并州劉鈞蠟丸帛書以告，其書云：「早歲曾奉尺書，遠達睿聽。丹素備陳於翰墨，歡盟已保於金蘭。洎傳吊伐之嘉音，實動輔車之喜色。尋於褒、漢，添駐師徒，只待靈旗之濟河，便遣前鋒而出境。」先是，太祖已有西伐意而未發，及覽書，喜曰：「吾用師有名矣。」卽命忠武軍節度王全斌充鳳州路行營前軍兵馬都部署，武信軍節度、侍衞步軍都指揮使崔彥進充副都部署〔二〕，樞密副使王仁贍充都監，龍捷右廂都指揮使史延德充馬軍都指揮使，虎捷右廂都指揮使張萬友〔三〕充步軍都指揮使，隴州防禦使張凝充先鋒都指揮使〔四〕，左神武大將軍王繼濤充濠砦使，內染院使康延澤充馬軍都監，翰林副使張煦充步軍都監，供奉官田仁朗充濠砦都監，殿直鄭粲充先鋒都監，步軍都軍頭向韜充先鋒都軍頭，寧江軍節度、侍衞馬步軍都指揮使劉廷讓〔五〕充歸州路行營前軍兵馬副都部署，內客省使、樞密承旨曹彬充都監，客省使武懷節充戰櫂部署，龍捷左廂都指揮使李進卿充步軍都指揮使〔六〕，前階州刺史高彥暉充先鋒都指揮使，右衞將軍白廷誨充濠砦使，御廚副使朱光緒〔七〕充馬軍都監，儀鸞副使折彥贇充步軍都監，八作副使王令嵒充先鋒都監，供奉官郝守濬充濠砦都監，馬步軍都軍頭楊光美充戰櫂左右廂都指揮使，供奉官藥守節充戰櫂左廂都監，殿直劉漢卿充戰櫂右廂都監，率禁兵三萬人、諸州兵二萬人分路討之。詔令孫遇等指畫江山曲折之狀，及兵砦戍守之處道里遠近，俾畫工圖之，以授全斌等。因謂曰：「西川可取否？」全斌等對曰：「臣等仗天威，遵廟算，剋日可定。」龍捷右廂都校史延德前奏曰：「西川一方，儻在天上，人不能到，固無可奈何。若在地上，以今之兵力，到卽平矣。」上壯其言，謂之曰：「汝等果敢如此，我何憂乎！」又謂全斌等曰：「凡克城砦，止籍其器甲芻糧，悉以錢帛分給戰士。」

及兵至，昶遣王昭遠、趙崇韜、韓保正、李進等來拒戰。昭遠等相繼就擒，昶大懼，出金帛募兵，令其子玄喆統之，李廷珪、張惠安爲其副，以守劍門。玄喆素不習武，廷珪、惠安皆庸懦無識。玄喆離成都，但攜姬妾、樂器及伶人數十輩，晨夜嬉戲，不恤軍政。至綿州，聞宋師已破劍門，遂遁歸東川，所過焚廬舍倉廩而去。昶益惶駭，問計於左右。有老將石斌〔八〕，對以宋師遠來，勢不能久，請聚兵固守以老之。昶曰：「吾父子以豐衣美食養士四十年，及遇敵，不能爲我東嚮發一矢。今若固壘，何人爲我效命？」

三年正月，昶遣其通奏伊審徵齎表詣全斌請降，且言：「中外骨肉二百餘人，有親年幾七十，願終甘旨之養，免賜暌離之責，則祖宗血食庶獲少延。」末援劉禪、陳叔寶故事以請封號。全斌等既受其降，遣馬軍都監康延澤先以百騎入城見昶，諭以恩信，留三日，盡封府庫而還。

昶又遣其弟仁贄〔九〕詣闕上表言：

先臣受命唐室，建牙蜀川，因時事之變更，爲人心之擁迫。先臣卽世，臣方丱年，猥以童昏，繆承餘緒。乖以小事大之禮，闕稱藩奉國之誠，染習偷安，因循積歲。所以上煩宸算，遠發王師，勢甚疾雷，功如破竹。顧惟懦卒，焉敢當鋒？尋束手以云歸，止傾心而俟命。

今月七日，已令私署通奏使、宣徽南院使伊審徵奉表歸降，以緣路寇攘，前進不得。臣尋更令兵士援送，至十一日，尙恐前表未達，續遣供奉官王茂隆再齎前表。至十二日以後，相次方到軍前，必料血誠，上達睿聽。臣今月十九日，已領親男諸弟，納降禮於軍門，至於老母諸孫，延餘喘於私第。

陛下至仁廣覆，大德好生，顧臣假息於數年，所望全軀於此日。今蒙元戎慰恤，監護撫安，若非天地之垂慈，豈見軍民之受賜！臣亦自量過咎，尙切憂疑，謹遣親弟詣闕奉表，待罪以聞。

太祖詔曰：

朕以受命上穹，臨制中土，姑務保民而崇德，豈思右武以佳兵？至於臨戎，蓋非獲已。矧惟益部，僻處一隅，靡思僭竊之愆，輒肆窺覦之志，潛結幷寇，自啓釁端。爰命偏師，往申弔伐，靈旗所指，逆壘自平。

朕嘗中宵憮然，兆民何罪！屢馳馹騎，嚴戒兵鋒，務宣拯溺之懷，以盡招攜之禮。而卿果能率官屬而請命，拜表疏以祈恩，託以慈親，保其宗祀，悉封庫府，以待王師。追咎改圖，將自求於多福；匿瑕含垢，當盡滌於前非。朕不食言，爾無他慮。

昶乃舉族與官屬由峽江而下，至江陵，上遣皇城使竇思儼迎勞之。四月初，昶與母至襄漢，復遣使齎詔賜茶藥。所賜詔不名，仍呼昶母爲國母。昶將至，命太宗勞於近郊。昶率子弟素服待罪闕下，太祖御崇元殿，備禮見之，賜昶襲衣、玉帶、黃金鞍勒馬、金器千兩、銀器萬兩、錦綺千段、絹萬匹；又賜昶母金器三百兩、銀器三千兩、錦綺千匹、絹千匹；子弟及其官屬等襲衣、金玉帶、鞍勒馬、車乘、器幣有差；又遣使分詣江陵、鳳翔賜其家屬錢帛，疾病者給以醫藥。卽日宴於大明殿。先是，詔有司於右掖門外，臨汴水起大第五百間以待昶，供帳悉備，至是賜之，又爲其官屬各營居第。

翌日，詔曰：

伯禹導川，黑水本梁州之域；河圖括象，岷山直井絡之墟。是曰坤維，素爲王土。屬中原多故，四海羣飛，遂剖裂於山河，競僭竊於位號。朕削平寓縣，載整皇綱，復周、漢之舊疆，寵綏羣后；采唐、虞之大訓，協和萬邦。六年于茲，百揆時敍。禮樂征伐之柄，盡出朝廷；蠻夷山海之君，咸修職貢。一昨順長庚而授律，法時雨以興師，先申誕告之文，以慰徯來之衆。

咨爾僞蜀主孟昶，克承餘緒，保據一隅，擅正朔以自尊，歷歲時而滋久。屬王師致討，察天道之惡盈，體此綏懷，思於效順，盡率羣吏，降于軍門。抗手疏以陳誠，伏天閽而請命。是用昭示大信，盡滌疵瑕，度越彝章，升於崇秩。冠紫微之近署，以奉內朝；剪鶉首之奥區，爲之封邑。卒從異數，式洽殊私。爾宜欽承，往踐厥位。可開府儀同三司、檢校太師兼中書令、秦國公，給上鎮節度使奉祿。餘官除拜有差。

昶數日卒，年四十七。太祖廢朝五日，素服發哀於大明殿。賜尙書令，追封楚王，謚恭孝，賻布帛千匹，葬事官給。後數日，其母李氏亦卒。

初，李氏隨昶至京師，太祖數命肩輿入宮，謂之曰：「母善自愛，無戚戚懷鄉土，異日當送母歸。」李氏曰：「使妾安往？」太祖曰：「歸蜀爾。」李氏曰：「妾家本太原，倘得歸老幷土，妾之願也。」時晉陽未平，太祖聞其言大喜，曰：「俟平劉鈞，卽如母所願。」因厚加賜賚。及昶卒，不哭，以酒酹地曰：「汝不能死社稷，貪生以至今日。吾所以忍死者，以汝在爾。今汝既死，吾何生焉！」因不食，數日卒。太祖聞而傷之，賻贈加等。令鴻臚卿范禹偁護喪事，與昶俱葬洛陽，詔發奉義甲士千人護送。

七月，正衙備禮册命昶，其文曰：

維乾德三年〔10〕，歲次乙丑，七月己巳朔，二十四日戊子，皇帝若曰：咨爾故檢校太師兼中書令、秦國公孟昶，册贈之典，所以彰世祚而紀勳伐，繼絕之義，所以旌異域而表來庭。苟匪全功，寧兼二者。

國家乘乾撫運，括地開圖。稽至德於勛、華，體深仁於湯、禹。既定壺關之亂，復剪淮夷之凶，暨荆及衡，洗蕩逋穢。以爲君人之道，先德而後刑；王者之師，有征而無戰。兵威震疊，寰宇來同。以至薄伐兩川，徂征三峽。

惟爾昶襲乃堂構，據有巴庸，而能祗畏皇靈，保全宗緒，知機識變，委順圖全。馳子牟魏闕之心，奉伯禹塗山之會。朕自聞獻款，良切虛懷。舟車欣至止之初，邸第錫非常之制。封崇異數，祈保永年。景命不融，奄然殂謝。

於戲！爾有及親之孝，特異常倫；爾有達上之情，所期終養。何高穹之不祐，與幽壤之同歸！斯朕所以當宁興悲，徹縣永歎。詢于史氏，申命禮官，今遣使起復雲麾將軍、檢校太傅、右神武統軍、兼御史大夫、上柱國、平昌縣開國伯食邑七百戶孟仁贄持節，册贈爾爲尙書令，仍追封楚王。於戲！式備哀榮，載光簡牒。南宮峻秩，全楚大邦，併示追崇，夐超彝制。始終之分，朕無愧焉。

仍贈昶墳莊一區，給守墳人米千石，錢五萬。

初，昶在蜀專務奢靡，爲七寶溺器，他物稱是。每歲除，命學士爲詞，題桃符，置寢門左右。末年，學士幸寅遜撰詞，昶以其非工，自命筆題云：「新年納餘慶，嘉節號長春。」以其年正月十一日降，太祖命呂餘慶知成都府，而「長春」乃聖節名也。又昶襲位後，民質錢取息者，將徙居，必署其門曰：「召主收贖。」周世宗平淮甸，克關南，卽議討蜀而未果，至太祖乃平之。

昶三子：玄喆、玄珏、玄寶。玄寶先卒，僭贈遂王。昶弟：仁贄、仁裕、仁操。

昶旣降，寧江軍節度、同平章事伊審徵，檢校太尉兼侍中韓保正，山南西道節度、同平章事王昭遠，工部侍郎幸寅遜，武信軍節度、保寧軍都巡檢使李廷珪來闕下。審徵授靜難軍節度，昭遠授左領軍衞大將軍，寅遜授右庶子，廷珪授右千牛衞上將軍，韓保正未授官卒。保正、昭遠、廷珪，川中各有田宅，詔各賜錢三百萬。又成都人王處瓊，少孤，有司籍其金寶，昶降，輦送闕下。太祖聞之，令計其直還焉。

玄喆字遵聖，幼聰悟，善隸書。年十四，僭封秦王、檢校太尉、同平章事、判六軍諸衞事。嘗自書姚崇口箴，刻諸石。昶賜以銀器、錦綵。廣政二十一年，領武德軍節度。二十四年，加兼侍中。二十五年，立爲皇太子。宋師將至，以玄喆爲元帥，精卒萬餘，旌旗用文繡，以錦綢其杠。是日微雨，玄喆慮霑濕，令解去，俄雨止，復旆之，旌幟數千皆倒繫杠上，識者異之。及聞劍門陷，遂奔東川。數日，棄軍遯歸。

入朝，與昶同日宣制檢校太尉、泰寧軍節度。昶卒，賜玄喆羊五百口、酒五百壺。玄喆獻馬二百匹、白玉水晶鞍勒副之。移鎭貝州，在鎭十餘年，亦有治迹。太平興國初，移鎭定州。三年，加開府儀同三司。四年，從平太原，就命爲鎭州駐泊兵馬鈐轄。又從征幽州，率所部攻城之西面。會班師，遣與軍器庫使蘗可瓊、深州刺史念金鏁、左龍武將軍趙延進、殿前都虞候崔翰、四方館使梁迥〔二〕、翰林使杜彥圭帥兵歸屯定州。俄契丹入寇，玄喆與諸將校破之徐河。以功封滕國公，入爲左龍武軍統軍，判右金吾衞仗。未幾，知滑州。淳化初，病，求換瀕淮一小郡養疾。移知滁州，卒，年五十五。贈侍中。

初，玄喆在貝州，凡民輸稅者皆令出商算，規其餘羨，以備留使之用，人頗苦之。景德中，都官員外郎孔揆使河北，表論其事，詔除之。有子十五人：隆記、隆詁、隆說、隆詮，並進士及第。

玄珏初封王，與玄喆並日封拜，仍檢校太保。少端敏。常侍昶射，雙箭連中的，昶奇之，賜錢三十萬。時玄珏方就學，爲選起居舍人陳鄂爲教授。至是，自陳願以錢賜鄂，昶嘉而許焉。鄂嘗倣唐李澣蒙求、高測韻對爲四庫韻對四十卷以獻，玄珏益賞之。廣政二十三年，玄珏領閬州保寧軍節度。久之，加檢校太傅。

歸朝，爲千牛衞上將軍。乾德五年，遷右神武統軍，代玄喆判金吾衞仗。太平興國九年，出爲宋、曹、兗、鄆都巡檢，又改右屯衞上將軍。淳化元年四月，復爲右神武統軍。六月，出知滑州。三年，卒。

仁贄字忠美，初爲左威衞將軍同正。廣政十三年，封雅王、檢校太尉〔三〕。二十年，領閬州保寧軍節度。二十四年，加檢校太尉。及昶降，遣仁贄奉表詣闕，太祖召見廣德殿，賜襲衣、玉帶、鞍勒馬。俄授右神武統軍。丁母憂，起復，領大同軍節度、西京都巡檢使。開寶四年，卒，年四十四，贈太子太師。

仁裕字鳴謙，初爲左威衞將軍同正，與仁贄同日封彭王、檢校太傅。廣政二十年，領黔州武泰軍節度。二十四年，加檢校太尉。歸朝，授檢校太傅、右監門衞上將軍，遷右羽林軍。開寶三年，卒，年四十四，贈太子太傅。

仁操，初爲右領軍衞將軍同正，與仁贊同日封嘉王、檢校太傅。廣政二十一年，領果州永寧軍節度。嘗侍昶射於梔子園，仁操連中的者三。二十四年，加檢校太尉。尤奉釋氏，深究其理。歸朝，授右監門衞上將軍，累遷右龍武統軍。雍熙三年，卒。

伊審徵字申圖，幷州人。父延瓌，隨知祥入蜀。知祥僭位，以女妻延瓌，僭封崇華公主。延瓌歷陵、嘉、眉三州刺史。審徵幼以孝聞，母病，割股肉啖之。以父任，歷蜀州刺史、雲安榷鹽使。廣政十四年，高延昭求解機務，急召爲通奏使、知樞密院事。久之，領蜀州刺史。秦、鳳興師，命檢校城砦，俄領武泰軍節度。選其子崇度尙公主。又改寧江軍節度、同平章事，與王昭遠俱掌機務。昶事無大小，一以咨之。常自以康濟經略爲己任。屬宋師入境，審徵首奉降表詣軍前。昭遠時統軍，敗走。時人笑之。

審徵歸朝，授靜難軍節度。乾德六年，移鎭延安。開寶末入朝，改右屯衞上將軍。太平興國二年，判右金吾衞仗。雍熙五年，卒，年七十五。

韓保正字永吉，潞州長子人。父昭運，從知祥入蜀。及知祥僭號，署珍州刺史。保正初事知祥爲押衙，及僭位，以爲豐德庫使兼廣義庫使、眉州刺史、樞密副使。復刺漢州，拜宣徽北院使。會鳳翔侯益歸款，以保正爲北路行營都監，以圖岐陽。時晉昌趙贊亦謀歸蜀，爲王景崇所逼，棄城東奔。僞將李廷珪先退師，保正次陳倉，與大將張虔釗、龐福誠謀議不叶，益亦中變，遂還成都。俄爲雄武節度，領兵出新關，至隴州，漢兵固守，保正無功而還。復屯雄武。廣政十四年，赴成都，其親吏楊虔範訟保正不法，昶令斬虔範，釋保正不問。俄改夔州寧江軍節度。李昊讓度支，以保正代之。未幾，加宣徽南院使、山南節度、左衞聖步軍節度指揮使〔三〕，遷奉鑾肅衞馬步軍都指揮使，又選其子崇遂尚主。

宋初，荆南高繼冲納土，昶聞之，以保正爲峽路都指揮制置使，屯夔州，以經畫邊事。遷檢校太尉兼侍中。聞太祖將加兵，以保正爲山南節度、興元武定緣邊諸砦屯駐都指揮使。及王全斌至，保正棄興元，保西縣。王師進圍之，保正懦懼不敢出，遣人依山背城結陣以自固，爲史延德所破。保正以麾下遯，延德追擒之，送全斌。全斌驛置闕下，太祖召升殿勞問，賜袍笏、金帶、茵褥、鞍勒馬，仍賜甲第。未及命官而卒，贈右千牛衞上將軍。

王昭遠，益州成都人。幼孤貧。年十三，依東郭僧智諲爲童子。知祥鎭蜀，一日飯僧於府署，昭遠持巾履從智諲，得入。時昶方就學，知祥見昭遠聰慧，留給事昶左右。昶嗣位，以昭遠爲捲簾使、茶酒庫使。會樞密使王處回出知梓州，昶以樞密事權太重，乃以昭遠及普豐庫使高延昭爲通奏使、知樞密院事，機務一以委之，府庫財帛恣其取不問。加領眉州刺史，出爲永平軍節度。不數月，會昭武李繼勳以目疾不能視事，議以閑地處之，昭遠遽以永平讓繼勳。歲餘，爲夔州寧江軍節度。昶母常言昭遠不可用，昶不從。未幾，兼領山南西道節度、同平章事。及入謝，求解通奏職，遂以左街使張仁貴爲副使、知樞密以代之。

昭遠好讀兵書，頗以方略自許。宋師入境，昶遣昭遠與趙崇韜率兵拒戰。始發成都，昶遣其宰相李昊等餞郊外。昭遠酒酣，攘臂曰：「是行也，非止克敵，當領此二三萬雕面惡少兒，取中原如反掌耳。」及行，執鐵如意指麾軍事，自方諸葛亮。將至漢源，聞劍門已破，昭遠股慄，發言失次。崇韜布陣將戰，昭遠據胡床，皇恐不能起。俄崇韜敗，乃免胄棄甲走投東川，匿倉舍下，悲嗟流涕，目盡腫，惟誦羅隱詩云：「運去英雄不自由。」俄爲追騎所執，送闕下，太祖釋之，授左領軍衞大將軍。廣南平，奉使交阯。開寶八年，卒。

趙崇韜，并州太原人。父廷隱，隨知祥入蜀。廷隱拳勇有智略，知祥麾下無及者。東川董璋襲成都，廷隱大破之。璋奔歸，爲部下所殺，知祥遂有其地。及僭號，以廷隱總親軍，爲衞聖諸軍馬步軍指揮使，累遷至太師、中書令、宋王。卒，謚忠武。

崇韜驍果有父風。昶自置殿直四番，取將家及死事孤子爲之，始命李仁罕子繼宏、趙季良子元振、張知業子繼昭、侯洪實子令欽及崇韜，分爲都知領之。後累遷至客省使。周世宗克秦、鳳，將入蜀境，爲崇韜拒退。歷左右衞聖步軍都指揮使。選其子文亮尚公主。加領洋州武定軍節度、山南武定緣邊諸砦都指揮副使。漢源之戰，獨策馬先登，及蜀軍敗，猶手擊殺十數人，爲宋師所擒。

高彥儔，并州太原人。父暉，宣威軍使。彥儔從知祥入蜀，累歷軍校，爲昭武軍監押。昶嗣位，遷邛州刺史，改馬步軍使。會漢兵入大散關，克安都砦，彥儔以所部先進。漢人燒砦毀閣遁去，彥儔盡銳追之，復其砦而還。未幾，彥儔領趙州刺史。俄爲奉鑾肅衞都指揮副使，改右驍銳馬軍都指揮使，加光聖馬軍都指揮使，眞拜源州武定軍節度。周顯德初，向訓攻鳳州，昶令彥儔出兵解圍，未至，聞敗軍於唐倉，因潰歸；判官趙玭閉關不納，以城歸朝廷。彥儔遁歸成都，昶不之罪，以爲右奉鑾肅衞都指揮使，改功德使。廣政二十二年，出授夔州寧江軍都巡檢制置、招討使，加宣徽北院事、利州昭武軍節度。及宋師至，彥儔謂副使趙崇濟、監軍武守謙曰：「北軍涉遠而來，利在速戰，不如堅壁以待之。」守謙不從，獨領麾下以出。時大將劉廷讓頓兵白帝廟西，遣騎將張廷翰等引兵與守謙戰猪頭鋪，守謙敗走。廷翰等乘勝登其城，廷讓率大軍繼至。彥儔以所部將出拒戰，宋師已乘城而入。彥儔惶駭失次，不知計所出。判官羅濟勸令單騎歸成都，彥儔曰：「我昔已失天水，今復不能守夔州，縱不忍殺我，亦何面目見蜀人哉！」濟又勸其降，彥儔曰：「老幼百口在成都，若一身偷生，舉族何負？吾今日止有死耳！」卽解符印授濟，具衣冠望西北再拜，登樓縱火自焚。

後數日，廷讓得其骨煨燼中，以禮收葬。初，昶母語昶「惟彥儔可任」，及是，果能死難。

趙彥韜，興州順政人，爲本州義軍裨校。乾德中〔四〕，昶遣與興國軍討擊使孫遇及楊蠲爲諜至都下，彥韜潛取昶與并州蠟丸帛書以告，因言伐蜀之狀。太祖幷赦遇、蠲，出師西討，並以爲鄉導。克興州，以爲本州馬步軍都指揮使。蜀平，遷本州刺史，移澧州。性兇率，所爲不法，部民有訴被盜劫財物，鞫之不實，彥韜手殺之，探取其心肝。民家詣闕訴冤，太祖怒，令杖配蔡州。

龍景昭，夔州奉節人。少有武勇，事蜀爲義軍裨校，以功遷戰櫂都將。久之，擢爲施州刺史。乾德中，諸將伐蜀，分兵由峽路入，將壓其境，景昭率官吏以牛酒犒宋師，迎入城。

太祖聞之，甚悅。蜀平，即授永州刺史。秩滿入朝，改右千牛衞將軍。開寶三年，卒。

昶之入朝也，爲左羽林將軍、景昭弟處瑭等四人隨行，卒於道，太祖憫之，以其男補供奉官殿直。

幸寅遜，蜀人。初仕昶爲茂州錄事參軍。昶好擊毬，雖盛暑不已。寅遜上章極諫，深被賞納。遷新都令，拜司門郎中、知制誥、中書舍人。出知武信軍府，加史館修撰，改給事中，預修前蜀書，拜翰林學士，加工部侍郎，判吏部三銓事，領簡州刺史。隨昶歸朝，授右庶子。嘗上疏諫獵，太祖嘉之，召見賜帛。開寶五年，爲鎭國軍行軍司馬。罷職，年九十餘，尙有仕進意，治裝赴闕，未登路而卒。

李廷珪，并州太原人。七歲隸知祥帳下，後從入蜀。知祥僭號，補軍職，累遷奉鑾肅衞都虞候。賞拔階州之功，領眉州刺史。會圖取鳳翔，令廷珪領兵二萬出子午谷赴援。始出谷，聞趙贊爲王景崇所逼，遂退軍。以廷珪權知興元。俄召歸，授捧聖控鶴都指揮使，領蜀州刺史，拜雅州永平軍節度，改右光聖都指揮使，領山南節度，改閬州保寧節度、護聖控鶴都指揮使。

周師攻秦州，以廷珪爲北路行營都統。秦、成、階三州竟爲周所取，廷珪奉章待罪，昶釋之，以爲左右衞聖諸軍馬步軍都指揮使。分衞聖、光聖步騎爲左右十軍，以武定節度呂彥珂爲之使，並隸廷珪總領之。時論以廷珪不能救援階州，不當復總兵柄，廷珪亦自陳求解，許之。俄加兼侍中、蜀成都巡檢使，改遂州武信軍節度，領本鎭及保寧軍都巡檢使。

王全斌之下劍關也，昶遣廷珪與其太子玄喆將兵來拒宋師，至綿、漢與全斌遇，狼狽而還。玄喆與廷珪謀，所經州縣盡焚其儲蓄。

及全斌等入成都，行營都監王仁贍案籍詰所在軍須，廷珪懼，以告馬軍都監康延澤。延澤曰：「王公志在聲色，苟得其所欲，則置而不問矣。」廷珪素儉約，不畜妓樂，遂求於姻戚家，得女妓四人，復假貸金帛直數百萬以遺仁贍，繇是獲免。歸闕，爲右千牛衞上將軍。乾德五年，卒。

先是，廷珪及王昭遠、韓保正川中各自有田宅，昶降後奉表上獻，詔各賜錢三百萬以償其直。

李昊字穹佐，自言唐相紳之後。祖乾祐，建州刺史。父羔，容管從事。昊生於關中，幼遇唐末之亂，隨父避地至奉天。値昭宗遷洛，岐軍攻破奉天，父及弟妹皆爲亂兵所殺。是時年十三，獨得免，遂流寓新平十數年。會劉知俊領岐軍圍州城，昊踰城出，爲候騎所得。知俊與語，甚器之，寘于門下，以其女妻之。

知俊歸蜀，僞署遂州武信軍節度，以昊爲從事。王建使知俊出師，令昊主留務。會建殺知俊，昊亦罷職。王衍襲僞位，授彭州導江令，歷中書舍人、翰林學士。岐軍之難，昊母獨無恙。至是十九年，昊仕獨顯達，乃遣心膂張金、王彥間道迎其母。昊請告境上奉迎，衍賜以金勒名馬。昊至青泥嶺見母，母撫昊首號慟，哀感行路。

蜀亡入洛，明宗授昊檢校兵部郎中，詔西川孟知祥、三川制置使趙季良同於榷鹽、度支、戶部院間授昊一職，昊至蜀，久無所授。會知祥奏季良爲西川節度副使，昊辭歸洛，知祥始辟爲觀風推官，遷掌書記。知祥稱帝，擢爲禮部侍郎、翰林學士。

昶立，領漢州刺史，遷兵部侍郎，出知武德軍府，加承旨。昶嘗欲命昊二子官，昊固讓，且言：「遂州判官石欽若、蘇涯，前蜀時，同在劉知俊幕下，願回授欽若等子。」昶嘉歎，許之，仍授昊二子官。

俄加尚書左丞，拜門下侍郎兼戶部尚書、同平章事、監修國史。因請置史官，乃以給事中郭廷鈞、職方員外郎趙元拱爲修撰，雙流令崔崇構、成都主簿王中孚爲直館。

俄加昊左僕射。昶令就知祥眞容院圖文武三品以上於東西廊，以昊有參佐功，特畫於殿內。自知祥領蜀，凡章奏書檄皆出昊手，至是集爲百卷曰經緯略以獻，昶賚以珍器、錦綵。俄命判度支戶部。

廣政十四年，修成昶實錄四十卷。昶欲取觀，昊曰：「帝王不閱史，不敢奉詔。」丁母憂，裁百日，起復。俄修前蜀書，命昊與趙元拱、王中孚及左諫議大夫喬諷、給事中馮侃、知制誥賈玄珪幸寅遜、太府少卿郭微、右司郎中黃彬同撰，成四十卷上之。以判使辦集，封趙國公。俄加司空，領遂州武信軍節度，出判鹽鐵，加弘文館大學士，修奉太廟禮儀使。昶嘗召四孫〔二四〕，悉授太子司儀郎舍人，並賜緋。昊又改判度支使。其子孝連尙昶女鳳儀公主，累遷太常少卿、資州刺史。長子孝逢，給事中。

蜀平，隨昶入朝，太祖優待之，拜昊工部尙書，賜第，以孝逢爲膳部郎中，孝連爲將作少監。親屬乘舟自峽下，至夷陵，妻死，昊聞，悲愴成疾而卒，年七十三。贈右僕射。

昊前後仕蜀五十年。昶之世，位兼將相，秉利權，資貨歲入鉅萬，奢侈尤甚，後堂妓妾曳羅綺數百人。昶與江南李景通好，遣其臣趙季札至江南，購得李紳武宗朝入相制書，還以遺昊。昊結綵樓置其中，盡召成都聲妓，昊朝服前迎歸私第，大會賓客宴飲，所費無算。以帛二千匹謝季札。

初，王衍降莊宗，昊草其表，昶之降也，其表亦昊所爲，蜀人潛署其門曰「世修降表李家」，見者哂之。有集二十卷，目爲樞機應用集。孝連後至司農少卿。昊孫德鏻至國子博士，德錞進士及第。

毋守素字表淳，河中龍門人。父昭裔，僞蜀宰相、太子太師致仕。守素弱冠起家，僞授秘書郎，累遷戶部員外郎、知制誥，眞拜中書舍人、工部侍郎，出爲雲安榷鹽使。召見其二子克溫、克恭，並賜緋；以次子克恭尙昶女，授檢校水部員外郎。

廣政二十年，拜工部尙書。時昭裔判鹽鐵，衰老不能親職，委其務於判官李光遠，事多留滯。昶患之，命守素代判使務。父子相代，時頗榮之。俄改判度支，領彭州刺史，又判鹽鐵。守素奉親頗勤至，雖隆暑暮歸，必朝服執簡以申昏定之禮。蜀亡入朝，授工部侍郎，籍其蜀中莊產茶園以獻，詔賜錢三百萬以充其直，仍賜第於京城。歲餘，爲兄之子岳州司法正己訟其居父喪娶妾免，正己亦坐奪一官。開寶初，起爲國子祭酒。

太祖征河東，命權知趙州。及平嶺表，移知容州，兼本管諸州水陸轉運使。先是，部民有逋賦者，或縣吏代輸，或於兼幷之家假貸，則皆納其妻女以爲質。守素表其事，卽日降詔禁止。六年，卒，年五十三。

昭裔性好藏書，在成都令門人勾中正、孫逢吉書文選、初學記、白氏六帖鏤板，守素齎至中朝，行於世。大中祥符九年，子克勤上其板，補三班奉職。次子克恭，尙昶女鑾國公主，仕爲光祿少卿，歸宋，至左監門衞將軍。

歐陽迥〔二六〕，益州華陽人。父珏，通泉令。迥少事王衍，爲中書舍人。後唐同光中，蜀平，隨衍至洛陽，補秦州從事。知祥鎭成都，迥復來入蜀。知祥僭號，以爲中書舍人。廣政十二年，拜翰林學士。明年，知貢擧、判太常寺。遷禮部侍郞，領陵州刺史，轉吏部侍郞，加承旨。二十四年，拜門下侍郞兼戶部尙書、平章事，監修國史。嘗擬白居易諷諫詩五十篇以獻，昶手詔嘉美，賚以銀器、錦綵。

從昶歸朝，爲右散騎常侍，俄充翰林學士，就轉左散騎常侍。嶺南平，議遣迥祭南海，迥聞之稱病不出。太祖怒，罷其職，以本官分司西京。開寶四年，卒，年七十六。贈工部尙書。

迥性坦率，無檢操，雅善長笛。太祖常召於偏殿，令奏數曲。御史中丞劉温叟聞之，叩殿門求見，諫曰：「禁署之職，典司誥命，不可作伶人之事。」上曰：「朕嘗聞孟昶君臣溺於聲樂，迥至宰司尙習此技，故爲我所擒。所以召迥，欲驗言者之不誣也。」温叟謝曰：「臣愚不識陛下鑒戒之微旨。」自是不復召。

迥好爲歌詩，雖多而不工，掌誥命亦非所長。但在蜀日，卿相以奢靡相尚，迥猶能守儉素，此其可稱也。

校勘記

〔一〕何建　新五代史卷六四後蜀世家同。通鑑卷二八六、路振九國志卷六四作「何重建」。

〔二〕崔彥進充副都部署　「都」字原脫。據本書卷二五九本傳、長編卷五、宋朝事實卷一七補。

〔三〕張萬友　原作「張方友」，據本書卷二五五王全斌傳、長編卷五改。

〔四〕隴州防禦使張凝充先鋒都指揮使　按長編卷五、太平治蹟統類卷一及本書卷二七二張暉傳都說當時充鳳州路先鋒都指揮使的是鳳州團練使張暉，而本書卷二七九張凝自有傳，乃太宗、眞宗時人，並未參與伐蜀之役。此處疑有誤。

〔五〕劉廷讓　原作「劉延讓」，據下文及本書卷二五九本傳改。

〔六〕龍捷左廂都指揮使李進卿充步軍都指揮使　此有脫誤。據本書卷二五九張廷翰傳、長編卷八、宋朝事實卷一七，應作「龍捷左廂都指揮使張廷翰充馬軍都指揮使、虎捷左廂都指揮使李進卿充步軍都指揮使」。

〔七〕朱光緒　原作「米光緒」，據長編卷六、宋朝事實卷一七改。

〔八〕石斌　宋朝事實卷一七、蜀檮杌卷下同。新五代史卷六四後蜀世家作「石頵」，長編卷六作「石奉頵」。

〔九〕仁贄　「仁」字原脫，據下文及長編卷六補。

〔一〇〕乾德三年　「三」原作「二」。按宋朝事實卷一七、長編卷五及上文，乾德二年十一月伐蜀，三年六月孟昶死，七月册命。據改。

〔一一〕梁迥　原作「梁迴」，據本書卷二七四本傳、長編卷二〇改。

〔一二〕廣政十三年封雅王檢校太尉　下文稱「二十四年加檢校太尉」，與此重複。按下文仁裕、仁操與仁贄同日封王，並加檢校太傅，二十四年又都加檢校太尉。此處「太尉」當爲「太傅」之訛。

〔一三〕左衞聖步軍節度指揮使　按上下文所載趙崇韜、李廷珪及通鑑卷二九二所載高彥儔等所任左右衞聖諸軍軍職都無「節度」二字，疑此有誤。

〔一四〕乾德中　「德」原作「興」，據本卷西蜀孟氏世家、長編卷五改。

〔一五〕昶嘗召四孫　疑此有脫字。十國春秋卷五二李昊傳「召」下有「昊」字。

〔一六〕歐陽迥　「迥」原作「迴」。按宋洪景嚴輯翰苑羣書中學士年表，開寶四年六月，「歐陽迥以本官分司西京罷」，與本傳所記事實相符。宋會要職官四六之一作「逈」，即「迥」之俗體。今從學士年表改。

宋史卷四百八十

列傳第二百三十九

世家三

吳越錢氏

吳越錢俶字文德，杭州臨安人。本名弘俶，以犯宣祖偏諱去之。祖鏐，因黃巢之亂，據有吳越，昭宗授以杭、越兩藩節制，封彭城郡王，歷梁、後唐，加吳越國王。卒，子元瓘嗣。元瓘卒，子佐嗣。佐卒，弟倧嗣，爲其大將胡進思所廢，遂迎立俶，事具五代史。俶卽元瓘之第九子也，母吳越國恭懿夫人吳氏〔一〕。

晉開運中，爲台州刺史。數月，有僧德韶語俶曰：「此地非君爲治之所，當速歸，不然不利。」俶從其言，卽求歸國，未幾，有進思之變。

漢乾祐初，授東南面兵馬都元帥、鎭海鎭東軍節度使、開府儀同三司、檢校太師兼中書令、杭越等州大都督、吳越國王，賜號翊聖廣運同德保定功臣，賜以金印、玉册。三年，江南遣其將查文徽攻福州，俶發兵擒文徽，獻捷，加尚書令。

周廣順初，授諸道兵馬元帥。二年，授天下兵馬元帥，改賜推誠保德安邦致治忠正功臣。六月，丁母憂，起復。世宗卽位，授天下兵馬都元帥。顯德三年，世宗征淮南，令俶以所部分路進討。俶遣偏將吳程圍毗陵，陷關城，擒刺史趙仁澤；路彥銖圍宣城。俄俶軍戰敗，復失常州。會李景上表求割地內附，詔俶班師。五年夏四月，杭州災，府舍悉爲煨燼，將延及倉庾，俶命酒祝曰：「食爲民天，若盡焚之，民命安仰！」火遂止。世宗聞之，遣內侍賫詔恤問。是歲，淮南內屬，遣翰林學士陶穀、司天監趙脩己使俶，賜羊馬橐駝，自是以爲常。七月，又遣閤門使曹彬賜俶兵甲、旗幟。六年，恭帝嗣位，賜崇仁昭德宣忠保慶扶天翊亮功臣。

建隆元年，授天下兵馬大元帥。俶舅寧國軍節度吳延福有異圖，左右勸俶誅之，俶曰：「先夫人同氣，安忍置於法？」言訖嗚咽流涕，但黜延福於外，終全母族。自太祖受命，俶貢奉有加常數。二年，遣使賜俶戰馬二百、羊五千、橐駝三十。乾德元年，以白金萬兩、犀牙各十株、香藥一十五萬斤、金銀眞珠瑇瑁器數百事來貢，改賜承家保國宣德守道忠正恭順功臣。是冬，郊祀，遣其子惟濬入貢。

開寶五年，改賜開吳鎭越崇文耀武宣德守道功臣，封其妻孫氏爲賢德順穆夫人。未幾，遣幕吏黃夷簡入貢，上謂之曰：「汝歸語元帥，常訓練兵甲，江南彊倔不朝，我將發師討之，元帥當助我，無惑人言云『皮之不存，毛將安傅』。」特命有司造大第於薰風門外，連亙數坊，棟宇宏麗，儲偫什物無不悉具，因召進奏使錢文贊謂之曰：「朕數年前令學士承旨陶穀草詔，比來城南建離宮，令賜名『禮賢宅』，以待李煜及汝主，先來朝者以賜之。」詔以草示文贊，遂遣文贊賜俶戰馬及羊，諭旨於俶。

七年五月，賜俶襲衣、玉帶、玉鞍勒馬、金器二百兩、銀器三千兩、錦綺千段。是冬，討江南，遣內客省使丁德裕齎詔，以俶爲昇州東面招撫制置使，賜戰馬二百匹、旌旗劍甲；令德裕以禁兵步騎千人爲俶前鋒，盡護其軍。李煜貽書於俶，其略曰：「今日無我，明日豈有君？一旦明天子易地酬勳，王亦大梁一布衣耳。」俶不答，以書來上。

八年，俶率兵拔常州，加守太師，詔俶歸國。俶遣大將沈承禮等率兵水陸隨王師平潤州，遂進討金陵。上嘗召進奏使任知果，令諭旨於俶曰：「元帥克毗陵有大功，俟平江南，可暫來與朕相見，以慰延想之意。卽當遣還，不久留也。朕三執圭幣以見上帝，豈食言乎？」江南平，論功以俶大將沈承禮、孫承祐並爲節度使，爲防禦使者一人、刺史六人。

九年二月，俶與其妻孫氏、子惟濬、平江軍節度使孫承祐來朝，上遣皇子興元尹德昭至睢陽迎勞。俶將至，車駕先幸禮賢宅，按視供帳之具。及至，詔俶居之。對於崇德殿，貢白金四萬兩、絹五萬匹，賜襲衣、玉帶、金器千兩、白金器三千兩、羅綺三千段、玉勒馬。即日宴長春殿，俶又貢白金二萬兩、絹三萬匹、乳香二萬斤。賀平江左，貢白金五萬兩、錢十萬貫、綿百八十萬兩、茶八萬五千斤、犀角象牙二百株、香藥三百斤。車駕幸其第，又貢白金十萬兩、絹五萬匹、乳香五萬斤，以助郊祭。

三月庚午，詔曰：「古者宗工大臣特被隆眷，或劍履上殿，或書詔不名，率由豐功，待以殊禮。今我兼其命數，用奬勳賢，輝映古今，允爲優異。咨爾吳越國王錢俶，德隆宏茂，器識深遠，撫奥區於吳會，勒洪伐於宗彝。昨以江表不庭，王師致討，委方面之兵柄，克當潤之土宇，輔翼帝室，震疊皇靈。而乃執圭來庭，垂紳就列，罄事君之誠懇，爲羣后之表儀。爰峻徽章，以旌元老。可特賜劍履上殿，書詔不名。」以俶妻賢德順穆夫人孫氏爲吳越國王妃，令惟濬齎詔賜之。宰相以爲異姓諸侯王妻無封妃之典，太祖曰：「行自我朝，表異恩也。」俶獻白金六萬兩、絹六萬匹爲謝。

太祖數詔俶與其子惟濬宴射苑中，惟諸王預坐。每宣諭俶，俶拜謝，多令內侍掖起，俶感泣。又嘗一日召宴，獨太宗、秦王侍坐，酒酣，太祖令俶與太宗、秦王敘昆仲之禮，俶伏地叩頭，涕泣固讓，乃止。會將以四月幸西京，親雩祀，俶懇請扈從，不許，留惟濬侍祠，令俶歸國。太祖宴餞於講武殿，賜窄衣、玉束帶、玉鞍勒馬、玳瑁鞭、金銀錦綵二十餘萬、銀裝兵八百事，謂俶曰：「南北風土異宜，漸及炎暑，卿可早發。」俶涕泣言願三歲一朝，太祖曰：「川陸迂遠，當俟詔旨，卽來覲也。」俶將發京師，特賜導從儀衞之物，率皆鮮麗，令自禮賢宅陳列至迎春苑。自俶之至，逮於歸國，太祖所賜金器萬兩、白金器又數萬兩、白金十餘萬兩、錦綺綾羅紬絹四十餘萬匹、馬數百匹，他物不可勝計。俶既歸國，嘗視事功臣堂，一日命坐于東偏，謂左右曰：「西北者神京在焉，天威不違顏咫尺，俶豈敢寧居乎？」

太宗卽位，加食邑五千戶。俶貢御衣，通天犀帶，絹萬匹，金器、瑇瑁器百餘事，金銀釦器五百事，塗金銀香臺、龍腦檀香床、銀假果、水晶花凡數千計，價直鉅萬；又貢犀角象牙三十株、香藥萬斤、乾薑五萬斤、茶五萬斤。俶又請歲增常貢，詔不許。太平興國二年正月，孫氏卒，遣給事中程羽弔祭。九月，上言乞所賜詔書呼名，不許。

三年三月，來朝，遣判四方館事梁迥至泗州迎勞；惟濬先在闕下，上遣至睢陽候俶。俶先遣孫承祐入奏事，上卽遣承祐護諸司供帳勞俶於郊，又命齊王廷美宴俶於迎春苑。俶至，對於崇德殿，賜襲衣、玉帶、金銀器、玉鞍勒馬、錦綵萬匹、錢千萬；賓佐崔仁冀等賜金銀帶、器幣、鞍馬有差。卽日宴俶長春殿，令劉鋹、李煜預坐。俶貢白金五萬兩、錢萬萬，絹十萬匹、綾二萬匹、綿十萬屯，茶十萬斤、建茶萬斤、乾薑萬斤，越器五萬事，錦緣席千，金銀畫舫三、銀飾龍舟四，金飾烏樠木御食案、御床各一，金樽罍醆斝各一、金飾瑇瑁器三十事、金釦藤盤二、金釦雕象俎十，銀假果樹十事、翠毛眞珠花三叢，七寶飾食案十、銀樽罍十、醆斝副焉，金釦越器百五十事、雕銀俎五十，密假果、剪羅花各二十樹，銀釦大盤十，銀裝鼓二、七寶飾胡琴五絃箏各四、銀飾箜篌方響羯鼓各四、紅牙樂器二十二事，乳香萬斤、犀角象牙各一百株，香藥萬斤、蘇木萬斤。上又嘗召俶及其子惟濬宴後苑，泛舟池中，上手酌酒以賜俶，俶跪飲之。其恩待如此。

四月，會陳洪進納土，俶上言曰：「臣伏有懇誠，貯於肺腑，幸因入覲，輒敢上聞。蓋虞神道之害盈，必冀天慈之從欲。臣近蒙朝廷賜以劍履上殿，詔書不名，仍以本道領募卒徒，嘗營戈甲，特建國王之號，俾增師律之嚴，皆所以假其寵名，託於鄰敵。方今幅員無外，名數洞分，豈可冒居，自罹公議？合從省罷，以正等威。除本道軍士、器甲臣已嘗奏納外，其所封吳越國王及天下兵馬大元帥職名，望皆許解罷。凡頒詔命，願復名呼，庶聖朝無虛授之恩，微臣免疾顚之禍。」優詔不許。

五月乙酉，俶再上表：「臣慶遇承平之運，遠修肆覲之儀，宸眷彌隆，寵章皆極。斗筲之量實覺滿盈，丹赤之誠輒茲披露。臣伏念祖宗以來，親提義旅，尊戴中京，略有兩浙之土田，討平一方之僭逆。此際蓋隔朝天之路，莫諧請吏之心。然而禀號令於闕庭，保封疆於邊徼，家世承襲，已及百年。今者幸遇皇帝陛下嗣守丕基，削平諸夏，凡在率濱之內，悉歸輿地之圖。獨臣一邦僻介江表，職貢雖陳於外府，版籍未歸於有司，尙令山越之民，猶隔陶唐之化，太陽委照，不及蔀家，春雷發聲，兀爲聾俗，則臣實使之然也，罪莫大焉。不勝大願，願以所管十三州獻于闕下執事，其間地里名數別具條析以聞。伏望陛下念奕世之忠勤，察乃心之傾向，特降明詔，允茲至誠。」

詔答曰：「卿世濟忠純，志遵憲度，承百年之堂構，有千里之江山。自朕纂臨，聿修覲禮，覩文物之全盛，喜書軌之混同，願親日月之光，遽忘江海之志。甲兵樓櫓既悉上於有司，山川土田又盡獻於天府，舉宗效順，前代所無，書之簡編，永彰忠烈。所請宜依。」

丁亥，詔曰：「漢寵功臣，聿著帶河之誓；周尊元老，遂分表海之邦。其有奄宅勾吳，早綿星紀，包茅入貢，不絕於累朝，羽檄起兵，備嘗于百戰。適當輯瑞而來勤，爰以提封而上獻。宜遷內地，別錫爰田，彌昭啓土之榮，俾增書社之數。吳越國王錢俶天資純懿，世濟忠貞，兆積德於靈源，書大勳於策府。近者慶沖人之踐阼，奉國珍而來朝，齒革羽毛既修其常貢，土田版籍又獻於有司，願宿衞於京師，表乃心於王室。眷茲誠節，宜茂寵光。是用列西楚之名區，析長淮之奧壤，建茲大國，不遠舊封，載疏千里之疆，更重四征之寄。疇其爵邑，施及子孫，永夾輔於皇家，用對揚於休命，垂厥百世，不其偉歟！其以淮南節度管內封俶爲淮海國王，仍改賜寧淮鎮海崇文耀武宣德守道功臣，卽以禮賢宅賜之。」惟濬爲節度使兼侍中，惟治爲節度使，惟演爲團練使，惟願暨姪郁、昱並爲刺史，弟儀、信並爲觀察使，將校孫承祐、沈承禮並爲節度使。禮貌隆盛，冠絕一時。

是歲七月中元，京城張燈，令有司於俶宅前設燈山、陳聲樂以寵之。八月，令兩浙發俶緦麻以上親及管內官吏悉歸朝，凡舟一千四十四艘，所過以兵護送。杭州貢俶樂人凡八十有一人，詔以三十六人還杭州，四十五人賜俶。俶上表謝，上親書「付中書送史館」。

四年二月宴苑中，俶被病拜不能起，上命以銀裝肩輿送歸，因以賜之。四月，從征太原，賜羊三百、酒十斛。俶小心謹恪，每晨趨行闕，人未有至者，俶必先至，假寐以待旦。上知之，謂俶曰：「卿已中年，宜避風冷，自今入謁不須太早也。」特輟御前二大燭以賜之，令先赴前頓。上嘗賜從臣食於中路頓，并賜衞士羊臂臑、巵酒，觀其飲啖。上見其雄壯，因顧俶，俶進曰：「所謂『如虎如貔、如熊如羆』者也。」會劉繼元降，上御連城臺誅軍中先亡命太原者，顧謂俶曰：「卿能保全一方以歸於我，不致血刃，深可嘉也。」俶頓首謝。俶中途被足疾，車駕親臨問，令太醫然艾以灸，疾尋愈。還京策勳，宰相進擬加食邑萬戶、實封千戶，上卽改白麻，倍加食邑二萬戶、實封二千戶。

五年八月，俶被病，上臨問，賜白金萬兩、錢千萬、絹萬匹、金器千兩，賜其子惟濬、惟治白金各萬兩。是冬，車駕幸大名府，詔俶乘肩輿卽路。六年，又被病，賜告久之，上遣中使賜俶文楸棋局、水精棋子，乃諭旨曰：「朕機務之餘，頗曾留意，以卿在假，可用此遣日。」

八年十二月，上言曰：「臣以蕞爾之軀，蒙被恩寵，賦祿百萬，兼職數四。元帥之任實本於兵權，國王之號蓋屏於帝室，尙書總百揆之重，中書掌八柄之繁，維師冠於上台，開府當於極品，臣之孱瑣，罔克負荷。邦國之制式著等威，名器之間固有涯分，徒速罪戾，以取顚隮。伏望聖旨特從省罷。」不許。表三上，下詔曰：「分茅胙土，所以彰世及之榮；大輅繁纓，所以表名器之重。至若褒寵勳德，度越典常，咨于舊章，爰推異數。乃有體好謙之德，形固讓之辭，敦諭再三，確乎不拔，用曲至公之論，式光知止之風。淮海國王錢俶方岳炳靈，風雲通感，奄有勾吳之地，不忘象魏之心，掃境來朝，擧宗宿衞，籍其土宇，入于朝廷，式昭職員〔三〕，胙之淮海，居天子二老之任，啓眞王萬戶之封，倂加寵章，用答忠順。而乃屢形表疏，願避官榮，發於深衷，誠不可奪。若以靈臺偃伯，武庫櫜兵，天下一家書軌之無外，五侯九伯征伐之不行，願寢元帥之名，勉狥由衷之請。其乃世祚明德，存於帶礪之盟；帝賚良弼，寵以台輔之任。極馭貴之爵，增衍食之封，非足疇庸，適以昭德，勉膺渥澤，克副眷懷。可罷天下兵馬大元帥，餘如故。」

雍熙元年，改封漢南國王。四年春，出爲武勝軍節度，改封南陽國王。俶久被病，詔免入辭。將發，賜玉束帶、金唾壺、椀盎等。俶四上表讓國王，改封許王。端拱元年春，徙封鄧王。會朝廷遣使賜生辰器幣，與使者宴飲至暮，有大流星墮正寢前，光燭一庭，是夕暴卒，年六十。

俶以天成四年八月二十四日生，至是八月二十四日卒，復與父元瓘卒日同，人皆異之。上爲廢朝七日，追封秦國王，謚忠懿，仍正衙備禮發册曰：

皇帝若曰：昊穹眷祐，賢哲挺生，稟象緯之純精，負經綸之盛業，作民父母，爲國翰垣。其存也冠中臺而長諸侯，其沒也峻徽章而崇禮命。咨爾故安時鎭國崇文耀武宣德守道功臣、武勝軍節度、鄧州管內觀察處置等使、開府儀同三司、守太師、尙書令兼中書令、使持節鄧州諸軍事、行鄧州刺史、上柱國、鄧王、食邑九萬七千戶、食實封一萬六千九百戶、賜劍履上殿、詔書不名錢俶，嗣祖考之令德，奠東南之奧區，開國承家，本仁祖義，以忠孝而保社稷，以廉讓而化人民，勤翊戴於累朝，克惠綏於一境，世傳威略，志慕聲明。

當武庫戢兵，洞閱詩書之府；洎秣陵問罪，雄張犄角之師。致區宇之同文，賴忠良之協力。逮于纂紹，益享崇高，蘊明哲而保身，務傾輸而竭節，盡獻土壤，來歸闕庭，予嘉乃功，薦錫殊寵。而道隆簡退，志尙謙沖，屢辭郤轂之權，難奪范宣之讓。朕深惟勳舊，俾就養頤，爰出殿於大邦，庶聿臻於眉壽，式緊元老，永輔眇躬。何天道之難諶，而梁木之斯壞！長沙既往，空存甲令之勳；征虜云亡，但見雲臺之像。賵賻從於異等，嗟悼廢於臨朝；寧酬柱石之勳，未極君臣之分。庸加典則，以厚始終。

今遣使太中大夫、尙書工部侍郎、上柱國、汾陽郡開國侯、食邑一千戶、賜紫金魚袋郭贇持節册贈爾爲秦國王。嗚呼！德無不報，予敢忘於格言；魂而有知，爾尙欽於天命。嗚呼哀哉！

命中使護其喪歸葬洛陽。

自鏐至俶世有吳越之地僅百年，管內諸州皆子弟，將校授任而後請命於朝，有至使相者。俶任太師、尙書令兼中書令四十年，爲元帥三十五年。及歸朝卒，子惟演、惟濟皆童年，召見慰勞，並起家諸衞將軍。善始令終，窮極富貴，福履之盛，近代無比。

然甚儉素，自奉尤薄，常服大帛之衣，幃帳茵褥皆用紫絁，食不重味。頗知書，雅好吟詠。在吳越日，自編其詩數百首爲正本集，因陶穀奉使至杭州，求爲之序。性謙和，未嘗忤物。在藩日，每朝廷使至，接遇勤厚。所上乘輿、服物、器玩，制作精妙，每遣使修貢，必羅列於庭，焚香再拜，其恭謹如此。崇信釋氏，前後造寺數百，歸朝又以愛子爲僧。善草書，上一日遣使謂曰：「聞卿善草聖，可寫一二紙進來。」俶卽以舊所書絹圖上之，詔書褒美，因賜玉硯金匣一，紅綠象牙管筆、龍鳳墨、蜀牋、盈丈紙皆百數。

屬久病家居，有黃門趙海被酒造其第求見，因出藥數丸謂俶曰：「此頗療目疾，願王卽餌之。」俶卽餌焉。既去，家人皆惶駭不測，俶曰：「此但醉耳，又何疑哉？」後數日，上聞大驚，捕海繫獄，決杖流海島。

初，俶爲胡進思所立，廢其兄倧，徙越州，資給豐厚。進思屢請除之，恐爲後患，俶泣曰：「若殺吾兄，吾終不忍，汝欲行其志，吾當退避賢路。」進思慚而退。俶慮進思害倧，遣親將薛温爲倧守衞，戒之曰：「委汝以保全廢王，苟有非常，汝當以死扞之。」温至越旬餘，有二卒夜持刃踰垣入，倧闔戶拒之，呼聲達於外，温領徒而入，斃二卒於庭中，乃進思之所遣也。進思因憂懼，疽發背，卒。後左右屢有以倧爲言，俶終拒之。倧居越州二十餘年卒。

俶自建隆已來貢奉不絕，及用兵江左，所貢數十倍。先是鏐與戰士多賜己姓，後俶歸朝，皆稱同宗。淳化三年，詔令復本姓。又浙中劉氏避鏐諱，改爲金氏，亦令還故。景德中，有司請以禮賢宅爲司天監，眞宗以先朝所賜，不許。大中祥符八年，子惟演等復表上之，詔賜錢五萬貫，仍各賜第一區。

子惟濬、惟治、惟渲〔三〕、惟演、惟灝、惟溍、惟濟。惟渲至韶州團練使，惟灝賀州團練使，惟湑至左龍武將軍、奬州刺史。惟演自有傳。

惟濬字禹川，俶嫡子也。裁數歲，俶表授鎮海鎮東兩軍節度副大使、檢校太保、鈐轄兩浙管內土客諸軍事。建隆元年，加檢校太傅。三年，領建武軍節度。乾德初，加檢校太尉。是年冬，來朝，因侍祠南郊。六年，復來朝，侍郊祀，命兵部員外郎、知制誥盧多遜迎勞之。開寶二年，授鎮東等軍節度、浙江東西道觀察處置、兩浙制置營田發運等使。未幾，來朝，太祖召宴苑中，令黃門奏簫韶樂，與諸王同席而坐，賜白玉帶、珠綴衣、水精鞍勒御馬，賜賚鉅萬計。月餘遣歸，辭日，又賜襲衣、玉帶、金鞍勒馬。四年，又來朝，因侍祠南郊，寵待殊等。及大兵征金陵，惟濬從父下毗陵，以功加平章事。九年，隨俶入朝，俶先歸，留惟濬扈從郊祀西洛。

太宗卽位，加兼侍中。太平興國二年，丁母妃孫氏憂，起復，加鎮東大將軍、右金吾衞大將軍，員外置同正。俶將入朝，惟濬先奉方物來貢，詔戶部郎中侯涉至泗州迎勞之，賜賚無算，并增其食邑。三年，隨俶來朝，俶盡獻浙右之地，改封淮海國王，徙惟濬淮南節度。是冬，郊祀恩，加檢校太師。從平太原及從征幽薊，又從幸大名。雍熙元年，郊祀，改山南東道節度。四年，徙鎮安州。惟濬雖再移鎮，常留京師。端拱初，籍田，封蕭國公。俄俶薨，起復，加兼中書令。

惟濬與俶諸子共進錢金、綾羅、犀玉帶笏、犀角、象牙、丁香、金玉馬腦鞍勒、金玉珠翠首飾、樂器、博具、器皿什物、馬橐駝牛驢車凡數十萬計。俶妻俞氏又進金銀十餘萬、犀二十株、通犀頳犀玉帶二十二條、水晶佛像十二事。惟濬又進女樂十人，上不納，各賜錦綵三十段遣還之。淳化初，杭州以錢氏家廟所藏唐、梁以來累朝所賜玉册竹册各三副、鐵券一來上，上悉以賜惟濬。明年春，得疾暴卒，年三十七。廢朝二日，追封邠王，謚安僖，中使典喪事。

子守吉、守讓。守吉至西京作坊使。守讓字希仲，以蔭累遷供備庫使，天禧四年，錄諸國之後，加領榮州刺史，改東染院使，卒。守讓頗勤學爲文章，退居多閉關讀書，屢獻歌頌，眞宗優詔褒獎。有集二十卷。子恕，娶曹王元偁女長安縣主。

惟治字和世，廢王倧之長子。倧初遷於越而惟治生，俶愛之，養爲己子。幼好讀書。八歲授兩浙牙內諸軍指揮使，判軍糧營田事，又改德化軍使，遷檢校太保、台州團練使。乾德四年四月，制授寧遠軍節度、檢校太傅，仍兼衙職，與惟濬節旄同日而至，國人榮之。

王師討江南，惟治從俶率兵下常州，策勳改奉國軍節度。俶入朝，命惟治權發遣軍國事。俶還，令奉幣入貢，撫諭命賜甚厚。惟治又獻塗金銀香師子、香鹿鳳鶴孔雀、寶裝鬃合、釦金甆器萬事，吳繚綾千匹。辭日，賜襲衣玉帶、塗金鞍勒馬、金銀器、繒綵踰萬計。

太宗嗣位，進檢校太尉。太平興國三年，俶再入覲，又權國事。一夕廄中火，惟治率兵臨高下視，令親信十數輩仗劍申令，敢後顧者斬，頃之火息。妻族有隸帳下者恃親犯法，惟治命杖背於府門。俶既納土，朝廷命考功郎中范旻知杭州，惟治奉兵民圖籍、帑廩管籥授旻，與其弟惟渲、惟灝歸朝。次近郊，遣內侍護諸司供帳迎勞至京師，即日召對長春殿，賜衣服、金帶、鞍勒馬、器幣，改領鎮國軍節度。五年八月，車駕幸俶第，召見惟治，賜白金萬兩。

惟治善草隸，尤好二王書，嘗曰：「心能御手，手能御筆，則法在其中矣。」家藏書帖圖書甚衆，太宗知之，嘗謂近臣曰：「錢俶兒姪多工草書。」因命翰林書學賀丕顯詣其第，徧取視之，曰：「諸錢皆效浙僧亞栖之迹，故筆力軟弱，獨惟治爲工耳。」惟治嘗以鍾繇、王羲之、唐玄宗墨跡凡七軸爲獻，優詔褒答。

雍熙三年，大出師征幽州，命惟治知眞定軍府兼兵馬都部署。前一日曲宴內殿，惟治獻詩，帝覽之悅，酒半，遣小黃門密諭北面之寄。至則訓兵享士，頗勤政務，設廚饌於城門以待使傳。

初，惟濬雖俶嫡嗣，然俶以其放蕩無檢，故器惟治，再俾權國務。嘗一夕俶暴疾，孫妃悉斂符籥付惟治，後惟濬知之，甚恚恨。洎入朝，惟濬止奉朝請，而委惟治藩任焉。俶薨召還，起復檢校太師。移疾就第百日，有司請罷奉，特詔續給。累上表請罷節鎮，優詔不許。惟治既病，心恍惚，家事不肅。咸平初，僮奴以姦私殺人於庭，事連閨閫，眞宗爲停按鞫，止授右監門衞上將軍，其子駕部員外郎丕責授郢州團練副使。晚年頗貧匱。景德中，其弟惟演獻文，上對宰相稱其公王之後，能苦心翰墨，令記其名，因曰：「錢氏繼世忠順，子孫可念，如聞惟治頗貧乏，尤可軫恤。」特轉右武衞上將軍，月給奉十萬。累加左驍衞上將軍、左神武統軍。大中祥符七年七月，卒，年六十六，贈太師。初，有司援統軍陳承昭、孟珏例，當贈東宮保傅，上以俶奉土歸國，優其贈典。又聞羣臣家貧乏者不欲官給喪事，爲罷詔葬。錄其四子官，及外弟、子壻、親校並甄擢之。

惟治好學，聚圖書萬餘卷，多異本。慕皮、陸爲詩，有集十卷。書迹多爲人藏祕，晚年雖病廢，猶或揮翰。眞宗嘗語惟演曰：「朕知惟治工書，然以疾不欲遣使往取，卿爲求數幅進來。」翌日，寫聖製詩數十章以獻，賜白金千兩。

初鎭四明，嘗夢神人披甲，自稱「西嶽神」，謂惟治曰：「公面有缺文」，卽捧土培之。後領華州節鉞二十年。

子丕字簡之，幼好學。雍熙中，俶上言欲求舉進士，太宗以其世家子，特召試內署，授祕書丞，賜金紫，累遷駕部郎中。嘗知新淦縣，又知衡州。惟治卒，以將作少監起復，俄爲三司戶部判官，卒於光祿少卿。

惟濟字巖夫。生七歲，俶封漢南國王〔四〕，奏補本府元從指揮使，歷諸衞將軍，領恩州刺史，改東染院使，眞拜封州刺史。眞宗祀汾陰還，燕近臣苑中，命惟濟射，一發中的。故事，刺史射不解箭，帝賜解之，且賜襲衣、金帶。

其後請試郡，命知絳州。民有條桑者，盜奪桑不能得，乃自創其臂，誣桑主欲殺人，久繫不能辨。惟濟取盜與之食，視之，盜以左手舉匕筯，惟濟曰：「以右手創人者上重下輕，今汝創特下重，正用左手傷右臂，非爾自爲之邪？」辭遂服。帝聞之，謂宰相向敏中曰：「惟濟試守郡輒明辨，後必爲能吏矣！」

徙潞州。民相驚有外寇，奔城而仆者相枕藉，惟濟從容行視，從騎甚省，民乃安。遷永州團練使，改知成德軍。仁宗卽位，加檢校司空。民有僞作白金質取緡錢者，其家來告，惟濟曰：「第聲言被盜，示以重購，質者當來責餘直，卽得之矣。」已而果然，乃杖配之。

以吉州防禦使留再任，遷虔州觀察使，知定州。有婦人待前妻子不仁，至燒銅錢灼臂，惟濟取婦人所生兒置雪中，械婦人往視兒死。其慘毒多此類。遷武昌軍節度觀察留後，改保靜軍留後。

惟濟喜賓客，豐宴犒，家無餘貲，帝賜白金二千兩，所負公使錢七百餘萬。卒，贈平江節度使，謚宣惠，遣使護葬事，賜賻錢二百萬、絹千匹。有玉季集二十卷。惟濟有吏幹，能戢下而性苛忍，所至牽蔓滿獄。重囚棄市，或斷手足，探肝膽，用以威衆。觀者色動，而惟濟自若也。

儼字誠允，俶之異母弟也。本名信，淳化初改焉。幼爲沙門，及長，頗謹愼好學。俶襲國封，命爲鎭東軍安撫副使。周顯德四年，奏署衢州刺史。

太祖平揚州，俶遣儼入賀，命閤門副使武懷節齎詔迎勞，賜賚甚厚。及歸，又賜玉帶、名馬、錦綵、器皿。開寶三年，代兄偡知湖州，充宣德軍安撫使。俶奉詔攻毗陵，命儼督漕運。太平興國二年，從俶之請，授新、嬀、儒等州觀察使，仍知湖州，儼兄儀爲愼、瑞、師等州觀察使。入朝，以儼爲隨州觀察使，儀爲金州觀察使。侍祠郊宮，特召升儼班於節度使之次。儀卒，儼換金州。常從幸天駟監，會賜從官馬，太宗敕有司曰：「錢儼儒者，宜擇馴馬給之。」未幾，出判和州，在職十七年。咸平六年，卒，年六十七，贈昭化軍節度。

儼嗜學，博涉經史。少夢人遺以大硯，自是樂爲文辭，頗敏速富贍，當時國中詞翰多出其手。歸京師，與朝廷文士遊，歌詠不絕。淳化初，嘗獻皇猷錄，咸平又獻光聖錄，並有詔嘉答。所著有前集五十卷、後集二十四卷、吳越備史十五卷、備史遺事五卷、忠懿王勳業志三卷，又作貴溪叟自敍傳一卷。

善飲酒，百卮不醉，居外郡嘗患無敵，或言一軍校差可倫擬，儼問其狀，曰：「飲益多，手益恭。」儼曰：「此亦變常，非善飲也。」

昱字就之，忠獻王佐之長子。佐薨，昱尚幼，國人立倧，遂以昱爲咸寧、大安二宮使。俶嗣國，承制授秀州刺史。

太祖受禪，俶遣昱入貢，與江南使同侍宴射于後苑，江南使先中的，令昱解之，昱應弦而中，賜以玉帶。及平蜀，復來賀。歸國，爲台州刺史。俶得福州，命昱守之。王師討江南，爲東面水陸行營應援使。從俶入朝，授白州刺史。

昱好學，多聚書，喜吟詠，多與中朝卿大夫唱酬。嘗與沙門贊寧談竹事，迭錄所記，昱得百餘條，因集爲竹譜三卷。俄獻太平興國錄。求換臺省官，令學士院召試制誥三篇，改祕書監，判尚書都省。時新葺省署，昱撰記奏御，又嘗以鍾、王墨跡八卷爲獻，有詔褒美。

出知宋州，改工部侍郎，歷典壽、泗、宿三州，率無善政。至道中，郊祀，當進秩，太宗曰：「昱貴家子無檢操，不宜任丞郎。」以爲郢州團練使。咸平二年，表入朝，以病不及陛見，卒，年五十七。

昱善筆札，工尺牘，太祖嘗取觀賞之，賜以御書金花扇及急就章。昱聽敏能覆棋，工琴畫，飲酒至斗餘不亂。善諧謔，生平交舊終日談宴，未曾犯一人家諱。有集二十卷。然貪猥縱肆，無名節可稱。生子百數。涉，雍熙中進士及第。絳，至內殿承制、閤門祗候，累典郡，頗以幹力稱。

俶之羣從又有台州刺史仰之子昭序，字著明，好學喜聚書，書多親寫。知通利軍，以勤幹聞，至如京副使。衢州刺史偓之子昭度，字九齡，至供奉官。俊敏工爲詩，多警句，有集十卷，蘇易簡爲序行於世。

孫承祐，杭州錢塘人。俶納其姊爲妃，因擢處要職，累遷浙江東道鹽鐵副使、鎭海鎭東兩軍節度副使、知靜海軍節度事。

開寶初，隨俶子惟濬入貢，詔授光祿大夫、檢校太保、鎭東鎭海等軍行軍司馬〔五〕。俶又私署中吳軍節度。七年，俶復遣承祐入貢，賜襲衣、玉帶、鞍勒馬、黃金器五百兩、銀器三千兩、雜綵五千匹，且令諭旨於俶，將有事於江表。及王師渡江，命內客省使丁德裕率步騎一千，詔俶以所部與德裕會攻常、潤。承祐從俶克毗陵，功居多，詔改中吳軍爲平江軍，眞授承祐節。太平興國中，俶來朝，盡獻其地，徙承祐泰寧軍節度使。五年，從幸大名，留知府事。雍熙二年，改知滑州，數月卒，贈太子太師，中使護葬。

承祐在浙右日，憑藉親寵，恣爲奢侈，每一飲宴，凡殺物命千數，常膳亦數十品方下筯。所居室中，爇龍腦日不下數兩。從車駕北征，以橐駝負大斛貯水養魚自隨。至幽州南村落間，日已旰，西京留守石守信與其子駙馬都尉保吉及近臣十數人尙未朝食，適遇承祐，即延所止幕舍中，膾魚具食，窮極水陸，人皆異之。

承祐少時，嘗夢人以蓍草一本，增其一而授之。既寤，以語所親曰：「『大衍之數五十，其用四十有九』，今增其一，我壽止於此乎。」果五十而卒。子誘，至駕部郞中，出爲淮南節度行軍司馬。

沈承禮，湖州烏程人。錢鏐辟置幕府，署處州刺史。鏐子元瓘以女妻之，署爲府中右職，出爲台州刺史。元瓘卒，子佐嗣，以承禮掌親兵。俶襲位，命知威武軍節度事，充兩浙都鈐轄使。

王師征江南，俶遣承禮率水陸數萬人助平毗陵，因攻潤州。城中兵夜出焚外柵，諸將皆欲馳救，承禮曰：「古人有言，擊東南而備西北者，此之謂也。」命士皆擐甲蓐食，堅壁不動。他壘不設備者悉驚擾，獨承禮所部敵人不敢窺。丹陽平，遂率兵抵建業。李煜歸朝，錄其功，眞授福州節制。太平興國初，俶盡獻浙右地，徙承禮鎭密州。八年，卒，年六十七。廢朝二日，贈太子太師，中使護葬。

初，秦王廷美之敗也，有司按驗，俶、惟濬、孫承祐及陳洪進皆嘗有贈遺，獨承禮無焉。

校勘記

〔一〕母吳越國恭懿夫人吳氏　上「吳」字原脫，據吳越備史卷四補。

〔二〕式昭職員　十國春秋卷八二作「式昭職貢」，疑「員」是「貢」字之誤。

〔三〕惟濬惟治惟渲　「惟渲」二字原脫，據下文及東都事略卷二四錢俶傳補。

〔四〕漢南國王　「國」字原脫，據上文及吳越備史補遺補。

〔五〕行軍司馬　「軍」原作「營」，據長編卷一五、吳越備史卷四改。

宋史卷四百八十一

列傳第二百四十

世家四

南漢劉氏

南漢劉鋹，其先蔡州上蔡人，高祖安仁〔一〕，仕唐爲潮州刺史，因家嶺表。安仁生謙，爲廣州牙校，累遷封州刺史、賀水鎮遏使。謙生隱，謙卒，隱代領其任。唐昭宗以薛王知柔鎮南海，辟爲行軍司馬，委以兵柄。及宰相徐彥若代知柔，以爲節度副使。時唐室已季，彥若威令不振，事皆決于隱。彥若卒，遺表薦隱自代，昭宗不從，以崔遠代之。遠至江陵，遷延不進，乃以隱爲留後，未幾，授以節旄。梁開平初，兼靜海軍節度使，封南海王。隱卒，弟陟襲位。貞明三年，僭帝號，國稱大漢，改元乾亨，行郊祀禮。改名巖，又改龔，終改龑。「龑」讀爲「儼」，字書不載，蓋其妄作也。晉天福七年，卒，子玢嗣，爲弟晟所殺。晟遂自立，性尤酷暴，周顯德五年，卒，事具五代史。

鋹即晟長子也，初名繼興，封衛王，襲父位，改今名，改元大寶。性昏懦，委政宦官龔澄樞及才人盧瓊仙，每詳覽可否，皆瓊仙指之。鋹日與宮人、波斯女等游戲。內官陳延壽〔二〕引女巫樊胡〔三〕入宮，言玉皇遣樊胡命鋹爲太子皇帝，乃于宮中施帷幄，羅列珍玩，設玉皇坐。樊胡遠遊冠、紫衣、紫霞裙，坐宣禍福，令鋹再拜聽命；嘗云瓊仙、澄樞、延壽皆玉皇遣輔太子皇帝，有過不得治。又有梁山師、馬媪、何擬之徒出入宮掖。宮中婦人皆具冠帶，領外事。

初，龔雖寵任中官，其數裁三百餘，位不過掖庭諸局令丞。至晟時千餘人，稍增內常侍、諸謁者之稱。至鋹漸至七千餘，有爲三師、三公，但其上加「內」字，諸使名不翅二百，女官亦有師傅、令僕之號。目百官爲「門外人」，羣臣小過及士人、釋、道有才略可備問者，皆下蠶室，令得出入宮闈。作燒煮剝剔、刀山劍樹之刑，或令罪人鬥虎抵象。又賦斂煩重，邕民入城者人輸一錢，瓊州米斗稅四五錢。置媚川都，定其課，令入海五百尺採珠。所居宮殿以珠、玳瑁飾之。陳延壽作諸淫巧，日費數萬金。宮城左右離宮數十，鋹游幸常至月餘或旬日。以豪民爲課戶，供宴犒之費。

乾德中，太祖命師克郴州，獲其內品十餘人。有余延業者，人質幺麼，太祖問曰：「爾在嶺南爲何官？」對曰：「爲扈駕弓箭手官。」命授之弓矢，延業極力控弦不開。太祖因笑問鋹爲治之迹，延業備言其奢酷，太祖驚駭曰：「吾當救此一方之民。」

先是，晟因湖南馬氏之亂，襲取桂、郴、賀等州。開寶初，鋹又舉兵侵道州，刺史王繼勳上言，鋹爲政昏暴，民被其毒，請討之。太祖難其事，令江南李煜遣使以書諭鋹使稱臣，歸湖南舊地。鋹不從。煜又遣其給事中龔愼儀遺書曰：

煜與足下叨累世之睦，繼祖考之盟，情若弟兄，義敦交契，憂戚之患，曷嘗不同。每思會面而論此懷，抵掌而談此事，交議其所短，各陳其所長，使中心釋然，利害不惑，而相去萬里，斯願莫伸。凡於事機不得款會，屢達誠素，冀明此心，而足下視之，謂書檄一時之儀，近國梗概之事，外貌而待之，汎濫而觀之，使忠告確論如水投石，若此則又何必事虛詞而勞往復哉？殊非宿心之所望也。

今則復遣人使罄申鄙懷，又慮行人失辭，不盡深素，是以再寄翰墨，重布腹心，以代會面之談與抵掌之議也。足下誠聽其言如交友諫爭之言，視其心如親戚急難之心，然後三復其言，三思其心，則忠乎不忠，斯可見矣，從乎不從，斯可決矣。

昨以大朝南伐，圖復楚疆，交兵已來，遂成釁隙。詳觀事勢，深切憂懷，冀息大朝之兵，求契親仁之願，引領南望，于今累年。昨命使臣入貢大朝，大朝皇帝果以此事宣示曰：「彼若以事大之禮而事我，則何苦而伐之；若欲興戎而爭我，則以必取爲度矣。」見今點閱大衆，仍以上秋爲期，令弊邑以書復敍前意，是用奔走人使，遽貢直言。深料大朝之心非有唯利之貪，蓋怒人之不賓而已；足下非有不得已之事與不可易之謀，殆一時之忿而已。

觀夫古之用武者，不顧小大強弱之殊而必戰者有四：父母宗廟之讎，此必戰也；彼此烏合，民無定心，存亡之機以戰爲命，此必戰也；敵人有進，必不捨我，求和不得，退守無路，戰亦亡，不戰亦亡，奮不顧命，此必戰也；彼有天亡之兆，我懷進取之機，此必戰也。今足下與大朝非有父母宗廟之讎也，非同烏合存亡之際也，既殊進退不捨、奮不顧命也，又異乘機進取之時也。無故而坐受天下之兵，將決一旦之命，既大朝許以通好，又拒而不從，有國家、利社稷者當若是乎？

夫稱帝稱王，角立傑出，今古之常事也；割地以通好，玉帛以事人，亦古今之常事也。盈虛消息、取與翕張，屈伸萬端，在我而已，何必膠柱而用壯，輕禍而爭雄哉？且足下以英明之姿，撫百越之衆，北距五嶺，南負重溟，籍累世之基，有及民之澤，衆數十萬，表裏山川，此足下所以慨然而自負也。然違天不祥，好戰危事，天方相楚，尙未可爭。恭以大朝師武臣力，實謂天贊也。登太行而伐上黨，士無難色；絕劍閣而舉庸蜀，役不淹時。是知大朝之力難測也，萬里之境難保也。十戰而九勝，亦一敗可憂；六奇而五中，則一失何補！

況人自以我國險，家自以我兵強，蓋揣于此而不揣于彼，經其成而未經其敗也。何則？國莫險于劍閣，而庸蜀已亡矣；兵莫強于上黨，而太行不守矣。人之情，端坐而思之，意滄海可涉也，及風濤驟興，奔舟失馭，與夫坐思之時蓋有殊矣。是以智者慮於未萌，機者重其先見，圖難於其易，居存不忘亡，故曰計禍不及，慮福過之。良以福者人之所樂，心樂之，故其望也過；禍者人之所惡，心惡之，故其思也忽。是以福或修於慊望，禍多出於不期。

又或慮有矜功好名之臣，獻奪主強國之議者，必曰：「慎無和也。五嶺之險，山高水深，輜重不並行，士卒不成列，高壘清野而絕其運糧，依山阻水而射以強弩，使進無所得，退無所歸。」此其一也。又或曰：「彼所長者，利在平地，今捨其所長，就其所短，雖有百萬之衆，無若我何。」此其二也。其次或曰：「戰而勝，則霸業可成，戰而不勝，則汎巨舟而浮滄海，終不為人下。」此大約皆說士孟浪之談，謀臣捭闔之策，坐而論之也則易，行之如意也則難。

何則？今荆湘以南、庸蜀之地，皆是便山水、習險阻之民，不動中國之兵，精卒已逾於十萬矣。況足下與大朝封疆接畛，水陸同途，殆雞犬之相聞，豈馬牛之不及？一旦緣邊悉舉，諸道進攻，豈可俱絕其運糧，盡保其城壁？若諸險悉固，誠善莫加焉；苟尺水橫流，則長堤虛設矣。其次曰，或大朝用吳越之衆，自泉州泛海以趣國都，則不數日至城下矣。當其人心疑惑，兵勢動搖，岸上舟中皆爲敵國，忠臣義士能復幾人？懷進退者步步生心，顧妻子者滔滔皆是。變故難測，須臾萬端，非惟暫乖始圖，實恐有誤壯志，又非巨舟之可及，滄海之可遊也。然此等皆戰伐之常事，兵家之預謀，雖勝負未知，成敗相半。苟不得已而爲也，固斷在不疑；若無大故而思之，又深可痛惜。

且小之事大，理固然也。遠古之例不能備談，本朝當楊氏之建吳也，亦入貢莊宗。恭自烈祖開基，中原多故，事大之禮，因循未遑，以至交兵，幾成危殆。非不欲憑大江之險，恃衆多之力，尋悟知難則退，遂修出境之盟，一介之使纔行，萬里之兵頓息，惠民和衆，于今賴之。自足下祖德之開基，亦通好中國，以闡霸圖。願修祖宗之謀，以尋中國之好，蕩無益之忿，棄不急之爭，知存知亡，能強能弱，屈己以濟億兆，談笑而定國家，至德大業無虧也，宗廟社稷無損也。玉帛朝聘之禮纔出於境，而天下之兵已息矣，豈不易如反掌，固如太山哉？何必扼腕盱衡，履腸蹀血，然後爲勇也。故曰：「德輶如毛，民鮮克舉之，我儀圖之。」又曰：「知止不殆，可以長久。」又曰：「沈潛剛克，高明柔克。」此聖賢之事業，何恥而不爲哉？

況大朝皇帝以命世之英，光宅中夏，承五運而乃當正統，度四方則咸偃下風，獫狁、太原固不勞於薄伐，南轅返旆更屬在於何人。又方且遏天下之兵鋒，俟貴國之嘉問，則大國之義斯亦以善矣，足下之忿亦可以息矣。若介然不移，有利於宗廟社稷可也，有利於黎元可也，有利於天下可也，有利於身可也。凡是四者無一利焉，何用棄德修怨，自生仇敵，使赫赫南國，將成禍機，炎炎奈何，其可嚮邇？幸而小勝也，莫保其後焉，不幸而違心，則大事去矣。

復念頃者淮、泗交兵，疆陲多壘，吳越以累世之好，遂首爲厲階，惟有貴國情分逾親，驩盟愈篤，在先朝感義，情實慨然，下走承基，理難負德，不能自已，又馳此緘。近奉大朝諭旨，以爲足下無通好之心，必舉上秋之役，卽命弊邑速絶連盟。雖善隣之心，期於永保；而事大之節，焉敢固違。恐煜之不得事足下也，是以惻惻之意所不能云，區區之誠於是乎在。又念臣子之情，尚不逾於三諫，煜之極言，於此三矣，是爲臣者可以逃，爲子者可以泣，爲交友者亦惆悵而遂絶矣。

鋹得書，遂囚愼儀，驛書答煜，言甚不遜，煜上其書。

開寶三年，太祖命潭州防禦使潘美、朗州團練使尹崇珂討之。八月，師至白霞，鋹賀州刺史陳守忠告急於鋹。時舊將多以讒構誅死，宗室翦滅殆盡，掌兵者唯宦人數輩。自晟以來，耽於遊宴，城壁壕隍多飾爲宮館池沼，樓艦皆毁，兵器又腐，內外震恐，乃遣龔澄樞往賀州，郭崇岳往桂州，李托往韶州，畫守禦之策。

九月，美與崇珂圍賀州，澄樞遁歸。鋹遣大將伍彥柔領兵赴賀，美等以奇兵伏南鄉岸〔四〕。彥柔夜至，艤舟岸側，遲明挾彈登岸，踞胡牀指麾。伏兵卒發，彥柔衆大亂，死者千人。擒彥柔斬之，梟首以示城中。翌日，城陷。美等督戰艦，聲言順流趨廣州，鋹令都統潘崇徹將兵五萬屯賀江。十月，美等次昭州，破開建砦，殺卒數百，擒砦將靳暉，昭州刺史田行稠遁去，城遂陷。桂州刺史李承進棄城亦奔。十一月，連州陷，招討使盧收率衆退保淸遠。十二月，美等攻韶州，都統李承渥以兵數萬陣蓮華山下。初，鋹教象爲陣，每象載十數人，皆執兵仗，凡戰必置陣前，以壯軍威。至是與美遇，美盡索軍中勁弩布前以射之，象奔踶，乘象者皆墜，反踐承渥軍，遂大敗，承渥僅以身免。韶州陷，擒刺史辛延渥、諫議大夫卿文遠。鋹始令塹廣州東壕，遣郭崇岳統兵六萬屯馬逕，列栅以拒之。

四年正月，美等破英、雄二州，都統潘崇徹來降。翌日，次瀧頭，鋹遣使請和，且求緩師。瀧頭山水險惡，美等疑有伏兵，乃挾鋹使速度諸險。二月，過馬逕，去廣城十里，砦于雙女山下。鋹聞之，取舶船十餘艘，載金寶、妃嬪欲入海，未及發，宦官樂範與衞兵千餘盜舶船走。美等將至城，鋹懼，遣其右僕射蕭漼〔五〕奉表詣軍門乞降。美諭太祖意，語在美傳。使者乞部送赴闕，師遂頓城外。鋹又遣其弟保興率百官奉迎，爲郭崇岳所遏。崇岳無謀勇，但祈禱鬼神，復爲拒扞之備。美等乃進攻，保興迎戰，大爲所敗，美乘風縱火，煙埃坌起，崇岳死於亂兵。城既破，鋹盡焚其府庫。美擒鋹及龔澄樞、李托、薛崇譽與宗室文武九十七人，同縻於龍德宮。保興逃於民家，亦獲之，悉部送闕下。斬閹工五百餘人。凡得州六十、縣二百十四〔六〕、戶十七萬。

鋹至江陵，邸吏厖師進迎謁，學士黃德昭侍鋹，鋹問師進何人，德昭曰：「本國人也。」鋹曰：「何爲在此？」曰：「先主歲貢大朝，輜重比至荊州，乃令師進至邸〔七〕，于此造車，以給饋運爾。」鋹嘆曰：「我在位十四年，未嘗聞此言，今日始知祖宗山河及大朝境土也〔八〕。」因泣下久之。

至京，舍于玉津園，太祖遣參知政事呂餘慶問鋹翻覆及焚府庫之罪，鋹歸罪澄樞、托、崇譽。翌日，有司以帛係鋹及其官屬獻太廟、太社。太祖御明德門，遣攝刑部尙書盧多遜宣詔責鋹，鋹對曰：「臣年十六僭僞位，澄樞等皆先臣舊人，每事臣不得專，在國時臣是臣下，澄樞是國主。」遂伏地待罪。太祖命攝大理卿高繼申引澄樞、托、崇譽斬于千秋門外，釋鋹罪，賜襲衣、冠帶、器幣、鞍勒馬，授金紫光祿大夫、檢校太保、右千牛衛大將軍、員外置同正員，封恩赦侯，朝會班上將軍之下。以其弟保興爲右監門率府率，左僕射蕭漼爲太子中允，中書舍人卓惟休爲太僕寺丞，餘並署諸州上佐、縣令、主簿。

初，龔時嘗召司天監周傑筮之，遇復之豐〔九〕，龔問曰：「享年幾何？」傑曰：「凡二卦皆土爲應，土之數五，二五，十也，上下各五，將五百五十五乎。」及鋹之敗，果五十五年，蓋傑舉成數以避一時之害爾。又廣州童謠曰：「羊頭二四，白天雨至。」識者以羊是未之神，是歲在辛未，以二月四日擒鋹。天雨者，王師如時雨之義。又前一年九月八日夕，衆星皆北流，有知星者言，劉氏歸朝之兆也。

四年，詔鋹月給增錢五萬、米麥五十斛。八年，李煜平，遷左監門衞上將軍，進封彭城郡公。太平興國初，又進衞國公。五年，卒，年三十九。廢朝三日，贈太師，追封南越王。

鋹體質豐碩，眉目俱竦。有口辯，性絕巧，嘗以珠結鞍勒爲戲龍之狀，極其精妙，以獻太祖。太祖詔示諸宮官，皆駭伏，遂以錢百五十萬給其直，謂左右臣曰：「鋹好工巧，習以成性，儻能以習巧之勤移於治國，豈至滅亡哉！」

太祖嘗乘肩輿從十數騎幸講武池，從官未集，鋹先至，賜鋹巵酒。鋹疑爲酖，泣曰：「臣承祖父基業，違拒朝廷，勞王師致討，罪固當死，陛下不殺臣，今見太平，爲大梁布衣足矣。願延旦夕之命，以全陛下生成之恩，臣未敢飲此酒。」太祖笑曰：「朕推心於人腹，安有此事！」命取鋹酒自飲之，別酌以賜，鋹大慚頓首謝。

太宗將討晉陽，召近臣宴，鋹預之，自言：「朝廷威靈及遠，四方僭竊之主，今日盡在坐中，旦夕平太原，劉繼元又至，臣率先來朝，願得執梃爲諸國降王長。」太宗大笑，賞賜甚厚。其詼諧此類也。

鋹子守節、守正，皆至崇儀副使。守正卒，帝聞其家貧，詔月給萬錢。守素，咸平中爲侍禁，亦貧，眞宗賜白金百兩，語宰相曰：「諸僞主子孫率多窘迫，蓋僭侈之後不知稼穡艱難所致也。」後至內殿崇班，天禧中，又錄爲閤門祗候。守通，供奉官。守正子克昌，爲三班奉職；國昌，爲借職。

龔澄樞，廣州南海人。性廉謹，不妄交游。幼事龔爲內供奉官，累遷內給事。晟襲位，任閹人林延遇爲甘泉宮使，頗預政事。延遇病將死，言於晟曰：「臣死，惟龔澄樞可用。」即日擢知承宣院兼內侍省，改德陵使兼龍德宮使。鋹嗣位，加特進、開府儀同三司、萬華宮使、驃騎大將軍，改上將軍、左龍虎軍觀軍容使、內太師，軍國之務皆決於澄樞。澄樞與李托、薛崇譽置酷法之具，民甚苦之。

初，巖改名龔，有術者言不利，名龔，當敗國事，遂改名龑。後鋹用澄樞，以其姓卒亡其國，澄樞亦被誅。

李托，封州封川人。少習騎射，以謹愿事龑爲內府局令。晟襲位，遷內侍省內侍，充宮闈諸衞押番兼秀華宮使。鋹立，改玩華宮使、內侍監兼列聖、景陽二宮使。托納二女於鋹，鋹以其長爲貴妃，次爲美人，政事皆訪托而後行。加特進、開府儀同三司、甘泉宮使兼六軍觀軍容使、行內中尉，遷驃騎上將軍、內太師。

太祖命師伐鋹，既克韶州，統軍使李承渥戰死，節度副使辛延渥間道遣人勸鋹降，托堅沮其議。及就擒至許田，太祖遣使問托等：「昨已約降，復率衆來拒戰，及軍敗又縱火焚府庫，誰爲之謀也？」托俛首不能對。鋹諫議大夫王珪謂托曰：「昔在廣州，機務並爾輩所專，火又自內起，今天子遣使案問，爾復欲推過何人？」遂唾而批其頰，托乃引伏，後至京斬之。

薛崇譽，韶州曲江人。善孫子五曹算。晟署爲內門使兼太倉使。鋹嗣位，遷內中尉、特進、開府儀同三司、簽書點檢司事。太祖命師克廣州，崇譽縱火焚倉廩，擒至京，與李托同戮。

潘崇徹，廣州南海人。事龔爲內侍省局丞。頗讀兵書，立戰功。晟嘗遣大將吳懷恩伐桂州平之，懷恩爲部下所殺，命崇徹代之。鋹襲位，加西北面都統。歲餘，鋹頗疑崇徹，遣薛崇譽使其軍以察之。崇譽還，遂白崇徹日以伶人百餘衣錦繡、吹玉笛，爲長夜之飲，不恤軍政。鋹怒，召歸，奪其兵柄，自是居常怏怏。

太祖命師度嶺，鋹復命崇徹領兵五萬戍賀江，崇徹不爲効命。鋹敗，至京，太祖知其事，特赦之，授汝州別駕，卒。

校勘記

〔一〕安仁　原作「仁安」，據新五代史卷六五南漢世家、東都事略卷二三劉鋹傳改。下同。

〔二〕陳延壽　原作「陳延受」，據新五代史卷六五南漢世家、長編卷二改。下同。

〔三〕樊胡　按新五代史卷六五南漢世家、長編卷二都作「樊胡子」。下同。

〔四〕以奇兵伏南鄉岸　原脫「鄉」字，據長編卷一一、太平治蹟統類卷一補。

〔五〕右僕射蕭漼　「右」，本書卷二太祖紀、卷二五八潘美傳、本卷下文及宋會要兵七之二九均作「左」。

〔六〕得州六十縣二百十四　「十四」原作「四十」，據本書卷二太祖紀、卷八五地理志序及長編卷一二改。

〔七〕乃令師進至邸　「至」，長編卷一二作「置」，疑是。

〔八〕今日始知祖宗山河及大朝境土也　「及」，太平治蹟統類卷一、長編卷一二作「乃」。

〔九〕遇復之豐　本書卷四六一周克明傳作「得比之復」。

宋史卷四百八十二

列傳第二百四十一

世家五

北漢劉氏

北漢劉繼元，并州太原人。祖崇，漢祖之弟，漢初爲太原尹、北京留守。隱帝嗣位，周祖爲樞密使，崇謂判官鄭珙曰：「吾與郭樞密素不協，朝廷幼弱，郭得志，吾無類矣。」因泣下。珙遂勸繕完甲兵，招集亡命，爲自全計。

及聞隱帝遇害，崇欲率兵南向，會漢太后下令遣馮道詣徐州迎崇子贇爲漢嗣，崇信之，謂賓佐曰：「吾兒爲帝矣，復何慮哉？」少尹李驤曰：「知幾其神，時不可失。揣郭公之心，必不以天下與人，不如領精騎疾度太行，控孟津，以觀其變，徐州位定，然後歸晉陽，卽郭公不敢動矣。」崇大怒，罵曰：「腐儒敢離間我父子！」遽令左右曳出斬之。驤曰：「僕負王佐才，今日爲愚人畫計，死固甘心，但家有病妻，願同戮於市。」崇並殺之，表其事於太后，明無他志。俄周祖爲衆所推，降封贇湘陰公。崇遣使奉書周祖，乞贇歸藩。使還，知贇已死，崇慟哭，爲贇立祠。

遂即皇帝位，國仍號漢，仍稱乾祐年，改名旻，以子鈞爲太原尹，判官趙華、鄭珙爲宰相，陳光裕爲宣徽使。賫重幣結契丹，自言與周有隙，願如晉祖故事，約爲父子。契丹主許之，遣政事令燕王耶律迭軋、上樞使高勳〔一〕，策崇爲大漢神武皇帝。自是數侵晉、絳。高平之敗，崇單騎遁歸，由此喪氣，不敢復出師。顯德元年，崇卒，鈞襲位。

鈞舊名承鈞，後止名鈞。改元天會，以衞融爲相，段常〔二〕爲樞密使，蔚進掌親軍，子繼恩爲太原尹。始建七廟於漢祖舊第，號顯聖宮。潛結江南、西川爲外援。六年冬，鈞結契丹侵周。明年正月，周恭帝命太祖北征，至陳橋驛，衆推戴太祖卽位。鈞與契丹兵皆遁去。

是夏，李筠以上黨叛，令判官四監軍周光遜等送於鈞，稱臣求援。鈞自至太平驛與筠會，遣其宣徽使盧贊將騎數千隨筠入寇，又遣其河陽節度范守圖援之。及太祖親討，前軍石守信、高懷德破筠衆於澤州，獲守圖，殺鈞兵數千。鈞之沙谷砦又爲折德扆所破，斬首五百級。九月，昭義李繼勳率師入鈞平遙，虜獲甚衆。建隆二年冬，繼勳又敗鈞兵，斬首百餘級，獲其遼州刺史傅廷彥弟勳以獻。

三年二月，鈞侵晉、潞二州，守將擊走之。三月，太祖詔河東降人徙家於邢、洺，計口給粟。四月，太原民四百七十人降。七月，鈞捉生指揮使路貴等十一人降，並補內殿直。四年八月，邢州王全贇率師攻樂平，鈞拱衞指揮使王超、散指揮使元威侯霸榮率所部千八百人降全贇。未幾，鈞侍衞都指揮使蔚進、馬軍都指揮使郝貴超與契丹悉兵來救樂平，三戰皆敗之，遂下其城，詔建爲平晉軍，以降兵爲効順軍，賜以錢帛，靜陽十八砦遂相率來降。九月，鈞復引契丹攻平晉軍，太祖遣洺州防禦使郭進、濮州防禦使張彥進、客省使曹彬、趙州刺史陳萬通將步騎萬餘救之，未至而鈞遁去。

乾德二年二月，李繼勳與兵馬鈐轄康延沼、馬步軍都軍頭尹訓率兵攻遼州，鈞遣郝貴超來援，戰于城下，大敗，刺史杜延韜危蹙，與拱衞都指揮使冀進、兵馬都監侯美籍部兵三千降于繼勳，賜延韜等襲衣、銀帶、器幣、鞍勒馬，其降兵以效順、懷恩爲名。是月，府州擒鈞衞州刺史楊璘以獻。又鈞耀州團練使周審玉等四人降，賜審玉襲衣、金帶、絹千匹、銀五百兩、鞍勒馬，仍賜名承瑨，以爲左千牛衞大將軍、領汾州團練使。四月，太祖遣馬軍都校劉光將兵戍潞，備鈞入侵。五年三月，鈞招收指揮使閻章以石盆砦降鎭州。四月，招收指揮使樊暉殺監軍成昭，以鴻唐砦降鎭州。六年正月，偏成砦招收指揮使任恩等百五十人降晉州。三月，鎭州守將攻破鈞馬鞍山砦。七月，鈞烏玉砦主胡遇等百三十九人降鎭州。

初，鈞自李筠敗，狠狽而歸，旦夕懼宋師之至，以趙文度爲相，召抱腹山人郭無爲參議中書事，以五臺山僧繼顒爲鴻臚卿，參議國事。因事誅段常，契丹主遣使責鈞曰：「爾不稟我命，其罪三：擅改年號，一也；助李筠有所覬覦，二也；殺段常，三也。」鈞皇恐曰：「父爲子隱，願赦罪。」契丹不報。自是使契丹者被留不遣。終以勢力窘弱，憂憤成疾，是月卒，年四十三。繼恩嗣位。

初，太祖嘗因界上諜者謂鈞曰：「君家與周氏爲世讎，宜其不屈，今我與爾無所間，何爲困此一方人也？若有志中國，宜下太行以决勝負。」鈞遣諜者復命曰：「河東土地甲兵不足以當中國，然鈞家世非叛者，區區守此，蓋懼漢氏之不血食也。」太祖哀其言，笑謂諜者曰：「爲我語鈞，開爾一生路。」故終其世不加兵焉。

繼恩本姓薛。父釗，娶崇女，晉初爲護聖營卒。漢祖典禁兵，以釗崇壻，釋其籍，館門下。漢祖後領方鎭，爵位通顯，釗罕得見其妻，居常怏怏。一日乘醉求見，卽引佩刀刺妻，妻奮衣得脫，釗乃自剄。繼恩時尚幼，漢祖令鈞養爲子，遂冒姓劉。

八月，太祖詔伐繼恩，以內客省使盧懷忠等二十二人將禁兵赴潞州，昭義節度李繼勳爲行營前軍都部署，侍衞步軍都指揮使党進副之，宣徽南院使曹彬爲都監；棣州防禦使何繼筠爲前鋒部署，懷州防禦使康延沼爲都監；建雄軍節度趙贊爲汾州路部署，絳州防禦使司超副之，隰州刺史李謙溥爲都監。九月，繼勳敗繼恩軍於洞渦河，其左勝軍使李瓊來降，賜襲衣、金帶、鞍勒馬。

初，鈞謂郭無爲曰：「繼恩庸懦，何堪付後事？」無爲亦以爲然。至是繼恩獨處一室行喪，左右親信皆在太原，無得從者。或勸召之，繼恩猶豫不決。有侯霸榮者，邢州龍岡人，多力善射，走及奔馬，嘗爲盜井、汾間，鈞用爲散指揮使，戍樂平。建隆中，率所部來歸，補內殿直，未幾，復奔太原，鈞署供奉官。至是謀持繼恩首獻太祖，遂乘繼恩無備，白晝挺刃而入，反扃其門，繼恩繞屏環走，霸榮以刃揕胸弑之，年三十四，時立六十日矣。無爲遣卒登梯入，殺霸榮，立其弟繼元。

繼元本姓何。初，薛釗死，崇以女再妻何氏，生繼元。何死，鈞亦養繼元爲子。繼元既襲位，改元廣運，復結契丹爲援。開寶二年春，太祖詔李繼勳、趙贊、郭進、司超等將兵先赴太原，太祖遂親征，以繼元太谷令梁文陟爲太子洗馬，祁令〔三〕張續爲右贊善大夫。太祖將至，繼勳敗繼元兵於城下，其憲州推官史昭文以州來降，升本州刺史。乃壅汾水灌其城，又遣海州刺史孫方進圍汾州〔四〕。繼元方恃契丹爲援，守陴者揚言旦夕契丹至。四月，何繼筠敗契丹於陽曲北，太祖命以所獲首級、鎧甲示於城下，城中由是喪氣，知嵐州趙文度遂來降。閏五月，南城爲汾水陷，水注城中，太祖幸長隄觀焉。登望樓者見繼元殺其相郭無爲，城中紛擾。俄而城兵自西長連城出，將焚攻戰具，反爲攻兵擊走之，斬首萬餘級。夜半，傳呼壁外繼元降，太祖令衞士擐甲，將開壁門，八作使趙璲曰：「受降如受敵，詎可中夜輕出？」太祖使伺之，果諜者也。

太常博士李光贊上言曰：「陛下應天順人，體元御極，戰無不勝，謀無不臧，四方恃險之邦，僭竊帝王之號者，昔日與中國爲鄰，今日與陛下爲臣。蕞爾晉陽，豈須親討，重勞飛輓，久駐師徒。且太原得之未必爲多，失之未足爲辱，今時屬炎蒸，候當暑雨，儻河津泛溢，道路阻艱，輦運稽留，恐勞宸慮。」太祖覽奏甚喜，命宰相趙普撫諭諸將欲班師。禁軍校趙翰等叩頭願乘城急擊，以盡死力，太祖曰：「汝曹我所訓練，無不一當百，以備肘腋，同休戚也。我寧不取太原，豈忍驅汝曹冒鋒鏑而蹈必死之地乎？」士皆感泣，遂班師。

九年八月，太祖又遣党進、潘美、楊光美、牛思進、米文義討之。時繼元諜者趙訓爲晉州所捕，械送于朝，太祖命釋之，給服裝放歸。又遣郭進入忻代路，郝崇信、王政忠入汾州路，閻彥進、齊超入沁州路，孫晏宣、安守忠入遼州路，齊延琛、穆彥璋入石州路。九月，党進敗繼元兵數千，獲馬千餘。郭進得山北民三萬七千餘。十月，遼州監押馬繼恩入幷州境，燔四十餘砦，獲牛羊數千。郭進又破壽陽，得民九千。穆彥璋入幷州境，得民二千。党進又敗繼元兵千餘於城下。是月，太宗即位，召諸將還。

太平興國二年，繼元胡桃砦指揮使史温等以其民內附。太宗謂齊王廷美曰：「太原，我必取之。」四年，始議討伐，曹彬以爲可，太宗意遂決，語在彬傳。宰相薛居正曰：「昔周世宗舉兵，太原倚契丹之援，堅壁不戰，以至師老而歸。及太祖破契丹於鴈門關南，盡驅其民分布河、洛之間，雖巢穴尚存，而危困已甚，得之不足以闢土，舍之不足以爲患，願陛下熟慮之。」太宗曰：「今者事同而勢異，彼弱而我強。昔先皇破契丹，徙其人而空其地者，正爲今日事也。朕計決矣，卿勿復言。」遂遣宣徽南院使潘美等率諸將分兵圍汾、沁、嵐諸州，車駕遂親征，以驍將郭進扼石嶺關，斷契丹援路。契丹果至，進擊敗之。

初，繼元遣子績質於契丹，契丹爲進所敗，繼元又遣健步間道賫蠟丸帛書求救，進又得之，徇於城下。繼元外援不至，饟道又絕，潘美等兵數十萬長圍四合，自春徂夏，矢石如雨，晝夜不息，城中大懼。會太宗奄至，親督衞士急攻，人百其勇，城無完堞。太宗慮城陷則殺傷者衆，以手詔諭繼元降，詔至城下，守陴者不納，繼元不能知。太宗躬擐甲冑，夜至長連城督諸將攻之，控弦之士數萬列陣于前，蹲甲交射，矢集城上如蝟毛，每給矢必數百萬，頃之咸盡。捕得城中人云，繼元以十錢購一矢，凡聚百餘萬，太宗笑曰：「此爲我畜也。」

五月庚辰，繼元宣徽使范超來降，攻城者以超爲出戰，禽而戮之，繼元遂斬超妻子，投其首城外。壬午，馬軍都指揮使郭萬超踰城降，繼元帳下親信因之漸亡去，城中危急。太宗又自草詔諭之曰：「越王、吳主獻地歸朝，或授以大藩，或列於上將，臣僚、子弟皆享官封。繼元但速降，必保終始富貴，安危兩途，爾宜自擇。」至是詔入，諸將銳攻不可遏，太宗臨之，恐城陷害民，麾衆少退。

是夕，繼元遣其客省使李勳奉表請降，太宗賜勳襲衣、金帶、銀器、錦綵、銀鞍勒馬，復遣通事舍人薛文寶齎詔答之。夜漏未盡，太宗幸城北，張樂宴從臣於城臺，繼元降。遲明，繼元率官屬縞衣紗帽待罪臺下，詔釋之，賜襲衣、玉帶、金銀鞍勒馬三匹、金器五百兩、銀器五千兩、錦綵二千段，文武官各賜衣、金銀帶、器幣、鞍勒馬有差。召升臺，繼元叩頭言：「臣聞車駕親征，即願束身歸罪，蓋亡命者懼死，逼臣不得降爾。」太宗籍軍中亡投繼元者數百人，選其巨室者以從軍法，餘賜服及錢帛，分隸諸將。詔授繼元特進、檢校太師、右衞上將軍，封彭城郡公，館於行在所，給賜甚厚，其相李惲等授官有差，命中使康仁寶監之。繼元獻其宮妓百餘，悉分賜立功將校。又令仁寶護繼元親屬百餘赴京，所過續食，賜京城甲第一區，歲時優加頒賚。六年，加開府儀同三司。雍熙三年，建房州爲保康軍，以繼元爲節度。

淳化二年，繼元疾，遣中使護醫診視，及卒，遺奏以其子三猪爲託，太宗惻然哀之，贈中書令，追封彭城郡王，賵賻加等，葬事官給。時三猪六歲，賜名守節，授西京作坊副使，家居賜祿。

初，太宗征繼元，行次澶淵，有太僕寺丞宋捷者掌出納行在軍儲，太宗見其姓名喜，以爲師必有捷之兆。及將至太原，太宗遺語攻城諸將曰：「我以端午日當置酒高會於太原城中。」至癸未，繼元降，乃五月五日也。劉崇自周廣順元年稱帝，歷四主二十九年而亡。繼元性殘忍，在太原，凡臣下有忤意，必族其家。自太祖親征及遣將攻伐，因之殺傷不可勝紀。及窮蹙始降，太宗待遇終保全之，嘗謂近臣曰：「晉司馬昭以劉禪思蜀之對，戲之云『何乃似郤正之言』，此不仁之甚也。亡國之君皆暗懦所致，苟有遠識，豈至滅亡？此可愍傷，何反戲侮乎？劉繼元朕所虜者，待之若賓客，猶恐不慰其意爾。」守節後爲崇儀使，改右屯衞將軍。天禧四年，特遷右武衞將軍，改右驍衞將軍。

衞融字明遠，青州博興人。晉天福初舉進士，調南樂主簿，歷齊澶二州從事、忠武軍掌書記。漢初，爲太原觀察支使，劉崇稱帝，授中書侍郎、平章事。

太祖立，李筠據上黨，遣使降劉鈞，鈞自將兵至太平驛與筠會，遣宣徽使盧贊入潞州監筠軍。贊與筠不協，鈞遣融和解之。會筠敗，融被擒，太祖責之曰：「汝何故勸劉鈞舉兵助李筠反耶？」融曰：「犬吠非其主，臣四十口受劉氏豐衣美食，不忍負之。陛下縱不殺臣，臣亦不爲陛下用，終當間道走河東爾。」太祖怒，令左右以鐵撾擊其首，曳出將戮之。融大呼曰：「大丈夫死或重於泰山，或輕於鴻毛，今之死正得其所爾。」太祖聞之曰：「此忠臣也。」遽命釋之，召坐御前，以良藥傅其創，賜襲衣、金帶、鞍勒馬。既而欲放融歸，令融先爲書諭鈞，言俟周光遜等歸朝，卽遣融去。鈞得書久無報，乃授融太府卿，賜第京城。乾德初，郊祀，融獻郊禋大禮賦，改司農卿，出知陳、舒、黃三州。開寶六年，卒，年六十九。

子儛、儔，孫齊，並進士及第。

趙文度，薊州漁陽人。父玉嘗客滄州，依節度判官呂兗。劉守光破滄州，收兗親屬盡戮之，兗子琦年十四，玉負之以逃，至太原，變姓名，丐衣食以給琦，琦後唐同光初爲藩郡從事。當是時，燕、趙之士，以玉能存呂氏之孤，翕然稱之。明宗朝，琦至職方員外郎知雜。淸泰中，琦爲給事中、端明殿學士，玉已卒矣。

文度入洛舉進士，琦薦於主司馬裔孫，擢甲科，歷徐、兗、陳、許四鎭從事。漢初，爲河東掌書記。文度捷給善戲謔，劉崇雅愛之，及稱帝，累官至翰林承旨、兵部尙書。天會四年，授中書侍郎、平章事，轉門下侍郎兼樞密使，加司徒。久之，與郭無爲不協，出知汾州，徙嵐州。

太祖開寶二年親征晉陽，遣偏師圍嵐，文度危蹙請降，待罪行宮，太祖命釋之，賜襲衣、玉帶、金鞍勒馬、器幣甚厚，其官屬賜物有差。文度本名弘，以犯宣祖廟諱，賜今名。師還，授檢校太傅、安國軍節度，歲餘徙華州，不宣制而告敕同宣制之例。又徙耀州，凡歷三鎭。七年，卒，年六十一。

文度善爲詩，人多諷誦，有觀光集。文度之降也，其母在太原，世以不能死節罪之。子昌圖，至內殿崇班、閤門祗候。

李惲字孟深，開封陽武人。漢乾祐中舉進士，客游嵐州。會劉崇自立，署州從事，擢知制誥、翰林學士，累至司空、平章事。時母在鄉里，惲不知存亡，居常戚戚，但以弈棋沈飲爲務，政事多廢。劉繼元頻以爲言，惲不介意。後方與僧弈棋，繼元命近侍直抵惲前，取局焚之，惲怡然，徐詣繼元謝，繼元因切責之，明日別造新局，弈棋如故。太宗克太原，爲殿中監，始知母亡，表求追服母喪，不許。出知廣州，遷司農卿，連知許、孟二州。以足疾求解，授忠武軍行軍司馬。端拱元年，卒，年七十三。

惲性疏達，善談名理。年少時好滑稽，及爲相，頗事持重。初與王溥、李昉同年登第，太原平，相見敍舊，情好益固，論者美之。

子存誠，駕部員外郎；存信，左侍禁、閤門祗候。

馬峯，并州太原人。仕劉繼元至樞密使、左僕射致仕。太原平，太宗以爲將作監，遷太府卿，分司西京。峯善服餌養生，體強無疾，性鄙吝，頗好持論。雍熙元年，卒，年八十餘。

郭無爲，青州千乘人。少博學有辭辯，爲道士，隱武當山。漢乾祐中，周祖征河中，無爲杖策謁於軍門，周祖一見大奇之，將留館門下。左右曰：「無爲縱横家流，今公握重兵，不宜親之。」無爲遂拂衣去，隱太原抱腹山。

會劉鈞將兵援李筠，將發太原，其大臣趙華諫曰：「筠舉動輕易，今起兵應之，未見其可。」鈞怒不顧，遂行。及筠敗，鈞狼狽而歸，由是重文學之士，且日夕懼宋師至，頗求有智謀者與之計事。段常薦無爲於鈞，鈞以諫議大夫召之。及至，與語大悅，尋遷吏部侍郎、參議中書事。與趙文度同秉政，意好不協，鈞乃出文度知汾州。俄誅段常，遂以無爲爲左僕射、平章事兼樞密使，機務一以委之。

鈞嘗病，與無爲語及後事，謂其子繼恩不才，無爲亦言其然。繼恩既立，知其事，欲誅無爲，畏懦不能決。月餘，侯霸榮弑繼恩，無爲使人殺霸榮，幷人疑無爲初授意於霸榮，後殺之以滅口也。

繼元立，太祖遣李繼勳等討之，仍詔許繼元以青州節度、無爲邢州節度，無爲得詔色動。一日，繼元宴羣臣，契丹使亦在焉，無爲慟哭於庭曰：「今日以空城抗大軍，計將安出？」引佩刀欲自刺，繼元遽降階持其手，引無爲升坐，蓋無爲欲以動衆心也。及太祖親征，長圍既合，無爲請自將兵夜出擊圍，欲自拔來歸，値天陰晦而止。閹人衞德貴告其事。會太祖壅汾水浸城，城中人情大懼，繼元乃殺無爲以徇。

校勘記

〔一〕上樞使高勳　遼史卷五世宗紀、卷八五高勳傳均作「樞密使」。

〔二〕段常　長編卷四同。長編卷一、通鑑卷三九三都作「段恆」。

〔三〕祁令　原作「郊令」，十國春秋卷一〇五北漢英武帝紀作「祁令」。按河東無「郊縣」，而有祁縣，作

「祁令」是，據改。

〔四〕汾州　原作「滄州」，據本書卷二太祖紀、長編卷一〇改。

宋史卷四百八十三

列傳第二百四十二

世家六

湖南周氏　荆南高氏　漳泉留氏　陳氏

湖南周行逢，朗州武陵人。少無賴，不事產業。嘗犯法配隸鎮兵，以驍勇累遷裨校。自唐乾寧二年，馬氏專有湖南二十州之地，雖稟朝廷正朔，其郡守官屬皆自署。至周廣順初，兄弟爭國，求援於江南李景，景遣大將邊鎬率兵赴之，因下長沙，遷馬氏之族於建康，封希蕚爲楚王，居洪州，希崇鎭舒，居揚州。宋興，希崇率兄弟十七人歸朝，皆爲美官。

景以鎬爲潭帥。會朗州衆亂，推衙將劉言爲留後，言以行逢爲都指揮使。行逢以衆情表於景，請授言節鉞，景不從。召言入金陵，言懼，遣副使王進逵、行軍何景眞〔一〕與行逢帥舟師襲破潭州，鎬遁去，行逢等據其城。言遣使上言長沙兵亂，焚燒公府，請移治朗州。周祖卽以言爲朗帥，王進逵爲潭帥，行逢爲潭州行軍司馬、領集州刺史。未幾，進逵寇朗州，害劉言，周祖卽以進逵爲朗州節度，以行逢領鄂州節度、知潭州軍府事。初，朗州人謂劉言爲「劉齩牙」，馬氏將亂，湘中童謠云：「馬去不用鞭，齩牙過今年。」及邊鎬俘馬氏，鎬爲劉言所逐，而言亦被害。

顯德中，世宗將用師淮甸，詔朗州王進逵出師入鄂州界，進逵遣裨將潘叔嗣領兵五千爲先鋒。行及鄂州界，叔嗣乃回戈襲進逵，進逵聞之，倍道先入武陵。叔嗣攻其城，進逵敗走，爲叔嗣所殺，迎行逢爲節度。行逢至，卽斬叔嗣以狥。世宗乃授行逢朗州大都督、武平軍節度、制置武安靜江等州軍事兼侍中，盡有湖南之地。宋初，加兼中書令。

行逢在鎭，盡心爲治，辟署官屬，必取廉介之士。有女壻求補吏，不許，返給以耒耜，語之曰：「吏所以治民也，汝才不能任職，豈敢私汝以祿邪？姑歸墾田以自活。」其公正多此類。條敎簡約，民皆悅之。然性多猜忌，左右少有忤意者必寘於法，麾下之人重足累息。有何景山者，爲王進逵記室，常狎侮行逢。及行逢爲帥，署景山益陽令，數月，縛投於江。又館驛巡官鄧洵美與翰林學士李昉同年進士，會昉使行逢，召至傳舍，與話終日。行逢疑其泄己陰事，黜爲易俗場官，潛遣殺之。由是士流不附。

馬氏舊僚有天策府學士徐仲雅，性滑稽，頗恃才倨傲，行逢以爲節度判官。行逢多署溪洞蠻酋爲司空、太保，一日謂仲雅曰：「吾奄有湖湘，兵彊俗阜，四鄰其懼我乎？」仲雅曰：「公部內司空滿川，太保徧地，孰敢不懼？」行逢不悅，擯斥仲雅。行逢妻潘氏〔三〕貌醜，性剛狠。行逢爲帥，妻不爲屈，不入府署，躬率奴僕耕織以自給，賦調必先期輸送。行逢止之，不從，曰：「稅，官物也，若主帥自免其家，何以率下？」

建隆三年十月，行逢卒，追封汝南郡王。

子保權，年十一。初爲武平軍節度副使，太祖授以起復檢校太尉、朗州大都督、武平軍節度。

初，行逢疾且亟，召將校託保權曰：「吾部內兇狠者誅之略盡，唯張文表在焉，吾死，文表必亂。諸公善佐吾兒，無失土宇，必不得已，當舉族歸朝，無令陷於虎口。」行逢卒，明年春，文表果自衡州舉兵據潭州，將取朗陵〔三〕，盡滅周氏。保權乞師於朝廷，江陵高繼沖亦以其事聞。上遣中使趙璲齎詔諭文表，而保權之奏繼至，乃遣山南東道節度慕容延釗爲湖南道行營都部署，宣徽南院使李處耘爲都監，率淄州刺史尹崇珂、申州刺史聶章、郢州刺史趙重進、判四方館事武懷節、氈毯使張繼勳、染院副使康延澤、內酒坊副使盧懷忠等將步騎往平之，又發安、復等十州兵會于襄陽。師及江陵，趙璲至潭州，文表已爲保權之衆所殺。

保權牙校張從富輩，以爲文表已平而王師繼進不已，懼爲襲取，相與拒守。延釗令閤門使丁德裕先路安撫，及至城下，從富輩拒而不納，盡撤部內橋梁，沉舫伐樹塞路。德裕以不奉詔不敢與戰，退軍以須朝旨。延釗以聞，太祖遣中使諭保權及將校曰：「爾本請師救援，故發大軍以拯爾難。今妖孽既殄，是有大造於爾輩，反拒王師何也？無自取塗炭，重擾生聚。」保權出軍於澧州南，未及交鋒，望風而潰，復還朗州，焚廬舍廩庫皆盡，驅略居人奔竄山谷，城郭爲之一空。王師長驅而南，獲從富於西山下，梟首朗市。其大將汪端劫保權并家屬，棄城亡匿山洞，王師至數月，獲保權。武懷節分兵克岳州，端擁保權衆寇略，未幾亦就擒，磔於市，湖湘悉平。

保權至，上章待罪，優詔釋之，賜襲衣、金帶、鞍勒馬、茵褥、銀器千兩、帛二千匹、錢千貫，授右千牛衞上將軍，葺京城舊邸院爲第，令居焉。仍下詔朗州，增築行逢之墓。保權乾德五年累遷右羽林統軍。太平興國元年，知并州，賜錢三百萬。雍熙二年，卒，年三十四。

李觀象，桂州臨桂人。行逢署爲掌書記。行逢性殘忍，多誅殺，觀象懼及禍，清苦自勵，以求知遇，帳幃、寢衣悉以紙爲之。行逢頗加信任，軍府之政一皆取決。觀象涉經史，有文辭，忌才怙寵，湖南士人多爲所排擯。行逢臨終託以後事，令其子保權善待之。及張文表難作，王師壓境，觀象謂保權曰：「我所恃者北有荆渚，以爲唇齒，今高氏拱手聽命，朗州勢不獨全，莫若幅巾歸朝，則不失富貴。」保權幼懦，不能用其言。及湖湘平，太祖聞觀象嘗爲保權畫謀，以爲左補闕。

張文表，朗州武陵人。從王進逵、周行逢擧兵逐邊鎬，行逢署文表衡州刺史，頗心忌之，常欲誅文表，未有以發。及行逢卒，保權遣兵代永州戍卒，路出衡陽，文表遂驅之以襲潭州。時行軍司馬廖簡知留後，素輕文表，不爲之備。方宴飲，外報文表兵至，簡殊不以介意，謂四坐曰：「此黄口小兒，至則成擒，何足患也？」飲啖如故。俄文表率衆徑入府中，簡醉不能彀弓弩，但按膝叱之，文表遂害簡及坐客十餘人。保權遣其將楊師璠悉衆以禦文表，保權泣謂衆曰：「先君可謂知人矣。今墳土未乾，文表構逆，軍府安危，在此一擧，諸公勉之！」衆皆感憤，遂破其衆於平津亭，擒文表臠而食之。

初，文表將攻長沙，猶豫未決，有小校夢文表龍出頷下，明日以告，文表喜曰：「天命也。」及敗，梟首于朗陵市。

荆南高保融字德長，其先陝州峽石人。祖季興，唐末爲荆南節度，歷梁、後唐封南平王，卒。子從誨嗣，至太傅、中書令，五代史有傳。

從誨生保融，以長興初蔭補太子舍人，賜緋。晉天福中，制授檢校司空、判內外諸軍，俄遷節度副使。開運末，領峽州刺史，累加至檢校太傅。漢初，從誨卒，權知軍府事，制授起復檢校太尉、同平章事、江陵尹、荆南節度、荆歸峽觀察使，遣翰林使郭允明賜衣幣。乾祐二年，加檢校太師兼侍中。周廣順初，加兼中書令，封勃海郡王，正衙命使禮部尙書王易、副使刑部郎中景範發册命，仍賜禮服冠劍。顯德初，進封南平王。世宗卽位，加守中書令。

世宗征淮南，詔保融出水軍數千人抵夏口爲掎角。淮甸平，璽書褒美，以絹數萬匹賞其軍。世宗將議伐蜀，保融上言請率舟師趣三峽。六年，恭帝卽位，加守太保。宋初，守太傅，連遣使貢獻，恩顧甚厚。是歲八月，卒，年四十一。廢朝三日，遣儀鸞使李繼超賜賻物，兵部尙書李濤、兵部郎中率汀持節册贈太尉，謚正懿。

保融性迂闊淹緩，御兵治民，一時術略政事，悉委於母弟保勗焉。子繼沖、繼充，繼充至歸州刺史。

保勗字省躬，從誨第十子，保融同母弟也。晉天福初，起家領漢州刺史。保融嗣政，令判內外諸軍事。周廣順元年，加檢校太傅，充荆南節度副使。顯德初，從保融之請，加檢校太尉，充行軍司馬，領寧江軍節度。融卒，保勗權知軍府，奉章以聞，太祖卽授以節度使。建隆二年，遣其弟保寅入貢。初，保融於紀南城北決江水瀦之七里餘，謂之北海，以閡行者。至是太祖因保寅歸，諭旨令決去，使道路無阻。

保勗幼多病，體貌臞瘠，淫泆無度，日召娼妓集府署，擇士卒壯健者令恣調謔，保勗與姬妾垂簾共觀，以爲娛樂。又好營造臺榭，窮極土木之工，軍民咸怨。政事不治，從事孫光憲切諫不聽。三年十一月，卒，年三十九。廢朝二日，贈侍中，遣御廚使李光睿賻祭。

初，保勗在保抱，從誨獨鍾愛，故或盛怒，見之必釋然而笑，荆人目爲「萬事休」。及保勗之立，藩政離弱，卒裁數月遂失國，亦預兆也。

繼沖字贊平，保融長子也。周顯德六年，以蔭檢校司空，爲荆州節度副使。建隆三年，保勗寢疾，以繼沖爲節度副使，權知軍府。保勗卒，四年正月，制授繼沖爲檢校太保、江陵尹、荆南節度。

時湖南張文表叛，周保權求救於朝廷，詔江陵發水軍三千人赴潭州，繼沖卽遣親校李景威將之而往。二月，慕容延釗、李處耘等率衆至，繼沖以牛酒犒師，開門納延釗等，即遣客將王昭濟、蕭仁楷奉表納土。太祖令御廚使鄗岳持詔安撫，樞密承旨王仁贍爲荆南都巡檢使，仍令齎衣服、玉帶、器幣、鞍勒馬以賜繼沖，授繼沖馬步都指揮使，梁延嗣爲復州防禦使，節度判官孫光憲爲黄州刺史，右都押衙孫仲文爲武勝軍節度副使，知進奏鄭景玫爲右驍衞將軍，王昭濟左領軍衞將軍，蕭仁楷供奉官。繼沖籍管內芻糧錢帛之數來上，又獻錢五萬貫、絹五千匹、布五萬匹，復遣支使王崇範詣闕貢金器五百兩、銀器五千兩、錦綺二百段、龍腦香十斤、錦繡帷幕二百事。三月，詔鞍轡庫使翟光裔齎官告、旌節賜繼沖，并存問參佐官吏等；又以保融兄弟、諸父江陵少尹保紳爲衞尉卿，節院使保寅爲將作監、充內作坊使，左衙都將保緒爲鴻臚少卿，右衙都將保節爲司農少卿，合州刺史從翊爲右衞將軍，衙將保遜爲左監門衞將軍，巴州刺史保衡爲歸州刺史，知峽州事保膺爲本州刺史，衙將從詵爲右衞率府率，從讓爲左清道率府率，從謙爲左司禦率府率；又以王崇範爲節度判官，高若拙觀察判官，梁守彬江陵少尹，韋仲宣掌書記，胡允脩節度推官，州縣官悉仍舊，別賜管內符印。五月，保紳等來朝，各賜京城第一區。六月，命王仁贍兼知軍府事。

會是歲將郊祀，表求入覲，可之。十月，至闕下，獻金銀器、錦帛、寶裝弓劍、繡旗幟、象牙、玉鞍勒等，賜賚甚厚。郊禋畢，授繼沖徐州大都督府長史、武寧軍節度使、徐宿觀察使。

繼沖鎭彭門幾十年，委政僚佐，部內亦治。開寶六年，卒，年三十一。廢朝二日，贈侍中，遣中使護喪，葬事官給。

自高季興據有荆南、歸峽之地，傳襲三世五帥，凡四十餘年〔四〕。

保勗字齊巽。晉天福七年，以蔭授太子舍人，賜緋，累加檢校司空。兄保融襲封，奏署節院使，賜金紫。宋興，保勗旣襲封，遣保寅入覲，太祖召對便殿，授掌書記遣還。保寅語保勗曰：「眞主出世，天將混一區宇，兄宜首率諸國奉土歸朝，無爲他人取富貴資。」保勗不聽。

王師討武陵，道出荆渚，保寅奉牛酒迎犒軍鋒，太祖嘉之，驛召赴闕，授將作監，充內作坊使，賜第一區。俄知宿州。乾德四年，丁外艱〔五〕，起復，轉少府監。開寶五年，知懷州，歷司農、衞尉二卿。是州本隸河陽，時趙普爲帥，與保寅素有隙，事多抑制，保寅心不能平，手疏請罷支郡之制，詔從之。又爲西川諸州都巡檢使，改光祿卿，歷知同、汝二州，改光化軍。卒，年六十八。廢朝，賻錢十萬。

初，保寅在懷州，蘇易簡、王欽若並妙年始遊學；在同州，錢若水爲從事；在光化軍，張士遜其邑人也。保寅一見皆奬拔，許以遠大，議者多其知人。

子輔政、輔之、輔堯、輔國，並進士及第。輔政至秘書丞，輔之至太常丞。

孫光憲字孟文，陵州貴平人。世業農畝，惟光憲少好學。游荆渚，高從誨見而重之，署爲從事。歷保融及繼沖三世皆在幕府，累官至檢校秘書監兼御史大夫，賜金紫。慕容延釗等救朗州之亂，假道荆南，繼沖開門納延釗，光憲乃勸繼沖獻三州之地。太祖聞之甚悦，授光憲黄州刺史，賜賚加等。在郡亦有治聲。乾德六年，卒。時宰相有薦光憲爲學士者，未及召，會卒。

光憲博通經史，尤勤學，聚書數千卷，或自抄寫，孜孜讎校，老而不廢。好著譔，自號葆光子，所著荆臺集三十卷，鞏湖編玩三卷，筆傭集三卷，橘齋集二卷，北夢瑣言三十卷，蠶書二卷。又譔續通歷，紀事頗失實，太平興國初，詔毁之。子謂、讜，並進士及第。

梁延嗣，京兆長安人。少事高季興，頗見委任，表授檢校司空、領綿州刺史，充衙内馬步軍都指揮使。歷事四帥，人稱其忠藎。繼沖之納土也，延嗣亦嘗勸之，復率荆之水軍從慕容延釗越戰，太祖嘉之，授復州防禦使，充湖南前軍步軍都指揮使兼排陣使。後因郊禮，自復州入朝，太祖慰撫之曰：「使高氏不失富貴，爾之力也。」改濠州防禦使，有善政，詔書褒美。

延嗣頗知書，好接士。嘗暴疾，禳於城隍神，是夕，夢神人告以九九之數，俄疾愈。開寶九年，卒，年八十一。

漳泉留從效，泉州永春人。幼孤，事母兄以孝悌聞。頗知書，好兵法。唐末，王審知據有福建之地，子延鈞，後唐長興中僭稱帝，國號閩，都福州，爲其下所殺，立審知次子延羲。晉天福末，部將朱文進殺延羲據其位，署其黨黃紹頗爲泉州刺史，程贇爲漳州刺史，許文稹〔六〕爲汀州刺史。時審知子延政爲建州刺史，亦僭稱帝。

泉人念王氏失國，群逆分據，時從效爲泉州散指揮使，與其黨王忠順、董思安及所親蘇光誨相與圖議，興復王氏。從效倡言：「吾等皆受王氏恩遇，今王氏子孫未復位而不思報，可謂忠義乎？聞建州士卒謀盡力擊福州以復王氏，苟一旦功先成，王氏復位，我輩何面見之邪？」於是忠順、思安置酒從效家，募敢死士，得陳洪進等五十二人，夜持白梃踰城而入，劫庫兵，擒紹頗斬之，立延政從子繼勳爲刺史，從效等三人自署爲統帥，洪進等皆爲指揮使。繼勳令送紹頗首於建州，奉延政爲主。

延政遂送款於江南李景。文進率衆攻泉州，爲從效所敗。會景遣將討王氏之亂，圍福州，兩浙錢氏發兵來援，景將但克汀、建而歸，福州入於錢氏。從效以兵劫繼勳送江南，自領漳、泉二州留後，李景卽建泉州爲淸源軍，授從效節度、泉漳等州觀察使。閩中五州自此分矣。景累授從效同平章事兼侍中、中書令，封鄂國公、晉江王。

從效出自寒微，知人疾苦，在郡專以勤儉養民爲務，常衣布素，置公服於中門之側，出則衣之。每言我素貧賤，不可忘本。民甚愛之，部內安治。王氏有二女嫁爲郡人妻，從效奉之甚謹，資給豐厚。每歲取進士、明經，謂之「秋堂」。

世宗征淮南，李景以兵十萬保紫金山，從效累表於景，言其頓兵老師，形勢非便。旣而果敗，江北之地盡入於中朝。從效遣衙將蔡仲贇〔七〕等爲商人，以帛書表置革帶中，自鄂路送款內附。又遣別駕黃禹錫間道奉表，以獬豸通犀帶、龍腦香數十斤爲貢。世宗錫詔書嘉納之。從效又乞置邸京師，世宗以其素附江南，慮其非便，不許。

宋初，從效遂上表稱藩，貢奉不絕。會李景遷洪州，從效疑景討己，頗懼，遣其從子紹錤齎厚幣獻景，又遣使假道吳越入貢。太祖特命使厚賜以撫之，使未至，從效疽發背卒，年五十七。僞贈太尉、靈州大都督。

從效無嗣，以兄從願之子紹錤、紹鎡爲子。從效寢疾時，從願守漳州，紹錤在金陵，紹鎡尙幼。衙校張漢思、陳洪進等率兵劫從效遷東亭，漢思自稱留後，洪進爲副使，時建隆三年也。明年，洪進又廢漢思而自立。

從效再從弟仁諰，淳化中爲泗州長史，有淸節，官散奉薄，雖藜藿不充，未嘗妄干人。太宗聞之，召赴闕，特遷揚州觀察支使。大中祥符七年，從效孫丕式詣闕上從效所受太祖朝制書，授三班借職。

陳洪進，泉州仙遊人。幼有壯節，頗讀書，習兵法。及長，以材勇聞。隸兵籍，從攻汀州，先登，補副兵馬使。

從留從效殺黃紹頗，將以紹頗首送建州，請出兵爲援，群下以道阻賊盛，憚其行。洪進慮事久生變，獨請往，至尤溪，賊數千人遮道不得前，洪進紿賊曰：「福州、泉州已爲義師所襲，爾輩復爲何人戍守？」即持紹頗首示之曰：「我送此於建州迎嗣君以歸國，爾輩將安歸乎？」賊遂潰，渠帥數人皆聽命。洪進至建州，延政大悅，以爲本州馬步行軍都校。是歲，晉開運元年也。

自是漳州殺程贇，迎延政從子繼成爲刺史，許文稹以汀州降，連重遇殺朱文進，傳首建州，福人又殺重遇，延政遂遣洪進歸泉州。三年，李景陷建州，延政入江南。明年，泉州留從效劫王繼勳降江南，景以從效爲清源軍節度，洪進爲統軍使，與副使張漢思同領兵柄，累立戰功。

從效卒，少子紹鎡典留務。月餘，洪進誣紹鎡將召越人以叛，執送江南，推副使張漢思爲留後，自爲副使。漢思年老醇謹，不能治軍務，事皆決於洪進。漢思諸子並爲衙將，頗不平洪進，圖欲害之，漢思亦患其專。明年夏四月，漢思大享將吏，伏甲於內，將害洪進。酒數行，地忽大震，棟宇將傾，坐立者不自持，同謀者以告洪進，洪進亟去，衆驚悸而散。

漢思事不成，慮洪進先發，常嚴兵爲備。洪進子文顯、文顥皆爲指揮使，勒所部欲擊漢思，洪進不許。一日，洪進袖置大鎖，從二子常服安步入府中，直兵數百人，皆叱去之。漢思方處內齋，洪進卽鎖其門，使人叩門謂漢思曰：「郡中軍吏請洪進知留務，衆情不可違，當以印見授。」漢思惶懼不知所爲，卽自門間出印與之。洪進遽召將校吏士告之曰：「漢思昏耄不能爲政，授吾印，請吾蒞郡事。」將吏皆賀。卽日遷漢思別墅，以兵衞送。遣使請命於李煜，煜以洪進爲清源軍節度、泉南等州觀察使。

時太祖平澤、潞，下揚州，取荆湖，威振四海，洪進大懼，遣衙將魏仁濟間道奉表，自稱清源軍節度副使、權知泉南等州軍府事，且言張漢思老耄不能御衆，請臣領州事，恭聽朝旨。

太祖遣通事舍人王班賫詔撫諭，又與李煜詔曰：「泉州陳洪進遣使奉表言，爲衆所推，因而總領州事，以誠控告，聽命於朝。覩其傾輸，尤足嘉尙。但聞泉州昔嘗附麗，尤荷撫綏。然變詐多端，屢移主帥，恐其地里遼遠，制御有所未遑。朕以書軌大同，恩威遠被，嘉其款附，已降詔書，蓋矜其遠俗便安，不必以彼此爲意，想惟明哲，當體朕懷。」煜上言：「洪進多詐，首鼠兩端，誠不足聽。」太祖又詔諭之，煜乃聽命。

建隆四年，遣使朝貢。是冬，又貢白金萬兩，乳香茶藥萬斤。煜復上言，請寢洪進恩命。太祖又以諭煜。乾德二年，制改清源軍爲平海軍，授洪進節度、泉漳等州觀察使、檢校太傅，賜號推誠順化功臣，鑄印賜之。以文顯爲節度副使，文顯爲漳州刺史。是年夏，丁家艱，起復。

洪進每歲以修貢朝廷，多厚斂於民，第民貲百萬以上者令差入錢，以爲試協律、奉禮郎，蠲其丁役。及江南平，吳越王來朝，洪進不自安，遣其子文顯入貢乳香萬斤、象牙三千斤、龍腦香五斤。太祖因下詔召之，遂入覲。至南劍州，聞太祖崩，歸鎭發哀。

太宗卽位，加檢校太師。明年四月，來朝，朝廷遣翰林使程德玄至宿州迎勞。既至，賜錢千萬、白金萬兩、絹萬匹，禮遇優渥。又增其食邑，以其子文顯爲團練使，文顗、文頊並爲刺史。洪進遂上言曰：「臣聞峻極者山也，在汙壤而不辭；無私者日也，雖覆盆而必照。顧惟遐僻，尙隔聲明，願歸益地之圖，輒露由衷之請。臣所領兩郡，僻在一隅，自浙右未歸，金陵偏霸，臣以崎嶇千里之地，疲散萬餘之兵，望雲就日以雖勤，畏首畏尾之不暇，遂從間道，遠貢赤誠，願傾事大之心，庶齒附庸之末。太祖皇帝賜之軍額，授以節旄，俾專達於一方，復延賞於三世。祖父荷漏泉之澤，子弟享列土之榮，棨戟在門，龜緺盈室，雖冠列藩之寵，未修肆覲之儀。暨江表底平，先皇厭世，會嬰犬馬之病，尙阻雲龍之庭。皇帝陛下欽嗣丕基，誕敷景命，臣遠辭海嶠，入覲天墀，獲親咫尺之顏，疊被便蕃之澤。六飛遊幸，每奉屬車之塵；三殿宴嬉，屢挹大罇之味。旬浹之內，雨露駢臻，至於童男，亦荷殊獎。恩榮若此，報效何階？志益戀於君軒，心遂忘於坎井。臣不勝大願，願以所管漳、泉兩郡獻于有司，使區區負海之邦，遂爲內地，蚩蚩生齒之類，得見太平。伏望聖慈，授臣近地別鎭。臣男文顯等早膺朝獎，皆忝郡符，牙校賓僚，久經驅策，各希玄造，稍霈鴻私。」太宗優詔嘉納之。以洪進爲武寧軍節度、同平章事，留京師奉朝請。諸子皆授以近郡，賜白金萬兩，各令市宅。

明年，從平太原。六年，封杞國公。雍熙元年，進封岐國公。洪進年老，富貴且極，上言求致仕，優詔免其朝請。二年，以疾卒，年七十二。廢朝二日，贈中書令，謚曰忠順，中使護喪，葬事官給。

洪進在泉州，日方晝，有蒼鶴翔集內齋前，引吭向洪進，洪進視之，有魚鯁其喉，卽以手探取之，魚猶活，鶴馴擾齋中數日而後去，人皆異之。

洪進弟銛，初爲泉州都指揮使，開寶四年，授漳州刺史，入貢至宿州，卒。銛子文璉，供奉官、閤門祗候。

文顥字仲達。洪進領漳、泉節制，署左神機指揮使，遷泉州馬步軍都軍使、右軍押衙。乾德初，朝命平海軍節度副使，累加檢校太保。洪進歸朝，授文顥通州團練使、知泉州。未幾代還。時太宗征太原，朝於行在。久之，出爲靑齊盧壽、西京水南北、陝州四州都巡檢使。

文顥與諸弟不睦，咸平初，御史中丞李惟淸抗疏曰：「文顥等並分符竹，委以方面，一門榮盛，當世罕儔。先人之墳土未乾，私室之風規大壞，弟兄列訟，骨肉爲仇，官奉私藏，同居異爨，屢經赦宥，而久積人言。文顥首起訟端，當律文尊長之坐，乞寘散秩，以警浮俗。」詔曰：「文顥等頗傷名教，合寘邦刑，以其父有忠勳，未忍捐棄，宜賜誡諭，許其改過。儻無悛革，當正簡書，令御史臺告諭之。」以疾改通許鎭都監。六年，卒，年六十五。子宗憲，歷虞部員外郎，爲西京作坊使；宗元，殿中丞。

文顥，初爲泉州右軍散兵馬使、衙內都指揮使，俄權知漳州，朝命漳州刺史，凡七年，求還泉州，署行軍司馬。

開寶末，江南平，洪進遣第三子文顗入貢，文顗不欲行，乃遣文顥。至京師，自陳願留以侍父入覲，太祖嘉之。及洪進歸朝，授文顥房州刺史，會升房州爲節鎮，換康州刺史。端拱初，出知同州，錢若水爲從事，文顥深禮之，委以郡政。咸平初，知耀州，又徙徐州，坐用刑失入，責授左武衞大將軍、知漣水軍。上念其父納土效順，復以爲康州刺史，留京師。大中祥符初，議東封，以濮州馳道所出，命知州事，頓置供擬頗勤至，詔褒之。駕至，召見勞問。禮畢，改衡州刺史，特給內地刺史奉料，未幾代還。以老疾累表求致仕，詔免朝謁，歲給公費及月廩並如故。六年，卒，年七十二。

文顗，始爲泉州衙內都指揮使、知漳州。洪進歸朝，授滁州刺史，仍舊知州。俄召歸，奉朝請。景德中，換光州，以久次，領和州團練使，歷知海濮濰沂黃五州、信陽軍，所至無能稱。卒年七十一。錄其子宗綬爲大理評事，孫永弼、永昇爲三班借職，次子宗纘太子中舍。

文頊，本文顥子。初，洪進在泉州，有相者言一門受祿，當至萬石。時洪進與三子皆領州郡，而文頊始生，乃以文頊爲子，欲應其言。初補泉州衙內都校，又爲衙內都監使，朝命領順州刺史，歸朝爲登州刺史。滄、棣有寇盜，命爲巡檢使。會以禁軍大校趙延溥爲登州團練使，文頊改舒州刺史。淳化三年，卒，年三十五。文頊頗知書，亦工畫。子宗絳，爲殿中丞。

校勘記

〔一〕行軍何景眞　據舊五代史卷一三三、新五代史卷六六劉言傳「行軍」下有「司馬」二字。

〔二〕妻潘氏　「潘」，通鑑卷二九三作「鄧」，新五代史卷六六及九國志卷一一周行逢傳作「嚴」。

〔三〕朗陵　按宋無「朗陵」地名。本書卷八八地理志，朗州治武陵縣。長編卷三：「會保權遣兵更戍永州，路出衡陽，文表遂驅以叛，僞縞素，若將奔喪武陵者。」又同書卷四：「初，文表聞王師來伐，潛送款於趙璲，具言奔喪朗州。」疑「朗陵」即「朗州」或「武陵」。下同。

〔四〕傳襲三世五帥凡四十餘年　按東都事略卷二四高繼沖傳說：「自季興至繼沖五帥，凡五十七年」，新五代史卷六九南平世家附注：「自梁開平元年鎭荆南至皇朝乾德元年國除，凡五十七年。」此有誤。

〔五〕乾德四年丁外艱　按高保寅之父從誨卒于漢乾祐元年，保寅不應至宋乾德四年「丁外艱」。此有誤。

〔六〕許文稹　「稹」原作「積」，據本卷陳洪進傳、九國志卷一〇本傳改。

〔七〕蔡仲贇　按新五代史卷六八閩世家、九國志卷一〇留從效傳都作「蔡仲興」。

宋史卷四百八十四

列傳第二百四十三

周三臣

韓通　李筠　李重進

五代史記有唐六臣傳，示譏也。宋史傳周三臣，其名似之，其義異焉，求所以同，則歸於正名義、扶綱常而已。韓通與宋太祖比肩事周，而死於宋未受禪之頃，然不傳於宋，則忠義之志何所託而存乎？李筠、李重進舊史書叛，叛與否未易言也，洛邑所謂頑民，非殷之忠臣乎？孔子定書，不改其舊稱焉。或曰：三人者嘗臣唐、晉、漢矣。曰：智氏之豫讓非歟！作周三臣傳。

韓通，并州太原人。弱冠應募，以勇力聞，補騎軍隊長。晉開運末，漢祖建義於太原，置通帳下。尋從漢祖至東京，累遷爲軍校。漢祖典衞兵，以通爲衙隊副指揮使，從討杜重威，得銀青階，檢校國子祭酒。漢祖開國，加檢校左僕射。隱帝卽位，遷奉國指揮使。

乾祐初，周祖爲樞密使，統兵伐河中，知通謹厚，命之自隨，先登，身被六創，以功遷本軍都虞候。周祖鎭大名，奏通爲天雄軍馬步軍都校，委以心腹，及入汴，通甚有力焉。授奉國左第六軍都校，領雷州刺史。

廣順初，爲虎捷右廂都校，遷左廂，充孟州巡檢，繼領永、睦二州防禦使。周祖親征兗州，以通爲在京右廂都巡檢。時河溢，灌河陰城，命通率廣銳卒千二百浚汴口，又部築河陰城，創營壁。未幾，拜保義軍節度觀察留後，周祖親郊，正授節度。并州劉崇南侵，命通副河中王彥超出晉州道擊之，敗于高平。以通爲太原北面行營部署，爲地道攻其城。俄班師，移鎭曹州，檢校太保。

世宗卽位，以深、冀之間有胡盧河，東西橫亙數百里，堤堨非峻，不能扼契丹奔突，顯德二年，命通與王彥超浚治之，功未就，契丹至，通出兵迎擊退之，遂城李晏口爲靜安軍，四旬而完。又城東鹿及鼓城，并葺祁州〔一〕。時大兵之後，遺骸布野，通悉收瘞爲萬人冢。又城博野、安平，往來深、定間，夜宿古寺，晝披荆棘。在安平領百餘騎督役，會契丹騎數百奄至，通率麾下與戰，日暮大風雨，契丹解去，擒十餘騎。又城百八橋鎮及武強縣，皆旬日畢。歸朝，會攻秦、鳳，以通爲西南面行營馬步軍都虞候，入大散關，圍鳳州，分兵城固鎮，以斷蜀餉道。未幾，拔鳳州，以功授侍衞馬步軍都虞候。

世宗征淮南，命通爲京城都巡檢。世宗以都城狹小，役畿甸民築新城，又廣舊城街道，命左龍武統軍薛可信、右衞上將軍史佺、右監門衞上將軍蓋萬、右羽林將軍康彥環分督四面，通總領其役。功未就，世宗幸淮上，留通爲在京內外都巡檢、權點檢侍衞司。是役也，期以三年，纔半歲而就。三年，追敘秦、鳳功，改領忠武軍節度、檢校太傅，又改侍衞馬步軍都虞候。世宗幸壽春，爲京城內外都巡檢。淮南平，爲歸德軍節度。

六年春，詔通河北按行河堤，因發徐、宿、宋、單等州民浚汴渠數百里。世宗將北征，命通與高懷德、張鐸先赴滄州，賜襲衣、金帶、鞍馬、器帛。卽領兵入契丹境乾寧軍之南。俄爲陸路都部署，殿前都虞候石守信副焉。又命通巡北邊，自浮陽至淤口浦壞坊三十六〔三〕，遂通瀛、莫。初克益津關，以爲霸州，役濱、棣民數千城之，命通董其役。師還，以爲檢校太尉、同平章事，充侍衞親軍馬步軍副都指揮使。恭帝卽位，移領鄆州。

太祖奉詔北征，至陳橋爲諸軍推戴，通在殿閣，聞有變，惶遽而歸。軍校王彥昇遇通於路，策馬逐之，通馳入其第，未及闔門，爲彥昇所害，妻子皆死。太祖聞通死，怒彥昇專殺，以開國初，隱忍不及罪。即下詔曰：「易姓受命，王者所以應期；臨難不苟，人臣所以全節。故周天平軍節度、檢校太尉、同中書門下平章事、侍衞親軍馬步軍副指揮使韓通，振迹戎伍，委質前朝，彰灼茂功，踐更勇爵。夙定交於霸府，遂接武於和門，艱險共嘗，情好尤篤。朕以三靈眷佑，百姓樂推，言念元勳，將加殊寵，蒼黃遇害，良用憮然。可贈中書令，以禮收葬。遣高品梁令珍護喪事。」

通性剛而寡謀，言多忤物，肆威虐，衆謂之「韓瞠眼」。其子頗有智略，幼病傴，人目爲「橐駝兒」。見太祖有人望，常勸通早爲之所，通不聽。後太祖幸開寶寺，見通及其子畫像于壁，遽命去之。

李筠，并州太原人。善騎射。後唐秦王從榮判六軍諸衞，募勇士爲爪牙，筠操弓矢求見。弓力及百斤，府中無能挽者，從榮令筠射，引滿有餘力，再發皆中，因以隸麾下。從榮難作，筠騎從至天津橋，射殺十數人，知事不濟，棄馬遁去。清泰初，應募爲內殿直，遷控鶴指揮使。

晉開運末，契丹犯汴京，其將趙延壽聞筠驍勇，召置帳下。及契丹主北歸，死欒城，延壽至常山，爲永康王所縶。契丹衆數萬，據常山，後北去，留耶律解里，衆纔二千騎，又分別部首領楊袞以千騎掠邢、洺。來還中朝士大夫多在城中，契丹與漢相雜，解里性貪恣自奉，削漢軍日食，衆皆菜色。筠乘其怨，密與王羨、石公霸、何福進等謀，以閏七月二十九日伺契丹守閽者旦食，撞寺鐘爲期，相率入據兵庫，次焚牙門，大呼市人，併力擊焉。契丹衆大驚，由北門而出，解里趣族乘列之於野，明日集衆入郛力戰，屬晉士卒分掠，唯控鶴一軍與市民禦之，死傷相繼。午後，郛外民千餘知契丹奔敗者，持兵趣其族乘，將劫之，守者入郛馳告，解里聞之，遂挈族而去。

初，筠建謀約諸將同力，控鶴左廂都校白再榮首匿於室不敢應，筠拔佩刀破幕引臂迫之，再榮不得已而行，諸將次第赴之。及契丹去，百姓死者二千餘人。諸將互伐其功，筠詣故相馮道請權領節度事，道曰：「子主奏事而已〔三〕，留後事當議功臣爲之。」道恐諸將爭功復亂，乃以再榮前職貴加諸將，權推爲留後，人心遂定。是戰，筠功居多，即送款漢祖，以其子赴朝，漢祖深賞之，以控鶴一軍力戰，優加賜與，授再榮留後，筠博州刺史。筠以賞薄不悅。

周祖鎭大名，表爲先鋒指揮使，又爲北面緣邊巡檢。周祖起兵入汴，筠同郭崇從，與慕容彥超戰於留子陂，彥超東奔。廣順初，權知滑州，俄眞拜義成軍節度，數月，改彰德軍節度。會并人侵晉州，王峻率師往拒，筠亦請西征，詔褒之。又乞免黃澤關商稅，奏可。周祖征兗，還次濮，筠因朝，獻馬，賜襲衣、金帶。從至澶，宴訖遣還。及召潞州常思入朝，命筠權知軍府，思改宋、亳，以筠爲昭義軍節度。三年，加檢校太傅。時王峻兼節制，以筠及王殷、何福進皆創業功臣，故並加恩焉。顯德初，周祖親郊，加同平章事。

世宗卽位，并人入侵，其將張暉率先鋒自團柏谷入營梁侯驛，攻劫堡柵，所至焚略盪盡，筠遣護軍穆令均率步騎二千拒之。令均營於太平驛，驛東南距潞八十里，失於偵邏，暉凌晨奄至，潞兵被甲介馬，暉見之佯退，潞兵追之，并伏遂發，令均且鬭且却，步卒降并者數百人，騎不復者百人，餘衆還保潞。世宗親征沁州，降之，命筠率沁之行營兵赴太原，符彥卿戍忻口，拒契丹援兵〔四〕。彥卿請益師，詔筠與張永德以三千騎益之，旣至，以偏師邀契丹後，奮擊走之。師還，加兼侍中。

二年，筠破并軍於楡社〔五〕，獲其將安濬、康超等七十餘人。三年，筠遣行軍司馬范守圖率兵入遼州界，殺并卒三百餘，獲小校數人以獻。四年，又遣守圖入河東界，降二砦。五年，筠自將入石會關，破并人六砦。是冬，又破遼州長清砦，擒其磁州刺史李彧興以獻。俄又敗并人於境，斬三百餘級。六年，平遼州，獲刺史張丕旦等二百四十五人以獻。筠在鎭擅用征賦，頗集亡命，嘗以私忿囚監軍使，世宗心不能堪，但詔責而已。恭帝卽位，加檢校太尉。是秋，令裨將劉繼忠將兵與吐渾入幷境，平賈家砦，斬百餘級，獲牛羊而還。

太祖建隆初，加兼中書令，遣使諭以受周禪，筠卽欲拒命，左右爲陳曆數，方僶俛下拜，貌猶不恭。及延使者升階，置酒張樂，遽索周祖畫像懸壁，涕泣不已。賓佐惶駭，告使臣曰：「令公被酒失其常性，幸勿爲訝。」及太原劉鈞以蠟書結筠共舉兵，筠雖緘書上太祖，心已畜異謀，太祖手詔慰撫之。是時，筠子守節爲皇城使，嘗泣諫，筠不聽。太祖又遣守節諭旨曰：「吾聞汝諫汝父，汝父不聽，吾今殺汝，何如汝歸語汝父；我未爲天子時，任自爲之，旣爲天子，獨不能臣我耶？」守節白筠，筠謀愈甚，遂起兵，令幕府爲檄書，辭多不遜。

從事閭丘仲卿獻策於筠曰：「公以孤軍舉事，其勢甚危，雖倚河東之援，亦恐不得其力。大梁兵甲精銳，難與爭鋒，不如西下太行，直抵懷、孟，塞虎牢，據洛邑，東向而爭天下，計之上也。」筠曰：「吾周朝宿將，與世宗義同昆弟，禁衞皆舊人，聞吾之來，必倒戈歸我，況有儋珪槍、撥汗馬，何憂天下哉。」儋珪，筠愛將，有勇力，善用槍；撥汗，筠駿馬，日馳七百里，故筠誇焉。執監軍亳州防禦使周光遜、閑廐使李廷玉，遣判官孫孚、衙校劉繼忠送於劉鈞求濟師。又遣人殺澤州刺史張福，往據其城。

劉鈞遂率兵與契丹數千衆來援，至太平驛，筠以臣禮迎謁，見鈞兵衞寡弱，甚悔之，而業已然矣。鈞封筠西平王，賜馬三百匹，召與之語，筠自言受周祖大恩，敢愛死不寤。鈞與周祖有世讎，鈞默然，遂疑之。命其宣徽使盧贊監筠軍，筠心不能平，頗與贊不協，鈞復命平章事衞融和解之。

筠有馬三千匹，闢鞠場閱習，日夜謀畫爲寇。留其子守節守上黨，引衆南向。太祖遣石守信、高懷德將兵討之。敕曰：「勿縱筠下太行，急進師扼其隘，破之必矣。」又遣慕容延釗、王全斌由東路會守信，與監軍李崇矩破筠衆於長平，斬首三千級。又攻大會砦，下之。

太祖遂親征。山路險峻多石不可行，太祖先於馬上負數石，羣臣六軍皆負之，卽日平爲大道。與守信、懷德會，破筠衆三萬於澤南，降者三千餘，殺筠監軍使盧贊，擒筠河陽節度范守圖，筠走還保澤。太祖至，列栅圍之，筠龍捷使王廷魯、吐渾留後汾州團練使王全德率所部自昭義來降，筠益失援。太祖親督戰，拔其城，筠赴水死，獲鈞相衞融，鈞懼而遁歸。太祖進伐上黨，守節以城降，釋其罪，賜襲衣、金帶、銀鞍勒馬。是日宴從官，守節預焉，以爲單州團練使；以昭義軍節度副使趙處愿爲鄆州刺史；節度判官孫孚爲屯田郎中；觀察判官史文通爲水部郎中；前遼州衙內指揮使馬廷禹爲右監門衞將軍，領壁州刺史。

筠性雖暴，事母甚孝，每怒將殺人，母屛風後呼筠，筠趨至，母曰：「聞將殺人，可免乎？爲吾曹增福爾。」筠遽釋之。筠稍知書，頗好調謔。初名榮，避周世宗諱，將改之，或令名「筠」，筠曰：「李筠，李筠，玉帛云乎哉。」聞者皆笑。

筠有愛妾劉氏，隨筠至澤，時被攻城危，劉謂筠曰：「城中健馬幾何？」筠曰：「爾安問此？」劉曰：「孤城危蹙，破在俄頃，今誠得馬數百，與腹心潰圍，出保昭義，求援河東，猶愈於坐待死也。」筠然之。召左右計馬尚不減千匹，以是夕將出，或謂筠曰：「今帳前計議，皆云一心，縣門既發，不可保矣，儻劫公而降，悔其可及。」筠猶豫不決。明日城陷，筠將赴火，劉欲俱死，筠以其有娠，麾令去。守節既購得之，果生子焉。

守節字得臣，初補東頭供奉官。廣順中，嘗以心疾乘醉擊殺供御白鶻，筠上章待罪，詔釋之。四遷至皇城使，歷單、濟二州團練使。乾德六年，出知遂州。開寶三年，改和州團練使。四年，卒，年三十三。無後，以劉氏所生之弟爲嗣。

李重進，其先滄州人。周太祖之甥，福慶長公主之子也，生於太原。晉天福中，仕爲殿直。漢初，從周祖征河中。廣順初，遷內殿直都知，領泗州刺史，改小底都指揮使。二年，改大內都點檢、權侍衞馬步軍都軍頭，領恩州團練使，遷殿前都指揮使。三年，加領泗州防禦使。顯德初，領武信軍節度。

重進年長於世宗，及周祖寢疾，召重進受顧命，令拜世宗，以定君臣之分。世宗嗣位，爲侍衞親軍馬步軍都虞候，從世宗征劉崇，戰于高平，不利，大將樊愛能、何徽以其衆遁，唯重進與白重贇勒兵不動。既而太祖先以麾下犯敵，重贇繼領所部力戰，世宗躬率衞兵合勢，周師復振，崇遂大敗。以功領忠武軍節度。及進討太原，又爲行營馬步軍都虞候。師還，加同中書門下平章事，改歸德軍節度兼侍衞馬步軍都指揮使。

世宗親征淮南，命重進將兵先赴正陽。俄聞李穀攻壽春不克，退保正陽，促重進兵助之。吳人以穀退爲懼，乃發兵三萬餘，旌旗輜重亙數百里，又發戰櫂二百艘以張斷橋之勢，列陣鼓譟而北，橫布拒馬以萬數，皆貫以利刃，維以鐵索；又刻木爲戰形，立陣前，號「揵馬牌」，皮囊貯鐵蒺莉以布戰地。時周師未朝食，吳師奄至，周師望其陣皆笑之。宣祖領前軍與重進、韓令坤合勢擊之，一鼓而敗，斬首萬餘級，追奔二十餘里，殺大將劉彥貞，擒裨將盛師朗數十人，降三千人，獲戈甲三十萬。世宗大悅，詔書褒諭，即以重進代穀爲行營招討使，賜襲衣、金帶、玉鞍、名馬。

三年，以重進爲廬、壽等州招討使。時李繼勳主壽春，重進駐軍城北，聞城南洞屋爲淮人所焚，將議退軍。會太祖自六合歸，道出壽州，因駐師旬餘，重進倚以爲援，兵威復振。吳人大懼，以重進色黔，號「黑大王」。

張永德屯下蔡，與重進不協，永德每宴將吏，多暴重進短，後乘醉謂重進有奸謀，將吏無不驚駭。永德密遣親信乘驛上言，世宗不之信，亦不介意。二將俱握重兵，人情益憂恐。重進遂自壽陽單騎直詣永德帳中，命酒飲，親酌謂永德曰：「吾與公皆國家肺腑，相與戮力，同奬王室，公何疑我之深也。」永德意解，二軍皆安。李景知之，密令人齎蠟書誘重進，啗以厚利，重進表其事。時行濠州刺史齊藏珍亦說重進，世宗知之，假他事誅藏珍。

詔重進夾淮城正陽、下蔡，既成，上其圖。俄又敗淮兵二千餘於堨山北。時圍壽經年未下，吳遣將許文稹〔六〕、邊鎬舟師數萬，泝淮來援。文稹維舟淮南，據紫金山，山距壽數里，設十餘砦，連亙相望，與城中烽火相應；又南築夾道，將抵壽爲饋路。重進伺其城北展砦，出兵擊之，敗五千餘衆，奪二砦，獲器甲甚衆。世宗幸壽，宴從官，召重進賜戎服、玉帶、金銀器、繒綵、鞍勒馬。及克壽，錄功加檢校太傅兼侍中，又改天平軍節度，仍爲招討使。

四年，攻取濠州南關城，其團練使郭廷謂以兵萬餘降，獲糧數萬斛。從平楚州，命先還揚州。五年，世宗在迎鑾，遣重進將兵赴廬州，會李景請畫江爲界，世宗遂還，留重進戍守，景遣人以牛酒來犒，俄乃還鎮。六年，世宗北征，次博州，重進來朝，賜宴行宮，即命將兵先趣北面，及世宗駐瓦橋關，重進與諸將率師而至。時關南已平，議進取幽州，會世宗不豫而止。即命率所部赴河東，次百井路，敗并人五千餘，斬二千餘級。恭帝嗣位，加檢校太尉，改淮南道節度。

太祖卽位，以韓令坤代爲侍衞都指揮使，加重進中書令。旣而移鎭青州，加開府階。重進與太祖俱事周室，分掌兵柄，常心憚太祖。太祖立，愈不自安，及聞移鎭，陰懷異志。太祖知之，遣六宅使陳思誨齎賜鐵券，以安其心。重進欲治裝隨思誨入朝，爲左右所惑，猶豫不決。又自以周室近親，恐不得全，遂拘思誨，治城隍，繕兵甲，遣人求援李景，景懼而不納，聞之太祖。監軍安友規常爲重進所忌，至是友規謀與親信數人斬關出，爲衆所拒，踰城得脫。重進捕軍校不附者數十人，盡殺之。

太祖遣石守信、王審琦、李處耘、宋偓四將率禁兵討重進，會友規至，賜襲衣、金帶、器幣、鞍馬，以爲滁州刺史，監前軍。太祖謂左右曰：「朕於周室舊臣無所猜間，重進不體朕心，自懷反側，今六師在野，當暫往慰撫之爾。」遂親征，次大儀頓。石守信遣使馳奏，揚州破在旦夕，願車駕臨視。太祖徑至城下，卽日拔之。初，城將陷，重進左右勸殺思誨，重進曰：「吾今舉族將赴火死，殺此何益。」卽縱火自焚，思誨亦爲其黨所害。太祖入駐城西南，閱逆黨數百人，盡戮之。重進兄深州刺史重興，聞其叛，自殺。弟解州刺史重贇、子尙食使延福並戮於市。

初，重進謀舉兵，遣親吏翟守珣往潞，陰結李筠。守珣素識太祖，往還京師，潛詣樞密承旨李處耘求見，太祖問曰：「我欲賜重進鐵券，彼信我乎？」守珣曰：「重進終無歸順之志。」

太祖厚賜守珣，許以爵位，且令說重進緩其謀，無令二凶並作，以分兵勢。守珣歸，勸重進養威持重，未可輕發，重進甚信之。及李筠誅，重進反書聞，並如太祖之策，其不信鐵劵，亦如守珣所云。揚州既平，購得守珣，補殿直，俄爲供奉官。

又有張崇詁者，周廣順初，爲樞密承旨。二年，出爲解州刺史、兩池榷鹽使〔七〕，多規畫鹽池利害。顯德三年，改德州，又改泗州、澤州。崇詁本名崇訓，恭帝嗣位，避諱改焉。重進赴淮南時，道出泗上，崇詁說以畜兵完城之計，重進敗，事露，詔捕之，棄市，籍其家。

校勘記

〔一〕祁州　原作「沂州」。按宋無「沂州」。本書卷八六地理志「祁州」條，「端拱初以鎮州鼓城來屬」。據上文城鼓城語，此當是祁州之誤，今改。

〔二〕自浮陽至淤口浦壞坊三十六　按通鑑卷二九四記此事說：「韓通奏自滄州治水道入契丹境，柵於乾寧軍南，補壞防，開游口三十六。」疑此有誤。

〔三〕子主奏事而已　東都事略卷二二李筠傳「子」作「予」，疑是。

〔四〕符彥卿戍忻口拒契丹援兵　「忻口」原作「州口」。據本書卷二五一符彥卿傳，周世宗命彥卿「與郭從義、向訓、白重贊、史彥超率十萬騎屯忻口以拒北援」，當即此事。新五代史卷一二周世宗紀，顯德元年亦云：「符彥卿及契丹戰於忻口。」「州口」當爲「忻口」之誤，據改。

〔五〕榆社　原作「輸社」。按五代無「輸社」，據新唐書卷三九、宋史卷八六地理志，遼州屬縣有榆社，「輸社」當爲「榆社」之誤，今改。

〔六〕許文縝　舊五代史卷一一七周世宗紀作「許文縝」，本書卷四八三陳洪進傳、通鑑卷二九三作「許文稹」。下同。

〔七〕兩池榷鹽使　按通考卷一五征榷考記周廣順二年時有「慶州榷鹽務」，通鑑卷二九〇周廣順元年四月丁未條記蜀有「雲安榷鹽使」。疑「權」爲「榷」字之誤。

宋史卷四百八十五

列傳第二百四十四

外國一

夏國上

昔唐承隋後，隋承周、齊，上遡元魏，故西北之疆有漢、晉正朔所不逮者，然亦不過使介之相通、貢聘之時至而已。唐德既衰，荒服不至，五季迭興，綱紀自紊，遠人慕義，無所適從。宋祖受命，諸國削平，海內清謐。於是東若高麗、渤海，雖阻隔遼壤，而航海遠來，不憚跋涉。西若天竺、于闐、回鶻、大食、高昌、龜茲、拂林等國，雖介遼、夏之間，筐篚亦至，屢勤館人。党項、吐蕃唃廝囉董氈瞎征諸部，夏國兵力之所必爭者也，宋之威德亦曁其地，又間獲其助焉。交阯、占城、眞臘、蒲耳、大理濱海諸蕃，自劉鋹、陳洪進來歸，接踵修貢。宋之待遇亦得其道，厚其委積而不計其貢輸，假之榮名而不責以煩縟；來則不拒，去則不追；

邊圉相接，時有侵軼，命將致討，服則舍之，不黷以武。先王柔遠之制豈復有加於是哉！南渡以後，朔漠不通，東南之陬以及西鄙，冠蓋猶有至者。交人遠假爵命，訖宋亡而後絕焉。女直在宋初屢貢名馬，他日疆大，修怨於遼，其索叛臣阿疎，責還所掠宋詔，猶知以通宋爲重；及渝海上之盟，尋構大難，宋遂爲所紬辱，豈非自取之過乎！前宋舊史有女直傳，今既作金史，義當削之。夏國雖偭鄉不常，而視金有間，故仍舊史所錄存焉。

李彝興，夏州人也，本姓拓跋氏。唐貞觀初，有拓跋赤辭者歸唐，太宗賜姓李，置靜邊等州以處之。其後析居夏州者號平夏部。唐末，拓跋思恭鎭夏州，統銀、夏、綏、宥、靜五州地，討黃巢有功，復賜李姓。思恭卒，弟思諫代爲定難軍節度使。思諫卒，思恭孫彝昌嗣。梁開平中，彝昌遇害，將士立其族子蕃部指揮仁福。仁福卒，子彝超嗣〔一〕。事具五代史。彝興，彝超之弟也，本名彝殷，避宋宣祖諱，改「殷」爲「興」。初爲行軍司馬，淸泰二年，彝超卒，遂加定難軍節度使。晉初，加同平章事，開運初，授契丹西南招討使〔二〕。漢初，加兼侍中。周初，加中書令，顯德初，封西平王，世宗卽位，加太保，恭帝初，加太傅。宋初，加太尉。北漢劉鈞結代北諸部來寇麟州，彝興遣部將李彝玉會諸鎭兵禦之，鈞衆遂引去。建隆初，獻馬三百匹，太祖大喜，親視攻玉爲帶，且召使問曰：「汝帥腹圍幾何？」使言：「彝興腰腹甚大。」太祖曰：「汝帥眞福人也。」遂遣使以帶賜之。

乾德五年，卒，太祖廢朝三日，贈太師，追封夏王。子克睿立。

克睿初名光睿，避太宗諱改「光」爲「克」。彝興之卒，自權知州事，授檢校太保、定難軍節度使。

開寶九年，率兵破北漢吳堡砦，斬首七百級，獲牛羊千計，俘砦主侯遇以獻，累加檢校太尉。

太平興國三年，卒，太宗廢朝二日，贈侍中。子繼筠立。

繼筠，初爲衙內都指揮使、檢校工部尙書，克睿卒，自權知州事，授檢校司徒、定難軍節度觀察留後。太宗征北漢，繼筠遣銀州刺史李光遠、綏州刺史李光憲率蕃、漢兵列陣渡河，略太原境以張軍勢。

太平興國五年，卒，弟繼捧立。

繼捧立，以太平興國七年率族人入朝。自上世以來，未嘗親覲者，繼捧至，太宗甚嘉之，賜白金千兩、帛千匹、錢百萬。祖母獨孤氏亦獻玉盤一、金盤三，皆厚賚之。繼捧陳其諸父、昆弟多相怨，願留京師。乃遣使夏州護緦麻已上親赴闕，授繼捧彰德軍節度使，并官其昆弟夏州蕃落指揮使克信等十二人有差，遂曲赦銀、夏管內。太宗嘗宴群臣苑中，謂繼捧曰：「汝在夏州用何道以制諸部？」對曰：「羌人鷙悍，但羈縻而已，非能制也。」弟權知夏州克文來朝〔三〕，以唐僖宗所賜其祖思恭鐵券及朱書御札來上，改博州防禦使。初，繼捧之入也，弟繼遷出奔，及是，數來爲邊患。有言繼遷悉知朝廷事，蓋繼捧泄之，乃出爲崇信軍節度使，克憲爲道州防禦使，克文遣歸博州，並選常參官爲通判，以專郡政。

端拱初，改感德軍節度使。屢發兵討繼遷不克，用宰相趙普計，欲委繼捧以邊事，令圖之。因召赴闕，賜姓趙氏，更名保忠，太宗親書五色金花牋以賜之，授夏州刺史，充定難軍節度使、夏銀綏宥靜等州觀察處置押蕃落等使，賜金器千兩、銀器萬兩，并賜五州錢帛、芻粟、田園。保忠辭日，宴于長春殿，賜襲衣、玉帶、銀鞍馬、錦綵三千匹、銀器三千兩，又賜錦袍、銀帶五百，副馬百匹。至鎮數月，上言繼遷悔過歸款，乃授繼遷官，然實無降心也。

二年，加保忠特進、同中書門下平章事。

淳化初，與繼遷戰于安慶澤，繼遷中流矢遁去。保忠乞師禦繼遷，遣商州團練使翟守素率兵援之。賜保忠茶百斤、上醞十石。乃獻白鶻，名海東青，以久罷畋獵，詔慰還之。

五年，繼遷攻靈州，遣侍衞馬軍都指揮使李繼隆討之。保忠先挈其母與妻子壁野外，乃上言與繼遷解怨，獻馬五十四，乞罷兵。帝覽奏，立遣中使督繼隆進軍。及兵壓境，保忠反爲繼遷所圖，欲併其衆，縛牙校趙光祚，襲其營帳。保忠方寢，聞難作，單騎走還城，爲大校趙光嗣閉於別室，且開門迎繼隆，乃執保忠送闕下，待罪崇政殿庭。帝詰責數四，釋之，賜冠帶、器幣，并賜其母金銀器以撫之。尋責授右千牛衞上將軍，封宥罪侯，賜第京師。保忠狀貌雄毅，居環列，奉朝請，常怏怏不自得。

咸平中，丁內艱，以本官起復，遷右金吾衞上將軍〔四〕，判岳州，移復州。

景德元年病劇，上言有子永哥不肖，乞配春州。帝以其病語，乃授永州別駕，詔監軍察之。尋卒，贈威塞軍節度使。克文亦死，贈岳州防禦使。

天禧四年，錄其孫從吉爲三班奉職。

繼遷，繼捧族弟也。高祖思忠，嘗從兄思恭討黃巢，拒賊於渭橋，表有鐵鶴，射之沒羽，賊駭之，遂先士卒，戰沒，僖宗贈宥州刺史，祠于渭陽。曾祖仁顔，仕唐，銀州防禦使。祖彝景嗣于晉。父光儼嗣于周。

建隆四年，繼遷生于銀州無定河，生而有齒。

開寶七年，授定難軍管內都知蕃落使。

繼捧之歸宋，時年二十，留居銀州，及使至，召緦麻親赴闕，乃詐言乳母死，出葬于郊，遂與其黨數十人奔入地斤澤，澤距夏州東北三百里。

太平興國八年，知夏州尹憲與都巡檢曹光實偵知，夜襲破之，斬首五百級，焚四百餘帳。繼遷與其弟逌免，獲其母與妻。

繼遷復連娶豪族，轉遷無常，漸以彊大，而西人以李氏世著恩德，往往多歸之。繼遷因語其豪右曰：「李氏世有西土，今一旦絕之，爾等不忘李氏，能從我興復乎？」衆曰：「諾。」遂與弟繼冲、破丑重遇貴、張浦、李大信等起夏州，乃詐降，誘殺曹光實于葭蘆川，遂襲銀州據之，時雍熙二年二月也。三月，破會州，焚毀城郭而去。

三年，遼以義成公主嫁繼遷，册爲夏國王。

四年，知夏州安守忠〔五〕以三萬衆戰于王亭鎭，敗績，繼遷追至城門而返。

端拱元年，繼捧之節制夏臺，言能歸款，卽授洛苑使、銀州刺史。

淳化初，復與繼捧戰于安慶澤，不利。轉攻夏州，繼捧乞師，及翟守素來，又奉表歸款，授銀州觀察，賜名保吉，子德明管內蕃落使、行軍司馬。

淳化四年，轉運副使鄭文寶議禁鹽池，用困繼遷。數月，邊人四十二族萬餘騎寇環州，屠小康堡，太宗〔六〕乃遣錢若水弛其禁，因撫慰之。

五年正月，繼遷徙綏州民于平夏，部將高文岯等因衆不樂反，攻敗之。繼遷復圍堡砦，掠居民，焚積聚，遂攻靈州，詔遣李繼隆等進討。繼遷夜襲保忠，走之，獲其輜重以歸。七月，乃獻馬以謝。又遣弟廷信獻馬、橐駝，太宗撫賚甚厚，遣內侍張崇貴詔諭，賜茶藥、器幣、衣物。

至道初，遣左都押衙張浦以橐駝、良馬來獻，太宗令衞士翹關、超乘、引彊、奪槊於後園，俾浦等觀，且令兵士皆拓兩石弓。帝笑問浦曰：「羌人敢敵否？」浦曰：「羌部弓弱矢短，但見此長大人則已遁矣，況敢敵乎！」繼遷乞禁邊盜掠，詔令謹守疆場，還所盜物。遣閤門副使馮訥、中使買繼隆持詔拜繼遷鄜州節度使，不受。乃以浦爲鄭州團練，留京師。繼遷表鄭文寶誘其部長嵬囉、嵬悉，遂貶文寶藍山令。繼遷以千騎攻淸遠軍，守臣張延擊退之。

二年春，命洛苑使白守榮等護送芻粟四十萬于靈州，且令車重先後作三隊，丁夫持弓矢自衞，士卒布方陣以護之，遇敵則戰，可以無失。復令會州觀察使田紹斌率兵應援。而守榮乃併爲一運，繼遷邀擊于浦洛河，紹斌不救，衆潰，運餉盡爲繼遷所得，太宗聞之怒。四月〔七〕，復命李繼隆爲環、慶等州都部署。會四方館使曹璨自河西至，言繼遷衆萬餘圍靈武，城中上表告急，爲繼遷所得，遂頓兵不去。時朝議或云率輕騎三道擣平夏；或云暑涉旱海無水泉，糧運艱辛，不如靜以待之，帝不聽。九月，親部分諸將，繼隆出環州，丁罕出慶州，范廷召出延州，王超出夏州，張守恩出麟州，五路進討，直抵平夏。繼隆以環州路迂，乃自青岡峽遶靈武徑趨平夏，兵行數日，與丁罕合，又行十餘日無所見，乃引還。張守恩遇之，不戰而遁。王超、范廷召遇之于烏白池，大小數十戰，不利，諸將失期，士卒困乏。繼遷復令軍主史不乩駐屯橐駝口以阻歸宋人，繼隆遣田敏等擊之。

咸平春〔八〕，繼遷復表歸順，眞宗乃授夏州刺史、定難軍節度、夏銀綏宥靜等州觀察處置押蕃落等使，加邑千戶，實封二百戶，益功臣號，乃放張浦還。復遣押衙劉仁謙表讓恩命，詔不允，賜仁謙錦袍、銀帶。尋遣弟繼瑗來謝恩，授繼瑗亳州防禦使，封繼遷母衞慕氏衞國太夫人，子德明爲定難軍節度行軍司馬。未幾，復抄邊。

四年，麟府副部署曹璨率熟戶兵邀繼遷輜重于柳撥川，殺獲甚衆。九月，來攻破定州、懷遠縣及堡靜、永州〔九〕，清遠軍監軍段義叛，城遂陷。

五年三月，繼遷大集蕃部，攻陷靈州，以爲西平府。

六年春，遂都于靈州，詔遣張崇貴、王涉議和，割河西銀、夏等五州與之。六月，復以二萬騎圍麟州，詔金明巡檢李繼周擊之。圍未解，麟州部署請濟師，眞宗閱地圖曰：「麟州依險，三面孤絕，戮力可守，但城中乏水可憂耳。」乃遣兵走援。繼遷果據水砦，薄城已五日，知州衞居寶〔一〇〕出奇兵突戰，縋勇士城下，城上鼓譟，矢石如注，殺傷萬餘人，繼遷乃拔去。遂率衆攻西蕃，取西涼府，都首領潘羅支僞降，繼遷受之不疑。羅支遽集六谷蕃部及者龍族合擊之，繼遷大敗，中流矢。八月，復聚兵浦洛河，聲言攻環州，詔張凝等分兵以待之。景德元年正月二日卒，年四十二，子德明立。祥符五年，德明追上繼遷尊號曰應運法天神智仁聖至道廣德孝光皇帝。元昊追謚曰神武，廟號太祖，墓號裕陵。

德明小字阿移，母曰順成懿孝皇后野利氏，卽位于柩前，時年二十三。邊臣以德明初立，乞詔撫之，因賜詔令審圖去就。又詔蕃族萬山、萬遇、龐羅逝安、萬子都虞候、軍主吳守正馬尾等，能率部下歸順者，授團練使，銀萬兩、絹萬匹、錢五萬緡、茶五千斤；其有亡命叛去者，釋罪甄錄。既而康奴移移等率屬來降。德明遣牙將王旻奉表歸順，賜旻錦袍、銀帶，遣侍禁夏居厚持詔答之，因詔河西羌族各守疆埸。德明連歲表歸順。

三年，復遣牙將劉仁勖〔一一〕奉誓表請藏盟府，且言父有遺命。帝嘉之，乃授特進、檢校太師兼侍中、持節都督夏州諸軍事、行夏州刺史、上柱國，充定難軍節度、夏銀綏宥靜等州管內觀察處置押蕃落等使，西平王，食邑六千戶，食實封一千戶，仍賜推忠保順亮節翊戴功臣。遣內侍左右班都知張崇貴、太常博士趙湘等充旌節官告使，賜襲衣、金帶、銀鞍勒馬、銀萬兩、絹萬匹、錢三萬貫、茶二萬斤，給奉如內地。因責子弟入質，德明謂非先世故事，不遣。乃獻御馬二十五匹、散馬七百匹、槖駝三百頭謝恩。

四年，又獻馬五百匹、槖駝三百頭，謝給奉廩，賜襲衣、金帶、器幣。及請使至京市所需物，從之。五月，母罔氏薨，除起復鎭軍大將軍、右金吾衞上將軍，員外置同正員，餘如故。以殿中丞趙稹爲弔贈兼起復官告使，德明以樂迎至柩前，明日釋服，涕泣對使者自陳感恩。及葬，請修供五臺山十寺，乃遣閤門祗候袁瑀爲致祭使，護送所供物至山。復獻馬五百匹，助修章穆皇后園陵。

大中祥符元年，以天書降，加賜守正功臣，益食邑一千戶，食實封四百戶。俄境內旱，詔榷場勿禁西人市粮，以振其乏。東封，又遣使來獻，禮成，加兼中書令，益食邑千戶，實封四百戶。時遼亦遣使册德明爲大夏國王。

明年，出侵回鶻，恆星晝見，德明懼而還。

三年，境內饑，上表求粟百萬，朝議不知所出。時王旦爲相，請敕有司具粟百萬于京師，詔其來取。德明既得詔，曰：「朝廷有人。」遂止。大起宮室于鏊子山。會旱，西攻河州、甘州宗哥族及秦州緣邊熟戶。遂出大里河，築栅蒼耳平。

四年，祀汾陰，進中書令。

五年，聖祖降，加守太保。

七年二月，謁太清宮，遣使來獻方物，加宣德功臣。

八年，築堡于石州濁輪谷，將建榷場，詔緣邊安撫司止之。

九年，因表邊臣違約招納逃亡，云：「自景德中進誓表，朝廷亦降詔書，應兩地逃民，緣邊雜戶不令停舍，皆俾交還。自茲謹守翰垣，頗有倫理。自向敏中歸闕，張崇貴云亡，後來邊臣，罕守舊制，各務邀功，不虞生事，遂致綏、延等界，涇、原以來，擅舉兵甲，入臣境土；其有叛亡部族，劫掠主財，去者百無十回。臣之邊吏，亦務蔽藏，俱失奏論，漸乖盟約。」詔答已令鄜延、涇原、環慶、麟府等路約束邊部，毋相攻劫，其有隱蔽逃亡，晝時勘送。本國亦宜戒部下，毋有藏匿，各遵紀律，以守封疆。

五年〔三〕，德明追尊繼遷爲太祖應運法天神智仁聖至道廣德光孝皇帝，廟號武宗。

七年，甘露降國中。

天禧元年正月，加守太傅，食邑千戶，實封四百戶。三年春，德明丁繼立母憂，除起復如前制，以屯田員外郎上官佖爲弔贈兼起復官告使，閤門祗候常希古爲致祭使。冬，郊祀，又加崇仁功臣。

四年，遼主親將兵五十萬，以狩爲言，來攻涼甸，德明帥衆逆拒，敗之。

五年，遼復遣金吾衞上將軍蕭孝誠賫玉册金印，册爲尙書令、大夏國王。

乾興元年，加純誠功臣。德明自歸順以來，每歲旦、聖節、冬至皆遣牙校來獻不絕，而每加恩賜官告，則又以襲衣五，金荔支帶、金花銀匣副之，銀沙鑼、盆、合千兩，錦綵千匹，金塗銀鞍勒馬一匹，副以纓、複，遣內臣就賜之。又遣閤門祗候賜冬服及頒儀天具注曆。

明年，攻慶州柔遠砦〔三〕，巡檢楊承吉與戰不利，命曹瑋爲環、慶、秦州緣邊巡檢安撫使禦備之。德明城懷遠鎭爲興州以居。

仁宗卽位，加尙書令。德明娶三姓，衞慕氏生元昊，咩迷氏生成遇，訛藏屈懷氏生成嵬。

天聖六年，德明遣子元昊攻甘州，拔之。

八年，瓜州王以千騎降于夏。火星入南斗。

九年十月〔四〕，德明卒，時年五十一，追謚曰光聖皇帝，廟號太宗，墓號嘉陵。宋贈太師、尙書令兼中書令，以尙書度支員外郎朱昌符爲祭奠使，六宅副使、內侍省內侍押班馮仁俊副之，賻絹七百匹、布三百匹，副以上醞、羊、米、麪。將葬，賜物稱是，皇太后所賜亦如之。帝與皇太后成服于苑中。子曩霄立。

曩霄本名元昊，小字嵬理，國語謂惜爲「嵬」，富貴爲「理」。母曰惠慈敦愛皇后衞慕氏。

性雄毅，多大略，善繪畫，能創製物始。圓面高準，身長五尺餘。少時好衣長袖緋衣，冠黑冠，佩弓矢，從衞步卒張青蓋。出乘馬，以二旗引，百餘騎自從。曉浮圖學，通蕃漢文字，案上置法律，常攜野戰歌、太乙金鑑訣。弱冠，獨引兵襲破回鶻夜洛隔可汗王，奪甘州，遂立爲皇太子。數諫其父毋臣宋，父輒戒之曰：「吾久用兵，疲矣。吾族三十年衣錦綺，此宋恩也，不可負。」元昊曰：「衣皮毛，事畜牧，蕃性所便。英雄之生，當王霸耳，何錦綺爲？」德明卒，卽授特進、檢校太師兼侍中、定難軍節度、夏銀綏宥靜等州觀察處置押蕃落使、西平王，以工部郎中楊告〔三〕爲旌節官告使，禮賓副使朱允中副之。

旣襲封，明號令，以兵法勒諸部。始衣白窄衫，氈冠紅裏，冠頂後垂紅結綬，自號嵬名吾祖。凡六日、九日則見官屬。其官分文武班，曰中書，曰樞密，曰三司，曰御史臺，曰開封府，曰翊衞司，曰官計司，曰受納司，曰農田司，曰群牧司，曰飛龍院，曰磨勘司，曰文思院，曰蕃學，曰漢學。自中書令、宰相、樞使、大夫、侍中、太尉已下，皆分命蕃漢人爲之。文資則幞頭、鞾笏、紫衣、緋衣；武職則冠金帖起雲鏤冠、銀帖間金鏤冠、黑漆冠，衣紫旋襴，金塗銀束帶，垂蹀躞，佩解結錐、短刀、弓矢韣，馬乘鯢皮鞍，垂紅纓，打跨鈸拂。便服則紫皁地繡盤毬子花旋襴，束帶。民庶青綠，以別貴賤。每舉兵，必率部長與獵，有獲，則下馬環坐飲，割鮮而食，各問所見，擇取其長。初，宋改元明道，元昊避父諱，稱顯道於國中。

景祐元年，遂攻環慶路，殺掠居人，下詔約束之。是歲，改元開運，踰月，或告以石晉敗亡年號也，乃改廣運〔六〕。元年，母衞慕氏死，遣使來告哀，起復鎮軍大將軍、左金吾衞上將軍，員外置同正員。以內殿崇班、閤門祗候王中庸爲致祭使，起居舍人郭勸爲弔贈兼起復官告使。慶州柔遠砦蕃部巡檢嵬通〔七〕攻破後橋諸堡，於是元昊稱兵報仇，緣邊都巡檢楊遵、柔遠砦監押盧訓以兵七百與戰于龍馬嶺，敗績。環慶路都監齊宗矩、走馬承受趙德宣、寧州都監王文援之，次節義峯，伏兵發，執宗矩，久之始放歸。

二年，加兼中書令。遣其令公蘇奴兒將兵二萬五千攻唃廝囉，敗死略盡，蘇奴兒被執。元昊自率衆攻貓牛城，一月不下。既而詐約和，城開，乃大縱殺戮。又攻青唐、安二、宗哥、帶星嶺諸城，唃廝囉部將安子羅以兵絕歸路，元昊晝夜角戰二百餘日，子羅敗，遂取瓜、沙、肅三州。元昊既還，欲南侵，恐唃廝囉制其後，復舉兵攻蘭州諸羌，侵至馬銜山，築城凡川。

元昊既悉有夏、銀、綏、宥、靜、靈、鹽、會、勝、甘、涼、瓜、沙、肅，而洪、定、威、龍皆即堡鎮號州，仍居興州，阻河依賀蘭山爲固。始大建官，以嵬名守全、張陟、張絳、楊廓、徐敏宗、張文顯輩主謀議，以鍾鼎臣典文書，以成逋、克成賞、都臥、謻如定、多多馬竇、惟吉主兵馬，野利仁榮主蕃學。置十二監軍司，委豪右分統其衆。自河北至午臘蒻山七萬人，以備契丹；河南洪州、白豹、安鹽州、羅落、天都、惟精山等五萬人，以備環、慶、鎮戎、原州；左廂宥州路五萬人，以備鄜、延、麟、府；右廂甘州路三萬人，以備西蕃、回紇；賀蘭駐兵五萬、靈州五萬人、興州興慶府七萬人爲鎮守，總五十餘萬。而苦戰倚山訛，山訛者，橫山羌，平夏兵不及也。選豪族善弓馬五千人迭直，號六班直，月給米二石。鐵騎三千，分十部。發兵以銀牌召部長面受約束。設十六司于興州，以總庶務。元昊自製蕃書，命野利仁榮演繹之，成十二卷，字形體方整類八分，而畫頗重複。教國人紀事用蕃書，而譯孝經、爾雅、四言雜字爲蕃語。復改元大慶。

宋寶元元年，表遣使詣五臺山供佛寶，欲窺河東道路。與諸豪歃血約先攻鄜延，欲自德靖〔二八〕、塞門砦、赤城路三道並入，遂築壇受册，卽皇帝位，時年三十。遣潘七布、昌里馬乞點兵集蓬子山，自詣西涼府祠神。

明年，遣使上表曰：

臣祖宗本出帝胄，當東晉之末運，創後魏之初基。遠祖思恭，當唐季率兵拯難，受封賜姓。祖繼遷，心知兵要，手握乾符，大舉義旗，悉降諸部。臨河五郡，不旋踵而歸；沿邊七州，悉差肩而克。父德明，嗣奉世基，勉從朝命。眞王之號，夙感于頒宣；尺土之封，顯蒙於割裂。臣偶以狂斐，制小蕃文字，改大漢衣冠。衣冠既就，文字既行，禮樂既張，器用既備，吐蕃、塔塔、張掖、交河，莫不從伏。稱王則不喜，朝帝則是從，輻輳屢期，山呼齊舉，伏願一垓之土地，建爲萬乘之邦家。于時再讓靡遑，群集又迫，事不得已，顯而行之〔九〕。遂以十月十一日郊壇備禮，爲世祖始文本武興法建禮仁孝皇帝，國稱大夏，年號天授禮法延祚。伏望皇帝陛下，睿哲成人，寬慈及物，許以西郊之地，册爲南面之君。敢竭愚庸，常敦歡好。魚來雁往，任傳鄰國之音；地久天長，永鎮邊方之患。至誠瀝懇，仰俟帝俞。謹遣弩涉俄疾、你斯悶、臥普令濟、嵬崖妳奉表以聞。

詔削奪官爵、互市，揭榜于邊，募人能擒元昊若斬首獻者，卽爲定難軍節度使。又遣賀永年齎嫚書，納旌節及所授敕告置神明匣，留歸孃族而去。

康定元年，環慶路鈐轄高繼隆、知慶州張崇俊攻後橋，而柔遠砦主武英入自北門，拔之。未幾，夏人攻金明砦，執都監李士彬父子。破安遠、塞門、永平諸砦，圍延州，設伏三川口，執劉平、石元孫、傅偃、劉發、石遜等。又攻鎭戎軍，敗劉繼宗、李緯兵五千。環慶部署任福入白豹城，焚其積聚，破四十一族。

慶曆元年二月，攻渭州，逼懷遠城。韓琦徼巡邊至高平，盡發鎭戎兵及募勇士得萬人，命行營總管任福等併擊之，都監桑懌爲前鋒，鈐轄朱觀、都監武英繼之。福申令持重，其夕宿三川，夏人已過懷遠東南。翌日，諸軍躡其後。西路巡檢常鼎、劉肅與夏人對壘于張家堡，懌以騎兵趣之。福分兵，夕與懌爲一軍，屯好水川，川與能家川隔在隴山外，觀、英爲一軍，屯籠洛川，相離五里。期以明日會兵，不使夏人一騎遁，然已陷其伏中矣。元昊自將精兵十萬，營于川口，候者言夏人有砦，數不多，兵益進。詰旦，福與懌循好水川西去，未至羊牧隆城五里，與夏軍遇。懌爲先鋒，見道傍置數銀泥合，封襲謹密，中有動躍聲，疑莫敢發，福至發之，乃懸哨家鴿百餘，自合中起，盤飛軍上。於是夏兵四合，懌先犯，中軍繼之，自辰至午酣戰。陣中忽樹鮑老旗，長二丈餘，懌等莫測。既而鮑老揮右則右伏出，揮左則左伏出，翼而襲之，宋師大敗。懌、劉肅及福子懷亮皆戰沒。小校劉進勸福自拔，福不聽，力戰死。初，渭州都監趙津將瓦亭塞騎兵三千餘爲諸將後繼〔一〇〕。是日，朱觀、武英兵會能家川與夏人遇，陣合，王珪自羊牧隆城以屯兵四千五百人助觀略陣，陣堅不可動，英重傷，不能出軍戰，自午至申，夏軍益至，東陣步兵大潰，衆遂奔。珪、英、津及參軍耿傅、隊將李簡、都監李禹亨、劉均〔一一〕皆死於陣。觀以千餘人保民垣，發矢四射，會暮，夏軍引去。將校士卒死者萬三百人，關右震動，軍須日廣，三司告不足，仁宗爲之旰食，宋庠請修潼關以備衝突。秋，夏人轉攻河東，及麟、府，不能下，乃引兵攻豐州，城孤無援，遂據之；又破寧遠砦，屯要害，絕麟、府餉道。楊偕始請棄河外，保合河津，帝不許。會張亢管勾麟府軍馬事，破之于柏子，又破之于兔毛川，亢築十餘柵，河外始固。元昊雖數勝，然死亡創痍者相半，人困於點集，財力不給，國中爲「十不如」之謠以怨之。元昊乃歸塞門砦主高延德，因乞和，知延州范仲淹爲書陳禍福以喻之。元昊使其親信野利旺榮復書，語猶嫚。知延州龐籍言，夏境鼠食稼，且旱，元昊思納款，遂令知保安軍劉拯諭旺榮言：「公方持靈、夏兵，倘內附，當以西平茅土分册之。」知青澗城种世衡又遣王嵩以棗及畫龜爲書置蠟丸中遺旺榮，諭以早歸之意，欲元昊得之，疑旺榮。旺榮得之笑曰：「种使君亦長矣，何爲此兒戲耶！」囚嵩窖中歲餘。知渭州王沿、總管葛懷敏使僧法淳持書往，而旺榮乃出嵩與教練使李文貴至青澗城，自言用兵以來，資用困乏，人情便於和。籍疑其款吾軍，留之數月。

二年，復大入，戰于定川〔三〕，宋師大敗，葛懷敏死之，直抵渭州〔三〕，大焚掠而去。詔籍招納，籍遣文貴還。月餘，元昊使文貴與王嵩以其臣旺榮〔四〕、其弟旺令、嵬名瓌、臥譽諍三人書議和，然屈彊不肯削僭號，且云「如日方中，止可順天西行，安可逆天東下。」籍以其言未服，乃令自請，而詔籍復書許之。

明年，遣六宅使伊州刺史賀從勗與文貴俱來，猶稱男邦泥定國兀卒上書父大宋皇帝，更名曩霄而不稱臣。兀卒，卽吾祖也，如可汗號。議者以爲改吾祖爲兀卒，特以侮玩朝廷，不可許。詔遣邵良佐、張士元、張子奭、王正倫更往議，且許封册爲夏國主，而元昊亦遣如定、聿捨、張延壽、楊守素繼來。

四年，始上誓表言：「兩失和好，遂歷七年，立誓自今，願藏盟府。其前日所掠將校民戶，各不復還。自此有邊人逃亡，亦毋得襲逐。臣近以本國城砦進納朝廷，其栲栳、鐮刀、南安、承平故地及他邊境蕃漢所居，乞畫中爲界，於內聽築城堡。凡歲賜銀、綺、絹、茶二十五萬五千，乞如常數，臣不復以他相干。乞頒誓詔，蓋欲世世遵守，永以爲好。倘君親之義不存，或臣子之心渝變，使宗祀不永，子孫罹殃。」詔答曰：「朕臨制四海，廓地萬里，西夏之土，世以爲胙。今乃納忠悔咎，表於信誓，質之日月，要之鬼神，及諸子孫，無有渝變。申復懇至，朕甚嘉之。俯閱來誓，一皆如約。」十二月，遣尚書祠部員外郎張子奭充冊禮使，東頭供奉官、閤門祗候張士元副之。仍賜對衣、黃金帶、銀鞍勒馬、銀二萬兩、絹二萬匹、茶三萬斤。冊以漆書竹簡，籍以天下樂錦。金塗銀印，方二寸一分，文曰「夏國主印」，錦綬，塗金銀牌。緣冊法物，皆銀裝金塗，覆以紫繡。約稱臣，奉正朔，改所賜敕書爲詔而不名，許自置官屬。使至京，就驛貿賣，宴坐朶殿。使至其國，相見用賓客禮。置榷場于保安軍及高平砦，第不通青鹽。然宋每遣使往，館于宥州，終不復至興、靈，而元昊帝其國中自若也。

是歲，遼夾山部落呆兒族八百戶歸元昊，興宗責還，元昊不遣。遂親將騎兵十萬出金肅城，弟天齊王馬步軍大元帥將騎七千出南路，韓國王將兵六萬出北路，三路濟河長驅。興宗入夏境四百里，不見敵，據得勝寺南壁以待。八月五日，韓國王自賀蘭北與元昊接戰，數勝之，遼兵至者日益，夏乃請和，退十里，韓國王不從。如是退者三，凡百餘里矣，每退必赭其地，遼馬無所食，因許和。夏乃遷延，以老其師，而遼之馬益病，因急攻之，遂敗，復攻南壁，興宗大敗。入南樞王蕭孝友砦，擒其鶻突姑駙馬〔三〕，興宗從數騎走，元昊縱其去。

元昊五月五日生，國人以其日相慶賀，又以四孟朔爲節。凡五娶，一曰大遼興平公主，二曰宣穆惠文皇后沒藏氏，生諒祚，三曰憲成皇后野力氏，四曰妃沒哆氏，五曰索氏。元昊以慶曆八年正月殂，年四十六。在位十七年，改元開運一年，廣運二年，大慶二年，天授禮法延祚十一年。謚曰武烈皇帝，廟號景宗，墓號泰陵。宋遣開封府判官、尚書祠部員外郎曹穎叔爲祭奠使，六宅使、達州刺史鄧保信爲弔慰使，賜絹一千匹、布五百端、羊百口、麪米各百石、酒百瓶。及葬，仍賜絹一千五百匹，餘如初賻。子諒祚立。

諒祚，景宗長子也，小字寧令哥，國語謂「歡嘉」爲「寧令」。兩岔，河名也，母曰宣穆惠文皇后沒藏氏，從元昊出獵，至此而生諒祚，遂名焉。以慶曆七年丁亥二月六日生，八年戊子正月，方期歲卽位。四月，遣尚書刑部員外郎任顓充册禮使，供備庫副使宋守約充副使，册諒祚爲夏國主。

嘉祐元年，母沒藏氏薨，遣祖儒嵬多、聿則慶唐及徐舜卿來告哀，詔以集賢校理馮浩假尙書刑部郎中、直史館爲弔慰使，文思副使張惟淸假文思使副之，乃獻遺留馬駞以謝。

諒祚幼養于母族訛龎，訛龎因專國政。初，麟州西城枕蜱睨曰紅樓，下瞰屈野河，其外距夏境尙七十里，而田腴利厚，多入訛龎，歲東侵不已。至耕穫時，輒屯兵河西，經略使龎籍每戒邊將使毋得過屈野河，然所距屈野河猶二十里。管勾軍馬司賈逵徼循，見所侵田，稍過督邊吏，麟州守王亮懼，始以事聞。詔以殿直張安世、賈恩爲同巡檢經制之。訛龎晏然弗革，迫之則格鬭，緩之則歸耕，經略司遣使還所侵田，訛龎專爲讕言，無歸意。

嘉祐二年，遂圍兵宿境上，逮三月，增至數萬人，守將斂兵弗與戰。知麟州武戡築堡于河西，以爲保障。役旣興，戡率將吏往按視，遇夏人于沙鼠浪，戡與管勾郭恩等欲止，而走馬承受黃道元以言脅之，遂夜進至臥牛峯，見烽舉，且鼓聲，道元猶不信，比明，至忽里堆，與夏人相去纔數十步，遂合戰，自旦至食時，夏人四面合擊，衆大潰，戡走，恩與道元及兵馬監押劉慶等被執。安撫司遣李思道、孫兆往議疆事，而訛龎驁不聽。久之，太原府、代州兵馬鈐轄蘇安靜得夏國呂寧、拽浪撩黎來合議，乃築堠九，更新邊禁，要以違約則罷和市，自此始定。諒祚忌訛龎專，或告訛龎將叛，諒祚討殺之，夷其族。已而請去蕃禮，從漢儀。

嘉祐六年，上書自言慕中國衣冠，明年當以此迎使者。詔許之。

明年，又改西壽監軍司爲保泰軍，石州監軍司爲靜塞軍，韋州監軍司爲祥祐軍，左廂監軍司爲神勇軍。遣人獻方物，稱宣徽南院使，詔諭非陪臣所宜稱，戒其僭擬，使遵誓詔。表求太宗御製詩章〔三六〕隸書石本，且進馬五十匹，求九經、唐史、册府元龜及宋正至朝賀儀，詔賜九經，還所獻馬。

治平初，求復榷場，不許。既而遣吳宗等來賀英宗即位，詔令門見，使者不從，至順天門，且欲佩魚及儀物自從，引伴高宜禁之，不可，留止廐置一夕，絕其供饋。宗語不遜，宜折之，使如故事，良久，乃聽入。及賜食殿門，又訴於押伴張覲，詔命還赴延州與宜辨。宗度理屈，不復置對。遂詔諒祚懲約之。秋，夏人出兵秦鳳、涇原，抄熟戶，擾邊塞弓箭手，殺掠人畜以萬計。程戡、王素、孫長卿諭安諸族首領，防誘脅散叛。遣文思副使王無忌齎詔問之，諒祚遷延弗受，已而因賀正使荔茂先獻表，歸罪宋邊吏。

三年，遂大舉攻大順城，分兵圍柔遠砦，燒屈乞村，柵段木嶺，州兵、熟戶、蕃官趙明合擊退之。遣西京左藏庫副使何次公詰之。三月，乃獻方物謝罪，賜絹五百匹、銀五百兩。

神宗即位，乃遣內殿崇班魏璪賜以治平三年冬服、銀絹。供備庫副使高遵裕告哀，并以英宗遺留物賜之。秋，夏國遣使奉慰及進助山陵。冬，种諤取綏州，因發兵夜掩嵬名山帳，脅降之。諒祚乃詐爲會議，誘知保安軍楊定、都巡檢侍其臻等殺之，邊吏以聞，命韓琦知永興軍，經略西方。諒祚錮送殺定者六宅使李崇貴、右侍禁韓道善〔三七〕及虜去定子仲通。

十二月，諒祚殂，年二十一。在位二十年，改元延嗣寧國一年，天祐垂聖三年，福聖承道四年，鐔都六年，拱化五年。謚曰昭英皇帝，廟號毅宗，墓號安陵。子秉常立。

校勘記

〔一〕彝超　原作「彝興」，據舊五代史卷一三二、新五代史卷四〇李仁福傳改。

〔二〕授契丹西南招討使　「授」字原在「契丹」下，據舊五代史卷八二晉書少帝紀、卷一三二本傳都作「以彝殷爲契丹西南面招討使」，則「授」字應在「契丹」上，據改。

〔三〕弟權知夏州克文來朝　按長編卷二三、隆平集卷二〇夏國傳都說李克文是繼捧的從父，這裏以克文爲繼捧之弟，疑誤。

〔四〕右金吾衛上將軍　「右」字原脫，據長編卷五六補。

〔五〕安守忠　原作「安守中」，據本書卷二七五、隆平集卷一八本傳改。

〔六〕太宗　原作「太祖」，按此爲淳化四年事，應作「太宗」，今改。

〔七〕四月　原作「三年」，據本書卷五太宗紀、太宗實錄卷七七、宋會要兵八之一九改。

〔八〕咸平春　按繼遷歸宋授官，在至道三年十二月，見本書卷六眞宗紀、長編卷四二，作「咸平春」誤。

〔九〕定州懷遠縣及堡靜永州　據本卷下文及武經總要前集卷一八下，「懷遠縣」當作「懷遠鎮」；「堡靜」，武經總要前集卷一八下作「保靜」。

〔一〇〕衞居實　按長編卷五二、太平治蹟統類卷五都作「衞居實」。

〔一一〕劉仁勖　「劉」字原脫，據長編卷六四補。

〔一二〕五年　按本年所記的事，即上文祥符五年德明追尊繼遷事，此處上文已出祥符九年，下文爲天禧元年，不當夾敍五年事，疑有舛誤；下文所敍甘露降之「七年」也疑舛出。

〔一三〕明年攻慶州柔遠砦　按長編卷九三、本書卷二五八曹瑋傳此事都繫於天禧三年，此處作「明年」，即天聖元年，疑誤。「慶州」原作「麟州」，據長編卷九三、本書卷八七地理志、武經總要卷一八上改。

〔一四〕九年十月　按長編卷一一一明道元年十月壬辰「延州告趙德明卒」，上文說德明於景德元年即位，時年二十三，此處說卒時年五十一，疑以作明道元年十月爲是。

〔一五〕楊告　原作「楊吉」，據本書卷三〇四本傳、長編卷一一一改。

〔一六〕廣運　原作「廣民」，據下文及長編卷一一五、東都事略卷一二七改。

〔一七〕嵬通　按長編卷一一五作「威布」，太平治蹟統類卷七康定元昊擾邊條作「嵬逋」，「布」、「逋」音近，「逋」、「通」形近，疑「通」爲「逋」之訛。本傳下卷夏國下，「嵬通」，長編卷一二三四亦作「威布」，不再出校。

〔八〕德靖　二字原倒，據本書卷八七地理志、長編卷一二二乙正。

〔九〕群集又迫事不得已顯而行之　按司馬光涑水紀聞卷九，「集」作「情」，「顯」作「順」。

〔一〇〕渭州都監趙津將瓦亭塞騎兵三千餘爲諸將後繼　「渭州」原作「渭川」，據長編卷一三一、涑水紀聞卷一二改。「趙津」，同上二書同卷及河南先生文集卷三憫忠篇作「趙律」。又本書卷八七地理志渭州平涼縣有瓦亭砦疑卽此瓦亭塞。

〔一一〕李禹亨劉均　本書卷三二五任福傳、長編卷一三一作「李禹亨劉鈞」。

〔一二〕定川　原作「定州」，據本書卷一一仁宗紀、長編卷一三七改。

〔一三〕渭州　原作「渭川」，據同上書同卷改。

〔一四〕旺榮　原作「榮旺」，據上文及東都事略卷一二七改。

〔一五〕駙馬　原作「附馬」，據長編卷一五二改。

〔一六〕詩章　原作「草詩」，據長編卷一九六改。

〔一七〕韓道善　按東都事略卷一二八、太平治蹟統類卷一五神宗經制西夏條作「韓道喜」。

宋史卷四百八十六

列傳第二百四十五

外國二

夏國下

秉常，毅宗之長子，母曰恭肅章憲皇后梁氏。治平四年冬卽位，時年七歲，梁太后攝政。熙寧元年三月，遣新河北轉運使、刑部郎中薛宗道等來告哀，神宗問殺楊定事〔一〕，宗道言殺人者先已執送之矣，乃賜詔慰之。并諭令上大首領數人姓名，當爵祿之，俟崇貴至，卽行册禮。及崇貴至，云定奉使諒祚，常拜稱臣，且許以歸沿邊熟戶，諒祚遺之寶劍、寶鑑及金銀物。初，定之歸，上其劍、鑑而匿其金銀，言諒祚可刺，帝喜，遂擢知保安。既而夏人失綏州，以爲定賣己，故殺之。至是事露，帝薄崇貴等罪而削定官，沒其田宅萬計。

二年二月，遣河南監牧使劉航等册秉常爲夏國主。三月，夏人入秦州，陷劉溝堡，殺范愿。既而進誓表，乞班誓詔，及請以安遠、塞門二砦易綏州。初，朝議欲官爵夏之首領，計分其勢，郭逵以爲彼必不受詔，且彼既恭順，宜布以大信，不當誘之以利。秉常果不奉詔，遣都羅重進來言曰：「上方以孝治天下，奈何反教小國之臣叛其君哉！」於是前議遂罷。乃賜誓詔，而綏州待得二砦廼還。夏主受册而二砦不歸，且欲先得綏州，遣罔萌訛以誓詔來言。及趙卨往交地，萌訛對以朝廷本欲得二砦，地界非所約。卨曰：「若然，安遠、塞門二牆墟耳〔二〕，安用之！」遂罷，詔城綏州。八月，表請去漢儀，復用蕃禮，從之。十月，遣使來謝封册。

三年五月，夏人號十萬，築鬧訛堡，知慶州李復圭合蕃、漢兵纔三千，偪遣偏將李信、劉甫、种詠等出戰，信等訴以衆寡不敵，復圭威以節制，親畫陣圖方略授之，兵進，遂大敗。復圭懼，欲自解，即執信等而取其圖略，命州官李昭用劾以故違節制，詠瘐死獄中，斬信、甫，配流郭貴。復出兵邛州堡，夜入欄浪、和市〔三〕，掠老幼數百；又襲金湯，而夏人已去，惟殺其老幼一二百人，以功告捷，而邊怨大起矣。八月，夏人遂大舉入環慶，攻大順城、柔遠砦、荔原堡、淮安鎮、東谷西谷二砦、業樂鎮，兵多者號二十萬，少者不下一二萬，屯榆林，距慶州四十里，游騎至城下，九日乃退。鈐轄郭慶、高敏、魏慶宗、秦勃等死之。

四年正月，种諤謀取横山，領兵先城囉兀，進築永樂川、賞逋嶺二砦，分遣都監趙璞、燕達築撫寧故城，及分荒堆三泉、吐渾川、開光嶺、葭蘆川四砦與河東路修築，各相去四十餘里。二月，夏人來攻順寧砦，復圍撫寧，折繼世〔四〕、高永能等擁兵駐細浮圖，去撫寧咫尺，囉兀兵勢尙完。种諤在綏德節制諸軍，聞夏人至，茫然失措，欲作書召燕達，戰怖不能下筆，顧轉運判官李南公涕泗不已。於是新築諸堡悉陷，將士千餘人皆沒。初，朝議以諤新築囉兀城，去綏德百餘里，偏梁險狹，難於餽餉，且城中無井泉，遣李評、張景憲往視之，未至而撫寧陷，遂詔棄囉兀城。五月，燕達以戍卒輜重歸自囉兀，爲夏人邀擊，達多失亡。九月，夏遣使入貢，且以二砦易綏州，乞如舊約，詔不允。

五年正月，夏鈐轄結勝爲麟州步將王文郁戰降，授供奉官；久之，謀竄歸，事覺，詔聽其去。六月，夏人還荔原堡逃背熟戶鬼通等七十八人。閏七月，遣部將景思立、王存以涇原兵出南路，王韶由東谷徑趨武勝，未至十餘里，逢夏人戰，遂至其城，瞎藥棄城夜遁，大首領曲撒四王阿南珂出奔，乃城武勝。十二月，遣使進馬贖大藏經，詔賜之而還其馬。

八年三月，夏人以索蕃、漢部盜人畜投南界者，牒熙河經略司請高太尉赴三岔堡會議，牒稱大安二年。乃詔鄜延經略司，令牒宥州問妄稱年號，且牒非其地分邊臣會議，皆違越生事，是必夏主不知，請問之。夏人進奉山陵後期，詔令先至永厚陵設祭後至闕奉慰。帝謂輔臣曰：「元昊昔僭號，遣使上表稱臣，其辭猶遜，朝廷不先詰其所以然而遽絕之，縱邊民蕃部討虜，故元昊嘗自謂爲諸羌所立不得辭，朝廷不得命，不得已而變。西師亟戰輒敗，天下騷然，仁宗悔之。當元昊僭書來，獨諫官吳育謂難以中國叛臣處之，或可稍易以名號，議者皆以爲不然，卒困中原，而後歲賜，封册爲夏國主，良可惜哉！」

元豐二年六月，夏人自滿堂川入大會平，殺防田人馬，兵官李浦等逼逐出塞。九月，綏德把截楊永慶聲徼循邊而掩取蕃部首級，詐言斬犯邊人，詔毁永慶出身文字，送西京編管。

四年四月，有李將軍清者，本秦人，說秉常以河南地歸宋，國母知之，遂誅清而奪秉常政。鄜延總管种諤乃疏秉常遇弑，國內亂，宜興師問罪，此千載一時之會。帝然之，遂遣王中正往鄜延、環慶，稱詔募禁兵，從者將之。詔熙河李憲等，以秉常見囚，大舉征夏；及詔諭夏國嵬名諸部首領，能拔身自歸及相率共誅國讎，當崇其爵賞，敢有違拒者誅九族。八月，中正及諤言涇原、環慶會兵取靈州，復討興州，麟府、鄜延先會夏州，取懷州渡會興州。憲總七軍及董氊兵三萬，至新市城，遇夏人，戰敗之。王中正出麟州，禡辭自言代皇帝親征〔五〕，提兵六萬，才行數里，卽奏已入夏境，屯白草平九日不進。環慶經略使高遵裕將步騎八萬七千、涇原總管劉昌祚將卒五萬出慶州，諤將鄜延及畿內兵九萬三千出綏德城。九月，諤圍米脂，夏人來救，戰于無定川，大破之，斬首五千級。十月，遂克米脂，降守將令分訛遇〔六〕，進攻石州。中正以河東軍渡無定河，循水北行，地皆沙濕，士馬多陷沒，遂繼謌趣夏州〔七〕，而民皆潰，軍無所得。遵裕至淸遠軍，攻靈州，夏人決黃河灌營，復抄絕餉道，士卒凍溺死，餘兵纔萬三千人，遂歸。夏人追戰，將官俞平死之。中正至宥州奈王井，糧盡，士卒死亡者已二萬，乃引軍還。謌兵無食，會大雪死，遂潰，入塞者纔三萬人。昌祚遇夏人于磨臍隘，夏之拒者二三萬人，昌祚乃分兵渡葫蘆河，奪其隘，與統軍國母弟梁大王戰，遂大破之。憲營于天都山下，焚夏之南牟內殿幷其館庫，追襲其統軍仁多唆丁，敗之，擒百人，遂班師。涇原總兵侍禁魯福、彭孫護餽餉至鳴沙川，與夏人三戰，敗績。初，夏人聞宋大舉，梁太后問策于廷，諸將少者盡請戰，一老將獨曰：「不須拒之，但堅壁淸野，縱其深入，聚勁兵于靈、夏而遣輕騎抄絕其餽運，大兵無食，可不戰而困也。」梁后從之，宋師卒無功。

五年正月，遼使涿州遺書云：「夏國來稱，宋兵起無名，不測事端。」神宗報以「夏國主受宋封爵，昨邊臣言，秉常見爲母黨囚辱，比令移問事端，其同惡不報。繼又引兵數萬侵犯我邊界，義當有征。今彼以屢遭敗衄，故遣使詭情陳露，意在間貳，想彼必以悉察。」夏人聞此，遂不至。五月，沈括請城古烏延城以包橫山，使夏人不得絕沙漠。遂遣給事中徐禧〔八〕、內侍押班李舜舉往議。禧復請于銀、夏、宥之界築永樂城。永樂依山無水泉，獨种謌極言不可，禧率諸將竟城之，賜名銀川砦；禧等還米脂，以兵萬人屬曲珍守之。永樂接宥州，附橫山，夏人必爭之地。禧等既城去，九日，夏人來攻，珍使報禧，乃挾李舜舉來援，而夏兵至者號三十萬，禧登城西望，不見其際，宋軍始懼。翌日，夏兵漸逼，禧乃以七萬陣城下，坐譙門，執黃旗令衆曰：「視吾旗進止！」夏人縱鐵騎渡河，或曰：「此號『鐵鷂子』，當其半濟擊之，乃可有逞，得地則其鋒不可當也。」禧不聽。鐵騎既濟，震盪衝突，大兵從之，禧師敗績，將校寇偉、李思古、高世才、夏儼、程博古及使臣十餘輩、士卒八百餘人盡沒。詔李憲、張世矩往援，及令括遣人與約退軍，當還永樂地。夏人進侵，及縣門，潰歸城者，決水砦爲道以登，夏人因之，奔歸于城者三萬人皆沒。夏兵圍之者厚數里，遊騎掠米脂。將士晝夜血戰，城中乏水已數日，鑿井不得泉，渴死者大半，括等援兵及餽運皆爲夏大兵所隔。夏人呼珍來講和，呂整、景思義相繼而行，夏人髡思義囚之，而城圍者已浹旬矣。夜半，夏兵環城急攻，城遂陷，高永能戰沒，禧、舜舉、運使李稷皆死於亂兵，惟曲珍、王湛、李浦、呂整裸跣走免，蕃部指揮馬貴獨誓死持刀殺數十人而沒。是役也，死者將校數百人，士卒、役夫二十餘萬，夏人乃耀兵米脂城下而還。宋自熙寧用兵以來，凡得葭蘆、吳保、義合、米脂、浮圖、塞門六堡，而靈州、永樂之役，官軍、熟羌、義保死者六十萬人，錢、粟、銀、絹以萬數者不可勝計。帝臨朝痛悼，而夏人亦困弊。夏西南都統、昴星嵬名濟迺移書劉昌祚曰：

中國者，禮樂之所存，恩信之所出，動止猷爲，必適于正。若乃聽誣受間，肆詐窮兵，侵人之土疆，殘人之黎庶，是乖中國之體，爲外邦之羞。昨者朝廷暴興甲兵，大窮侵討，蓋天子與邊臣之議，爲夏國方守先誓，宜出不虞，五路進兵，一舉可定，故去年有靈州之役，今秋有永樂之戰，然較其勝負，與前日之議，爲何如哉！

朝廷於夏國，非不經營之，五路進討之策，諸邊肆撓之謀，皆嘗用之矣。知徼幸之無成，故終於樂天事小之道。況夏國提封一萬里，帶甲數十萬，南有于闐作我歡隣，北有大燕爲我強援，若乘間伺便，角力競鬬，雖十年豈得休哉！卽念天民無辜，受此塗炭之苦，國主自見伐之後，夙夜思念，爲自祖宗之世，事中國之禮無或虧，貢聘不敢怠，而邊吏幸功，上聽致惑，祖宗之盟既阻，君臣之分不交，存亡之機，發不旋踵，朝廷豈不恤哉！

至於魯國之憂，不在顓臾，隋室之變，生於楊感。此皆明公得於胸中，不待言而後喻。今天下倒垂之望，正在英才，何不進讜言，闢邪議，使朝廷與夏國歡好如初，生民重見太平〔九〕，豈獨夏國之幸，乃天下之幸也。

昌祚上其書，帝喻答之。

六年二月，夏人大舉圍蘭州，已奪西關門〔一〇〕，鈐轄王文郁集死士七百，夜縋城而下，持短兵突營，遂拔去。五月，復來，圍九日，大戰，侍禁韋禁死之，乃解去。閏六月，遣使謨箇、咩迷乞遇來貢，表曰：「夏國累得西蕃木征王子書〔二〕，稱南朝與夏國交戰歲久，生靈荼毒，欲擬通和。緣夏國先曾請所侵疆土，不從；以此未便輕許〔三〕。西蕃再遣使散八昌郡、丹星等到國，稱南朝語言計會，但當遣使齎表，自令引赴南朝。切念臣自歷世以來，貢奉朝廷，無所虧怠，至於近歲尤甚歡和，不意憸人誣間，朝廷特起大兵，侵奪疆土城砦，因茲構怨，歲致交兵。今乞朝廷示以大義，特還所侵，倘垂開納，別效忠勤。」乃賜詔曰：「頃以權強，敢行廢辱，朕用震驚，令邊臣往問，匿而不報，王師徂征，蓋討有罪。今遣使造庭，辭禮恭順，仍聞國政悉復故常，益用嘉納。已戒邊吏毋輒出兵，爾亦其守先盟。」遂詔陝西、河東經略司，其新復城砦，徼循毋出二三里，夏之歲賜如舊。

七年正月，圍蘭州，李憲戰却之。六月，攻德順軍，巡檢王友戰死。九月，圍定西城，燒龕谷族帳，遂以十月至靜邊，鈐轄彭孫敗之，殺其首領仁多唛丁。十二月攻淸遠〔三〕，隊將白玉、李貴死之。

八年三月，神宗崩，賜以遺留物。夏人攻葭蘆，供奉王英戰死。七月，遣使丁拏嵬名謨鐸、副使呂則陳聿精等來奠慰。十月，遣芭良、嵬名濟、賴昇聶、張聿正進助山陵禮物。夏國主母梁氏薨，訃至，以朝散郎、刑部郎中杜紘充祭奠使，東頭供奉官、閤門祗候王有言充弔慰使。夏以主母遺留物來進。

元祐元年二月，始遣使入貢。五月，遣鼎利、罔豫章來賀哲宗卽位。六月，復遣訛囉聿來求所侵蘭州、米脂等五砦。使未至，蘇轍兩疏請因其請地而與之。司馬光言：「此邊鄙安危之機，不可不察。靈夏之役，本由我起，新開數砦，皆是彼田，今旣許其內附，豈宜靳而不與？彼必曰：『新天子卽位，我卑辭厚禮以事中國，庶幾歸我侵疆，今猶不許，則是恭順無益，不若以武力取之。』小則上書悖慢，大則攻陷新城。當此之時，不得已而與之，其爲國家之恥，無乃甚於今日乎？羣臣猶有見小忘大，守近遺遠，惜此無用之地，使兵連不解，爲國家之憂。願決聖心，爲兆民計。」時異議者衆，唯文彥博與光合，遂從之。秋七月乙丑，秉常殂，時年二十六〔四〕。在位二十年，改元乾道二年，天賜禮盛國慶五年，大安十一年，天安禮定二年。謚曰康靖皇帝，廟號惠宗，墓號獻陵。子乾順立。

乾順，惠宗之長子也，母曰昭簡文穆皇后粱氏，生三歲卽位。元祐元年十月，以父殂，遣使呂則罔聿謨等來告哀。詔自元豐四年用兵所得城砦，待歸我陷執民，當盡以給還。乃遣金部員外郎穆衍充祭奠使，供備庫使張楙充弔慰使。夏遣使進馬、駝來賀興龍節〔五〕。

二年正月，遣權樞密院都承旨公事劉奉世爲册禮使，崇儀副使崔象先副之，册乾順爲夏國主，仍節度、西平王。三月，夏遣大使昳吳嵬名諭密、副使廣樂毛示聿等詣太皇太后進駝、馬以謝㷷慰。七月，夏人攻鎮戎軍諸堡，劉昌祚等禦之而退。

三年三月，攻德靖砦，諸將米贇、郝普戰死。詔劉昌祚以涇原萬人駐德順軍，熙河五千人駐通遠軍，據秦鳳要害，以爲掎角。夏人遂攻龕谷砦，砦兵及東關堡巡檢等戰不利，死者幾百人。

四年二月，始遣使謝封册。六月，稍歸永樂所獲人，遂以葭蘆、米脂、浮圖、安疆四砦與之，而畫界未定。遣崇儀使董正叟、如京使李玩押賜夏國生日禮物及冬服。七月坤成節、十二月興龍節皆遣使來賀。

五年六月，夏人來言，畫疆界者不依綏州內十里築堡鋪供耕牧、外十里立封堠作空地例，以辨兩國界。詔曰：「已諭邊臣如約，夏之封界當亦體此。」冬，攻蘭州之質孤、勝如堡，既而遣使來賀正旦。

六年七月，遣使來賀坤成節。九月，圍麟、府三日，殺掠不計，鄜延都監李儀等盡沒。

七年，屢攻綏德城，以重兵壓涇原境，留五旬，大掠，築壘于沒烟峽口以自固。游師雄請自蘭州李諾平東抵通遠定西、通渭之間，建汝遮、納迷、結珠龍三砦及置護耕七堡，以固藩籬；穆衍請於質孤、勝如二堡之間，城李諾平以控要害。議未決，秦鳳都監康謂以爲：「夏之所以未臣附而屢肆兵者，以我勢分於隄備，兵未練而賞罰失當耳。若擇銳結伍，伺彼之動，聚則先擊，散則復襲，則彼分而我聚，以衆擊寡，可得志也。」詔謂詣闕，而下其事於諸道。

八年四月，復遣使以蘭州一境易塞門二砦，詔數其違順不常而却其請。

紹聖元年二月，夏進馬助太皇太后山陵。復遣使再議易地，詔不允。

三年九月，大入鄜延，西自順寧、招安砦，東自黑水、安定，中自塞門、龍安、金明以南，二百里間相繼不絕，至延州北五里。十月，忽自長城一日馳至金明，列營環城，國主子母親督桴鼓，縱騎四掠。知麟州有備，復還金明，而後騎之精銳者留龍安。邊將悉兵掩擊不退，金明乃破。守兵二千八百人惟五人得脫，城中糧五萬石、草千萬束皆盡，將官皇城使張俞死之。既還，留一書置漢人頸上，曰：「貸汝命，爲我投於經略使處。」其言曰：「夏國昨與朝廷議疆場，惟有小不同，方行理究，不意朝廷改悔，却於坐團鋪處立界。本國以恭順之故，亦黽勉聽從，遂於境內立數堡以護耕，而鄜延出兵，悉行平蕩，又數數入界殺掠。國人共憤，欲取延州，終以恭順，止取金明一砦，以示兵鋒，亦不失臣子之節也。」延帥呂惠卿上于樞密院而不以聞。初，哲宗聞夏人來寇，泰然笑曰：「五十萬衆深入吾境，不過十日，勝不過一二砦須去。」已而果破金明引退。

四年正月，涇原都鈐轄王文振率諸將破沒煙峽新砦，斬獲三千餘級。二月，夏復以七萬衆攻綏德，鄜延將兵戰退之。

元符元年十二月，涇原折可適掩夏西壽統軍嵬名阿埋、監軍妹勒都逋，獲之。彗星見，乾順赦國中。

二年正月，國母梁氏薨，遂遣使蕭德崇來爲夏人議和。乃復書謂：若果出至誠，深悔謝罪，當徐度所宜，開以自新之路。五月，夏蘭會正鈐轄革瓦孃以部落來降，授內殿崇班，賜銀、絹、緡錢各三百。七月，環州种朴徼赤羊川，獲賞囉訛乞家屬百五十餘口，孳畜五千。夏人千餘騎來追，戰却之，擒監軍訛勃囉及首領淚丁訛遇。詔令赴闕，存恤訛乞家屬，又遣人持其家信號往招之。九月，夏人來告國母哀，因上表謝過。詔夏主：「省所上表，能抗章引慝，已諭邊臣，我疆彼界，毋相侵犯。」已而夏以二千騎出浮圖岔來戰，供奉官陳告、差使李戩死之。閏九月，古邈川部族叛，熙河將王愍率兵掩擊，翌日，夏人馬數萬圍愍等，力戰敗之，擒其鈐轄嵬名乞遇；統制苗履又戰於青唐峗，夏人敗績。十二月，遂遣令能、嵬名濟等進誓表曰：「臣國久不幸，時多遇凶，兩經母黨之擅權，累爲奸臣之竊命。頻生邊患，增怒上心，釁端既深，理訴難達。幸凶黨伏誅，稚躬反正。遐馳懇奏，陳前咎之所歸；乞紹先盟，果淵衷之俯納。故班詔而申諭，獲貢誓以輸誠，謹當飭疆吏而永絕爭端，戒國人而常遵聖化，違約則凶咎再降，背盟則基緒非延。約束事條，恭依處分。」詔報曰：「爾以凶黨造謀，數千邊吏，而能悔過請命，祈紹先盟。念彼種人，均吾赤子，措之安靜，乃副朕心。嘉爾自新，俯從厥志，爾無爽約，朕不食言。自今已往，歲賜仍舊。」

三年正月，哲宗崩，徽宗即位。九月，夏遣使來奠慰及賀即位。十月，復遣使來賀天寧節。

建中靖國元年，乾順始建國學，設弟子員三百，立養賢務以廩食之。

崇寧三年，蔡京秉政，使熙河王厚招夏國卓羅右廂監軍仁多保忠，厚云：「保忠雖有歸意，而下無附者。」章數上，不聽。京愈責厚急，乃遣弟詣保忠許，還爲夏之邏者所獲，遂追保忠赴牙帳。厚以保忠縱不爲所殺，亦不能復領軍政，使得之，一匹夫耳，何益於事。京怒，必令金帛招致之。夏乃點兵，延、渭、慶三路各數千騎出沒，聲言假兵于遼矣。三年，遼以成安公主嫁乾順〔二六〕。

四年，詔西邊能招致者，毋問首從，賞同斬級令，用京計也。陶節夫在延州，大加招誘，乾順遣使巽請，皆拒之，又令殺其牧放者。夏人遂入鎮戎，略數萬口，執知鄜州高永年〔二七〕而去，又攻湟州，自是兵連者三年。大觀元年，始遣人修貢。

政和四年冬，環州定遠大首領夏人李訛哆〔二八〕以書遺其國統軍梁哆㖸曰：「我居漢二十年，每見春廩既虛，秋庾未積，糧草轉輸，例給空劵，方春未秋，士有饑色。若捲甲而趨，徑擣定遠，唾手可取，定遠既得，則旁十餘城不攻而下矣。我儲穀累歲，闕地而藏之，所在如是，大兵之來，斗糧無齎，可坐而飽也。」哆㖸遂以萬人來迎。轉運使任諒先知其謀，募民盡發窖穀，哆㖸圍定邊，失所藏。越七日，訛哆遂以其部萬餘歸夏。乾順築臧底河城，遂詔河東節度使童貫爲陝西經略以討之。

五年春，遣熙河經略劉法將步騎十五萬出湟州，秦鳳經略劉仲武將兵五萬出會州，貫以中軍駐蘭州，爲兩路聲援。仲武至清水河，築城屯守而還。法與夏人右廂軍戰於古骨龍，大敗之，斬首三千級。貫奏凱，皆遷秩。秋，仲武、王厚復合涇原、鄜延、環慶、秦鳳之師攻夏臧底河城，敗績，死者十四五，秦鳳第三將全軍萬人皆沒。厚懼，厚賂貫而匿之。冬，夏人以數萬騎略蕭關而去。

六年春，劉法、劉仲武合熙、秦之師十萬攻夏仁多泉城，三日不克，援後期不至，城中請降，法受其降而屠之，獲首三千級。种師道以十萬衆復攻臧底河城，克之。十一月，夏人大舉攻涇原靖夏城。時久無雪，夏先使數萬騎繞城，踐塵漲天，兵對不覩，乃潛穿壕爲地道入城中，城遂陷，復屠之而去。

宣和元年，童貫復逼劉法使取朔方。法不得已，引兵二萬出，至統安城，遇夏國主弟察哥郎君率步騎爲三陣，以當法前軍，而別遣精騎登山出其後，大戰移七時，前軍楊惟忠敗入中軍，後軍焦安節敗入左軍，朱定國力戰，自朝及暮，兵不食而馬亦渴死多。法乘夜遁，比明，走七十里，至盍朱嵉，守兵見，追之，墜崖折足，爲一別瞻軍斬首而去。是役死者十萬，貫隱其敗而以捷聞。察哥見法首，惻然語其下曰：「劉將軍前敗我於古骨龍、仁多泉，吾常避其鋒，謂天生神將，豈料今爲一小卒梟首哉！其失在恃勝輕出，不可不戒。」遂乘勝圍震武，劉仲武、何灌〔九〕等赴之，乃解去。震武在山峽中，熙、秦兩路不能餉，自築三歲間，知軍李明、孟清皆爲夏人所殺。初，夏人陷法軍，圍震武，欲拔之。察哥曰：「勿破此城，留作南朝病塊。」乃自引去。而宣撫司受解圍之賞者數百人，實自去之也。諸路所築城砦皆不毛，夏所不爭之地，而關輔爲之蕭條，果如察哥之言。十月，夏遣使來賀天寧節，投以誓詔，不取，貫不能屈，但迫館伴強之，使持還，及邊，遂棄之而去。貫炎得而上之，貫始大沮。

欽宗即位，遣使來賀正旦。先是，金人滅遼，黏罕遣撒拇使夏國，許割天德、雲內、金肅、河清四軍及武州等八館之地，約攻麟州，以牽河東之勢。靖康元年三月，夏人遂由金肅、河清渡河取天德、雲內、武州、河東八館之地。四月，陷震威城，兵馬監押朱昭死之。繼而金貴人兀室以數萬騎陽爲出獵，掩至天德，逼逐夏人，悉奪有其地。夏人請和，金人執其使。

歲丁未，乾順〔一〇〕改元正德，時建炎元年也。是歲九月，金帥兀朮回雲中，遣保靜軍節度使楊天吉約侵宋，乾順許之。十月，通問使傅雱見金左監軍希尹于雲中，希尹以國書授雱，爲夏國請熙寧以來侵地。蓋彼旣奪其地，乃責償于宋以報之。

二年正月，以主客員外郎謝亮爲陝西撫諭使兼宣諭使，從事郎何洋爲太學博士，持詔書賜乾順。亮西入關，鄜延經略使王庶遺亮書曰：「大夫出疆，有可以安社稷、利國家者，專之可也。夏國爲患小而緩，金人爲患大而急。方其挫銳熙河，奔北鄜延，秋稼未登，兵士困餓。閤下苟能仗節督諸路協同義舉，雖未足盡雪舊恥，亦可驅逐渡河，全秦奠枕，徐圖恢復矣。」亮不能用，遂由環慶入西夏。慶曆後，夏國主嘗以賓禮見使者，亮至，乾順乃倨然見之，留居幾月，始與約和罷兵。亮歸，而夏之兵已躡其後，襲取定邊軍。

明年，亮還行在。二月，金帥婁宿連陷長安、鳳翔，隴右大震。夏人諜知關陝無備，遂檄延安府言：「大金割鄜延以隸本國，須當理索，敢違拒者，發兵誅討之。」帥臣王庶檄報曰：「金人初犯本朝，嘗以金肅、河清畀爾，今誰與守？國家以奸臣貪得，不恤鄰好，遂至于此。貪利之臣，何國無之，豈意夏國躬蹈覆轍！比聞金人欲自涇原徑擣興、靈，方切寒心，不圖尙欲乘人之急。幕府雖士卒單寡，然類皆節制之師，左支右吾，尙堪一戰。果能辦此，何用多言。」因遣諜間其用事臣李遇，夏人竟不出。是歲，開封尹宗澤奏疏請北伐，且言乞遣辯士西說夏國，東說高麗，俾出助兵。

三年，知樞密院事張浚使川、陝，謀北伐，欲通夏國爲援，奏請國書，詔從之。七月，浚西行，復以主客員外郎謝亮假太常卿，權宣撫處置司參議官〔三〕，再使夏國。

四年正月，浚遣亮往，迄不得其要領而還。十月，環慶路統制慕洧叛，降于夏國。

紹興元年二月，同州觀察副使劉惟輔棄德順軍輸款于夏，夏人拒不受。八月，詔以夏本敵國，毋復班曆日。十一月，川、陝宣撫副使吳玠始遣人通夏國書。

二年九月，呂頤浩言：「聞金、夏交惡，夏國屢遣人來吳玠、關師古軍中，宜令張浚通問，以撢其情。」是歲，餘覩謀結燕雲之人圖女直，黏罕覺，欲誅之，餘覩父子遁入夏國，夏人以其兵少不納。

四年十二月，吳玠奏夏國數通書，有不忘本朝意。

五年，乾順改元大德。

七年正月，吳璘奏西蕃三十八族首領趙繼忠來歸，用可扼西夏右臂。十月，僞齊知同州李世輔謀執金帥撒里曷歸宋，不克，遂奔夏。世輔父母親族在延安者，金人殺之無遺類。

九年，夏人陷府州。靈芝生於後堂高守忠家，乾順作靈芝歌，俾中書相王仁宗和之。乾順以世輔爲靜難軍承宣使、鄜延岐雍等路經略安撫使。世輔請兵，將報延安之役，夏主俾先討別種酋豪號「青面夜叉」者，世輔擒之以報。乾順乃爲出兵，遣文臣王樞、武臣啰訛等隨之。世輔軍至延安，撒里曷走耀州，世輔購得害其父母者，殺之東城，聞金人降赦，歸宋河南地〔二二〕，乃說王樞等降宋。哆訛不從，世輔抽刀斫之，不中；遂縛樞，命王晞韓護送行在。五月丙午，世輔以其衆三千人歸宋，授世輔護國承宣使、樞密行府前軍都統制，賜名顯忠。

六月四日，乾順殂，年五十七。在位五十四年，改元天儀治平四年，天祐民安八年，永安三年，貞觀十三年，雍寧五年，元德八年，正德八年，大德五年。謚曰聖文皇帝，廟號崇宗，墓號顯陵。子仁孝嗣。

仁孝，崇宗長子也，紹興九年六月，崇宗殂，即位，時年十六。十月，詔還王樞及夏國之俘百九十人。十一月，仁孝尊其母曹氏爲國母。十二月，納后罔氏。

十年，夏改元大慶。三月，詔胡世將與夏人議入貢，夏人不報。

十一年六月，夏樞密使慕洧弟慕濬謀反，伏誅。仁孝上尊號曰制義去邪。十一年〔二三〕九月，夏國饑。

十三年三月，地震，逾月不止；地裂，泉湧出黑沙。歲大饑，乃立井里以分振之。

十三年〔二四〕，夏改元人慶。始建學校于國中，立小學于禁中，親爲訓導。

十四年，彗星見坤宮，五十餘日而滅，占其分在夏國。

十五年八月，夏重大漢太學，親釋奠，弟子員賜予有差。

十六年，尊孔子爲文宣帝。

十七年〔三〕，改元天盛。策舉人，始立唱名法。

十八年，復建內學，選名儒主之。增修律成，賜名鼎新。

二十八年，始立通濟監鑄錢。

二十九年，歸宋官李宗閔上書言：「夏國副使屈移，嘗兩使南朝，以爲衣冠禮樂非他國比。怨金人叛盟，奪其所與地。此其情可見。壬子歲，黏罕嘗聚兵雲中以窺蜀，夏人謂將圖己，舉國屯境上以待其至。今誠遣辯士往說之，夏國必不難出兵，庶足爲吾聲援，以圖恢復。」書奏，不報。

三十年，夏封其相任得敬爲楚王。

三十一年，立翰林學士院，以焦景顏、王僉等爲學士，俾修實錄。金主亮犯四川，宣撫使吳璘檄西夏，俾合兵討之。

三十二年，夏國移置中書、樞密於內門外。大禁奢侈。始封制蕃字師野利仁榮爲廣惠王。夏人聞金人南侵，以騎兵二千至蔡園川及馬家巉、禿頭嶺，將分道入攻，宣撫使吳璘命鎭戎軍守將秦弼說諭之。金兵敗，夏人乃還。

乾道三年五月〔二六〕，夏國相任得敬遣間使至四川宣撫司，約共攻西蕃，虞允文報以蠟書。七月，得敬間使再至宣撫司，夏人獲其帛書，傳至金人。

四年〔二七〕，夏改元乾祐。得敬以謀簒伏誅。淳熙十二年二月，諜報故遼國大石牙林〔二八〕假道于夏以伐金，密詔利西都統制吳挺與制置使留正議之。

十三年四月，復詔挺結夏國。當時論議可否及夏人從違，史皆失書。

紹熙四年九月二十日，仁孝殂，年七十。在位五十五年，改元大慶四年，人慶五年，天盛二十一年，乾祐二十四年。謚曰聖德皇帝，廟號仁宗，陵號壽陵。子純佑嗣。

純佑，仁宗長子也，母曰章獻欽慈皇后羅氏。仁宗殂，即位，時年十七。明年改元天慶。

開禧二年正月二十日廢，遂殂，年三十。在位十四年，謚曰昭簡皇帝，廟號桓宗，陵號莊陵。鎭夷郡王安全立。

安全，崇宗之孫，越王仁友之子。開禧二年正月，廢其主純佑自立，明年改元應天。

嘉定四年八月五日安全殂，年四十二。在位六年，改元應天四年，皇建二年。謚曰敬穆皇帝，廟號襄宗，陵號康陵。有子曰承禎。齊國忠武王彥宗之子大都督府主遵頊立。

遵頊，始以宗室策試進士及第，爲大都督府主。嘉定四年七月三日立，時年四十九，改元光定。金衞紹王崇慶元年三月遣使册爲夏國王。

七年夏，左樞密使萬慶義勇遣二僧齎蠟書來西邊，欲與共圖金人，復侵地，制置使黃諠不報。

其後金人南遷，議徙都長安，遣元帥赤盞以重兵宿鞏州。夏主畏其侵迫，乃遣樞密使都招討甯子寧、忠翼赴蜀闆議夾攻秦、鞏；聶子述俾利西安撫丁焴答書，飭將吏嚴兵以待。時嘉定十二年三月也。子述尋罷去，焴持議不可輕動，師不可出。十二月，甯子寧遣使復申前說，且責我以失期，時安丙再開宣闆，許之，命利州副都統制程信任其責。

十三年八月，甯子寧以師期來告，丙遂決意出師，以奏劄聞諸朝，不待報可，命將大舉，卒無功。夏人甯子寧、嵬名公輔亦率其衆歸國。

十四年正月，丙回利州。

十六年，遵頊自號上皇，傳位於其子德旺。

寶慶二年春，遵頊殂，年六十四。改元光定十三年。謚曰英文皇帝，廟號神宗。

丙戌七月，德旺殂，年四十六。改元乾定四年。廟號獻宗。清平郡王之子南平王晛立，二年丁亥秋，爲大元所取，國遂亡。

夏之境土，方二萬餘里，其設官之制，多與宋同。朝賀之儀，雜用唐、宋，而樂之器與曲則唐也。

河之內外，州郡凡二十有二。河南之州九：曰靈、曰洪、曰宥、曰銀、曰夏、曰石、曰鹽、曰南威、曰會。河西之州九：曰興、曰定、曰懷、曰永、曰涼、曰甘、曰肅、曰瓜、曰沙。熙、秦河外之州四：曰西寧、曰樂、曰廓、曰積石。其地饒五穀，尤宜稻麥。甘、涼之間，則以諸河爲溉，興、靈則有古渠曰唐來，曰漢源，皆支引黃河。故灌溉之利，歲無旱澇之虞。

其民一家號一帳，男年登十五爲丁，率二丁取正軍一人。每負贍一人爲一抄。負贍者，隨軍雜役也。四丁爲兩抄，餘號空丁。願隸正軍者，得射他丁爲負贍，無則許射正軍之疲弱者爲之。故壯者皆習戰鬭，而得正軍爲多。凡正軍給長生馬、駝各一。團練使以上，帳一、弓一、箭五百、馬一、橐駝五，旗、鼓、槍、劍、棍棓、粆袋、披氈、渾脫、背索、鍬钁、斤斧、箭牌、鐵爪籬各一。刺史以下，無帳無旗鼓，人各橐駝一、箭三百、幕梁一。兵三人同一幕梁。幕梁，織毛爲幕，而以木架。有砲手二百人號「潑喜」，陡立旋風砲於橐駝鞍，縱石如拳。得漢人勇者爲前軍，號「撞令郎」。若脆怯無他伎者，遷河外耕作，或以守肅州。

有左右廂十二監軍司：曰左廂神勇、曰石州祥祐，曰宥州嘉寧、曰韋州靜塞、曰西壽保泰、曰卓囉和南、曰右廂朝順、曰甘州甘肅、曰瓜州西平、曰黑水鎭燕、曰白馬強鎭、曰黑山威福。諸軍兵總計五十餘萬。別有擒生十萬。興、靈之兵，精練者又二萬五千。別副以兵七萬爲資贍，號御圍內六班，分三番以宿衞。每有事於西，則自東點集而西；於東，則自西點集而東；中路則東西皆集。用兵多立虛砦，設伏兵包敵，以鐵騎爲前軍，乘善馬，重甲，刺斫不入，用鈎索絞聯，雖死馬上不墜。遇戰則先出鐵騎突陣，陣亂則衝擊之，步兵挾騎以進。戰則大將居後，或據高險。其人能寒暑饑渴。出戰率用隻日，避晦日，齎糧不過一旬。弓，皮弦；矢，沙柳簳。惡雨雪。晝舉煙揚塵，夜篝火以爲候。不恥奔遁，敗三日，輒復至其處，捉人馬射之，號曰「殺鬼招魂」，或縛草人埋於地，衆射而還。

篤信機鬼，尙詛祝，每出兵則先卜。卜有四：一、以艾灼羊脾骨以求兆，名「炙勃焦」；二、擗竹于地，若揲蓍以求數，謂之「擗算」；三、夜以羊焚香祝之，又焚穀火布靜處，晨屠羊，視其腸胃通則兵無阻，心有血則不利；四、以矢擊弓弦，審其聲，知敵至之期與兵交之勝負，及六畜之災祥、五穀之凶稔。俗皆土屋，惟有命者得以瓦覆之。

論曰：拓跋氏考諸前史可見也。自赤辭納款於貞觀，立功於天寶，思恭以宥州著節於咸通，夏雖未稱國，而王其土久矣。子孫歷王五代。宋興，太祖即西平王加彝興太尉，德明在祥符間已追帝其父於國中，逮元昊始顯稱帝，厥後因之，與金同亡。

槪其歷世二百五十八年，雖嘗受封册于宋，宋亦稱有歲幣之賜、誓詔之答，要皆出於一時之言，其心未嘗有臣順之實也。元昊結髮用兵，凡二十年，無能折其強者。乾順建國學，設弟子員三百，立養賢務；仁孝增至三千，尊孔子爲帝，設科取士，又置宮學，自爲訓導。觀其陳經立紀，傳曰：「不有君子，其能國乎？」今史所載追尊謚號、廟號、陵名，兼採夏國樞要等書，其與舊史有所抵捂，則闕疑以俟知者焉。

校勘記

〔一〕新河北轉運使刑部郎中薛宗道等來告哀神宗問殺楊定事　據十朝綱要卷九、本書卷三一五及琬琰集删存卷三韓縝傳，這時縝以刑部郎中新除河北轉運使，來京陛辭，神宗乃派他往驛邸問西夏使者薛宗道關於殺楊定事。此處作「新河北轉運使刑部郎中薛宗道」云云當有舛誤。

〔二〕安遠塞門二牆墟耳　「安遠」二字原脫，據上文補。

〔三〕夜入欄浪和市　「和」字原脫，據長編卷二一四、太平治蹟統類卷一五韓絳宣撫陝西條補。「欄浪」，長編作「蘭浪」。

〔四〕折繼世　原作「折繼昌」，據長編卷二二一、太平治蹟統類卷一五改。

〔五〕代皇帝親征　「代」字原脫，據長編卷三一六、太平治蹟統類卷一五補。

〔六〕令分訛遇　按長編卷三一七、太平治蹟統類卷一五，「分」作「介」。

〔七〕夏州　原作「夏川」，據長編卷三一八改。

〔八〕給事中徐禧　「給事中」原作「侍中」，據本書卷三三四本傳、長編卷三二六、太平治蹟統類卷一五徐禧等築永樂城條改。

〔九〕生民重見太平　「生」原作「主」，據長編卷三三一改。

〔一〇〕西關門　「西」原作「兩」，據宋會要職官六六之二二、長編卷三三三改。

〔一一〕木征王子　「木」字原脫。按長編卷三五〇載夏國來表作「摩正王子」。長編的「摩正」在本書內都異譯爲「木征」，此處當是「木征王子」，因補。

〔一二〕以此未便輕許　「以此」原作「以來」，據長編卷三五〇改。

〔一三〕清遠　按本書卷一六神宗紀、十朝綱要卷一〇下，都作「清邊」；長編卷三五〇作「靜邊」。清邊屬綏德城，靜邊屬德順軍，據長編所記事實，疑作「靜邊」是。清遠已於咸平四年爲夏所佔。

〔一四〕時年二十六　「二」原作「三」。按上文秉常於治平四年卽位，時七歲，至元祐元年卒，當爲二十六歲；這裏又說他在位二十年，「三」自是「二」之訛，因改。

〔一五〕興龍節　「興龍」二字原倒，據本書卷一七哲宗紀、長編卷三九三乙正。

〔一六〕三年遼以成安公主嫁乾順　按遼史卷二七天祚紀，此事繫於遼乾統五年三月，卽宋崇寧四年三月，這裏作「三年」，疑誤。

〔一七〕知鄯州高永年　「鄯州」原作「廓州」。據本書卷四五三本傳，平鄯州後高永年卽知其州，夏人進逼該州宣威城時，永年出禦，被執；十朝綱要卷一六崇寧四年閏二月條作知西寧州，同年三月條又載其被執時爲隴右都護。按本書卷八七地理志，崇寧三年鄯州收復，改爲西寧州，又建隴右都護府。「廓州」自是「鄯州」之誤，今改。

〔一八〕環州定遠大首領夏人李訛哆　按本書卷八七地理志環州有定邊砦與定邊城，又本書卷三五六任諒傳引李訛哆書，說「定邊可唾手取」，這裏的「定遠」及下文兩處的「定遠」，當都爲「定邊」之誤。下文說「哆唆圍定邊，失所藏」，也可爲證。

〔一九〕何灌　原作「何瓘」，據本書卷三五七、東都事略卷一○七本傳改。

〔二〇〕乾順　原作「乾德」，誤，據本卷改。

〔二一〕假太常卿權宣撫處置司參議官　「宣撫」原作「宣府」，據繫年要錄卷二五改。

〔二二〕聞金人降赦歸宋河南地　按繫年要錄卷一二九、北盟會編卷一九五所載，時金國已還河南地，世輔見宋赦書，才以王樞等降宋。疑此有誤。

〔二三〕十一年　按上文已出十一年，下文爲十三年，此處不當重出「十一年」，羅福萇宋史夏國傳集註卷一三說「此一乃二之譌」，是。

〔二四〕十三年　按上文說紹興十年「改元大慶」，下文又說「改元大慶四年」，則改元人慶當在紹興十四年，此「十三年」當是「十四年」之誤。

〔二五〕十七年　按西夏於紹興十四年改元人慶，下文說改元人慶共五年，則改元天盛當在紹興十九年。此「十七年」誤。

〔二六〕三年五月　按本書卷三四孝宗紀，任得敬兩次遣間使至四川，都在乾道四年。

〔二七〕四年　據上文天盛改元時間及下文天盛改元年數，乾祐改元當在乾道六年；又據金史卷六世宗紀、卷一三四西夏傳，誅任得敬事在大定十年，卽宋乾道六年，此處作「四年」，誤。

〔二八〕大石牙林　本書卷三五孝宗紀作「大石林牙」。按此係西遼事，據遼史卷三〇天祚紀，西遼建國者耶律大石也稱「大石林牙」。「林牙」爲遼翰林之稱，當以紀爲是。

宋史卷四百八十七

列傳第二百四十六

外國三

高麗

高麗，本曰高句驪。禹別九州，屬冀州之地，周爲箕子之國，漢之玄菟郡也。在遼東，蓋扶餘之別種，以平壤城爲國邑。漢、魏以來，常通職貢，亦屢爲邊寇。隋煬帝再舉兵，唐太宗親駕伐之，皆不克。高宗命李勣征之，遂拔其城，分其地爲郡縣。唐末，中原多事，遂自立君長。後唐同光、天成中，其主高氏累奉職貢。長興中，權知國事王建承高氏之位，遣使朝貢，以建爲玄菟州都督，充大義軍使，封高麗國王。晉天福中，復來朝貢。開運二年，建死，子武襲位。漢乾祐末，武死，子昭權知國事。周廣順元年，遣使朝貢，以昭爲特進、檢校太保、使持節、玄菟州都督、大義軍使、高麗國王。顯德二年，又遣使來貢，加開府儀同三司、檢校太尉，又加太師。

建隆三年十月，昭遣其廣評侍郎李興祐、副使李勵希、判官李彬等來朝貢。

四年春，降制曰：「古先哲后，奄宅中區，曷嘗不同文軌於萬方，覃聲教於四海？顧予涼德，猥被鴻名，爰致賓王，宜優錫命。開府儀同三司、檢校太師、玄菟州都督、充大義軍使、高麗國王昭，日邊鍾粹，遼左推雄，習箕子之餘風，撫朱蒙之舊俗。而能占雲候海，奉贄充庭，言念傾輸，實深嘉尙。是用賜之懿號，疇以公田，載推柔遠之恩，式奬拱辰之志。於戲！來朝萬里，美愛戴之有孚。柔撫四封，庶混幷之無外。永保東裔，聿承天休。可加食邑七千戶，仍賜推誠順化保義功臣。」其年九月，遣使時贊等來貢，涉海，値大風，船破，溺死者七十餘人，贊僅免，詔加勞恤。

開寶五年，遣使以方物來獻，制加食邑，賜推誠順化守節保義功臣。進奉使內議侍郎徐熙加檢校兵部尙書，副使內奉卿崔鄴加檢校司農卿並兼御史大夫，判官廣評侍郎康禮試少府少監，錄事廣評員外郎劉隱加檢校尙書、金部郎中，皆厚禮遣之。

昭卒，其子伷權領國事。

九年，伷遣使趙遵禮奉土貢，以父沒當承襲，來聽朝旨。授伷檢校太保、玄菟州都督、大義軍使，封高麗國王。

太宗卽位，加檢校太傅，改大義軍爲大順軍，遣左司禦副率于延超、司農寺丞徐昭文使其國。伷遣國人金行成入就學於國子監。

太平興國二年，遣其子元輔以良馬、方物、兵器來貢。其年，行成擢進士第。

三年，又遣使貢方物、兵器，加伷檢校太師，以太子中允直舍人院張洎、著作郎直史館句中正爲使。

四年，復遣供奉官、閤門祗候王僎使其國。

五年六月，再遣使貢方物。六年，又遣使來貢。

七年，伷卒，其弟治知國事，遣使金全奉金銀線罽錦袍褥、金銀飾刀劍弓矢、名馬、香藥來貢，且求襲位。授治檢校太保、玄菟州都督，充大順軍使，封高麗國王，以監察御史李巨源、禮記博士孔維奉使。

雍熙元年，遣使韓遂齡以方物來貢。

二年，加治檢校太傅，遣翰林侍書王著、侍讀呂文仲充使。

三年，出師北伐，以其國接契丹境，常爲所侵，遣監察御史韓國華賫詔諭之曰：「朕誕膺丕構，奄宅萬方，華夏蠻貊，罔不率俾。蠢茲北裔，侵敗王略，幽薊之地，中朝土疆，晉、漢多虞，夤緣盜據。今國家照臨所及，書軌大同，豈使齊民陷諸獷俗？今已董齊師旅，殄滅妖氛。惟王久慕華風，素懷明略，效忠純之節，撫禮義之邦。而接彼邊疆，罹於蠆毒，舒泄積憤，其在茲乎！可申戒師徒，迭相掎角，協比隣國，同力盪平。奮其一鼓之雄，戡此垂亡之寇，良時不再，王其圖之！應俘獲生口、牛羊、財物、器械，並給賜本國將士，用申賞勸。」先是，契丹伐女眞國，路由高麗之界，女眞意高麗誘導構禍，因貢馬來愬于朝，且言高麗與契丹結好，倚爲勢援，剽略其民，不復放還。洎高麗使韓遂齡入貢，太宗因出女眞所上告急木契以示遂齡，仍令歸白本國，還其所俘之民。治聞之憂懼，及國華至，令人言於國華曰：

前歲冬末，女眞馳木契來告，稱契丹興兵入其封境，恐當道未知，宜豫爲之備。當道與女眞雖爲隣國，而路途遐遠，彼之情僞，素知之矣，貪而多詐，未之信也。其後又遣人告曰，契丹兵騎已濟梅河。當道猶疑不實，未暇營救。俄而契丹雲集，大擊女眞，殺獲甚衆，餘族敗散逃遁，而契丹壓背追捕，及于當道西北德昌、德成、威化、光化之境，俘擒而去。時有契丹一騎至德米河北，大呼關城戍卒而告曰：「我契丹之騎也，女眞寇我邊鄙，率以爲常，今則復仇已畢，整兵回矣。」當道雖聞師退，猶憂不測，乃以女眞避兵來奔二千餘衆，資給而歸之。

女眞又勸當道控梅河津要，築治城壘，以爲防遏之備，亦以爲然。方令行視興功，不意女眞潛師奄至，殺略吏民，驅掠丁壯，沒爲奴隸，轉徙他方。以其歲貢中朝，不敢發兵報怨，豈期反相誣構，以惑聖聽。當道世稟正朔，踐修職貢，敢有二心，交通外國？況契丹介居遼海之外，復有大梅、小梅二河之阻，女眞、渤海本無定居，從何徑路，以通往復？橫罹讒謗，憤氣塡膺，日月至明，諒垂昭鑒。

間者，女眞逃難之衆，罔不存恤，亦有授以官秩，尚在當國，其職位高者有勿屈尼于、郁元、尹能達、郁老正、衞迦耶夫等十數人，欲望召赴京闕，與當道入貢之使庭辯其事，則丹石之誠，庶幾昭雪。」

國華諾之，乃命發兵西會。治遷延未卽奉詔，國華屢督之，得報發兵而還，具錄女眞之事以奏焉。十月，遣使朝貢，又遣本國學生崔罕、王彬詣國子監肄業。

端拱元年，加治檢校太尉，以考功員外郞兼侍御史知雜呂端、起居舍人呂祐之爲使。

二年，遣使來貢，詔其使選官侍郞韓藺卿、副使兵官郞中魏德柔並授金紫光祿大夫，判官少府丞李光授檢校水部員外郞。先是，治遣僧如可賫表來覲，請大藏經，至是賜之，仍賜如可紫衣，令同歸本國。

淳化元年三月，詔加治食邑千戶，遣戶部郎中柴成務、兵部員外郎直史館趙化成往使。其國俗信陰陽鬼神之事，頗多拘忌，每朝廷使至，必擇良月吉辰，方具禮受詔。成務在館踰月，乃遺書於治曰：「王奕葉藩輔，尊獎王室，凡行大慶，首被徽章。今國家特馳信使，以申殊寵，非止歷川塗之綿邈，亦復蹈溟海之艱危，皇朝睠遇，斯亦隆矣。而乃牽於禁忌，泥於卜數，眩惑日者之浮說，稽緩天子之命書。惟典册之垂文，非卜祝之能曉，是以書稱上日，不推六甲之元辰；禮載仲冬，但取一陽之嘉會。粲然古訓，足以明稽，所宜改圖，速拜君賜。儻鳳綍無滯，克彰拱極之誠；則龍節有輝，免貽辱命之責。謹以誠告，王其聽之。」治覽書慚懼，遣人致謝焉。會霖雨不止，仍以俟霽爲請。成務復遺書以責之，治翌日乃出拜命。

二年，遣使韓彥恭來貢。彥恭表述治意，求印佛經，詔以藏經并御製秘藏詮〔二〕、逍遙詠、蓮華心輪賜之。

四年正月，治遣使白思柔貢方物并謝賜經及御製。二月，遣祕書丞直史館陳靖、祕書丞劉式爲使，加治檢校太師，仍降詔存問軍吏耆老。靖等自東牟趣八角海口，得思柔所乘海船及高麗水工，卽登舟自芝岡島順風泛大海，再宿抵甕津口登陸，行百六十里抵高麗之境曰海州，又百里至閻州，又四十里至白州，又四十里至其國。治迎使于郊，盡藩臣禮，延留靖等七十餘日而還，遺以襲衣、金帶、金銀器數百兩、布三萬餘端，附表稱謝。

先是，三年，上親試諸道貢舉人，詔賜高麗賓貢進士王彬、崔罕等及第，既授以官，遣還本國。至是，靖等使回，治上表謝曰：「學生王彬、崔罕等入朝習業，蒙恩並賜及第，授將仕郎、守祕書省校書郎，仍放歸本國。竊以當道荐修貢奉，多歷歲年，蓋以上國天高，遐荒海隔，不獲躬趨金闕，面叩玉墀，唯深拱極之誠，莫展來庭之禮。彬、罕等幼從匏繫，嗟混迹於嵎夷；不憚蓬飄，早賓王於天邑。緼袍短褐，玉粒桂薪，堪憂食貧，若爲卒歲。皇帝陛下天慈照毓，海量優容，豐其館穀之資，勗以藝文之業。去歲高懸軒鑑，大選魯儒，彬、罕接武澤宮，敢萌心於中鵠；濫巾英域，空有志於羡魚。陛下以其萬里辭家，十年觀國，俾登名於桂籍，仍命秩於芸臺；憫其懷土之心，慰以倚門之望，別垂宸旨，令歸故鄉。玄造曲成，鴻恩莫報，臣不勝感天戴聖之至。」

又有張仁銓者，進奉使白思柔之孔目吏也，上書獻便宜。思柔意其持國陰事以告，仁銓懼不敢歸。上命靖等領以還國，仍詔治釋仁銓罪。治又上表謝曰：「官告國信使陳靖、劉式至，奉傳聖旨，以當道進奉使從行孔目官張仁銓至闕，輒進便宜，翻懷憂懼，今附使臣帶歸本國者。仁銓嵎宅細民，海門賤吏，獲趨上國，敢貢愚誠，罔思狂瞽之尤，輒奏權宜之事，妄塵旒冕，上黷朝廷。今者，仰奉綸言，釋其罪罟。小人趨利，豈虞僭越之求，聖主寬恩，遠降哀矜之命。其張仁銓者已依詔旨放罪，令掌事如故。」又上言願賜板本九經書，用敦儒教，許之。

先是，式等復命，治遣使元證衍送之，證衍至安香浦口，值風損船，溺所賫物。詔登州給證衍文據遣還，仍賜治衣段二百疋、銀器二百兩、羊五十口。

五年六月，遣使元郁來乞師，愬以契丹寇境。朝廷以北鄙甫寧，不可輕動干戈，爲國生事，但賜詔慰撫，厚禮其使遣還。自是受制于契丹，朝貢中絕。

治卒，弟誦立，嘗遣兵校徐遠來候朝廷德音，遠久不至。

咸平三年，其臣吏部侍郎趙之遴命牙將朱仁紹至登州偵之，州將以聞，上特召見仁紹。因自陳國人思慕皇化，爲契丹羈制之狀，乃賜誦鈿函詔一道，令仁紹賫還。

六年，誦遣使戶部郎中李宣古來朝謝恩，且言：「晉割燕薊以屬契丹，遂有路趣玄菟，屢來攻伐，求取不已，乞王師屯境上爲之牽制。」詔書優答之。

誦卒，弟詢權知國事。先是，契丹旣襲高麗，遂築六城曰興州〔三〕、曰鐵州、曰通州、曰龍州、曰龜州、曰郭州于境上。契丹以爲貳己，遣使來求六城，詢不許。遂舉兵，奄至城下，焚蕩宮室，剽劫居人，詢徙居昇羅州以避之。兵退，乃遣使請和。契丹堅以六城爲辭，自是調兵守六城。

大中祥符三年，大舉來伐，詢與女眞設奇邀擊，殺契丹殆盡。詢又于鴨綠江東築城，與來遠城相望，跨江爲橋，潛兵以固新城。

七年，方遣告奏使御事工部侍郎尹證古以金線織成龍鳳鞍并綉龍鳳鞍幞各二幅、細馬二疋、散馬二十疋來貢。證古還，賜詢詔書七通并衣帶、銀綵、鞍勒馬等。

八年，詔登州置館於海次以待使者。其年，又遣御事民官侍郎郭元來貢。元自言：「本國城無垣牆，府曰開城，管六縣，民不下三五千。有州軍百餘，置十路轉運司統之。每州管縣五六，小者亦三四，每縣戶三四百。國境南北千五百里，東西二千里。軍民雜處，隸軍者不黥面。方午爲市，不用錢，第以布米貿易。地宜秔稻，風俗頗類中國。無羊、兔、橐駝、水牛、驢。氣候少寒，暑差多。有僧，無道士。民家器皿，悉銅爲之。樂有二品：曰唐樂〔三〕，曰鄉樂。三歲一試舉人，有進士、諸科、算學，每試百餘人，登第者不過一二十。每正月一日、五月五日祭祖禰廟。又正月七日，家爲王母像戴之。二月望，僧俗燃燈如中國上元節。上巳日，以青艾染餅爲盤羞之冠。端午有鞦韆之戲。士女服尚素。地產龍鬚席、藤席、白砑紙、鼠狼尾筆。」元辭貌恭恪，每受宴賜，必自爲謝表，粗有文采，朝廷待之亦厚。九年，辭還，賜詢詔書七函，襲衣、金帶、器幣、鞍馬及經史、曆日、聖惠方等。元又請錄國朝登科記及所賜御詩以歸，從之。

天禧元年，遣御事刑官侍郎徐訥奉表獻方物于崇政殿，又賀封建壽春郡王。

三年九月，登州言高麗進奉使禮賓卿崔元信至秦王水口，遭風覆舟，漂失貢物，詔遣內臣撫之。十一月，元信等入見，貢罽錦衣褥、烏漆甲、金飾長刀匕首、罽錦鞍馬、紵布、藥物等，又進中布二千端，求佛經一藏。詔賜經還布，以元信覆溺匱乏，別賜衣服、繒綵焉。明州、登州屢言高麗海船有風漂至境上者，詔令存問，給度海粮遣還，仍爲著例。

五年，詢遣告奏使御事禮部侍郎韓祚等一百七十九人來謝恩，且言與契丹修好，又表乞陰陽地理書、聖惠方，並賜之。

金行成者，累官至殿中丞，治表乞放還。行成自以筮仕朝廷，不願歸本國。又以父母垂老，在海外旦暮思念，恨祿不及，令工圖其像置正寢，與妻史氏居旁室，晨夕定省上食，未嘗少懈。淳化初，通判安州。被病，知州李範與僚佐數人省之，行成病已篤，泣且言曰：「行成外國人，爲朝官，佐郡政，病且死，未有以報主恩，雖瞑目固有遺恨。二子宗敏、宗訥皆幼，家素貧，無他親可依，旦暮委溝壑矣。」未幾，行成死，其妻養二子，誓不嫁，織屨以給。

範表其事，詔以宗敏補太廟齋郎，令安州月給其家錢叁緡、米五斛，長吏歲時存問。

又高麗信州永寧人康戩，字休祐，父允，三世爲兵部侍郎。戩少好學，時紇升與契丹交兵，戩從允戰木葉山下，連中二矢，神色不變。後陷契丹，遁居墨斗嶺，又至黃龍府，間道得歸高麗，時允猶在。開寶中，允遣戩隨賓貢肄業國學。太平興國五年，登進士第，解褐大理評事，知湘鄉縣，再遷著作佐郎，知江陰軍、江州。歷官以清白幹力聞，改太常博士。蘇易簡在翰林，稱其吏才，命爲廣南西路轉運副使，賜緋魚，就遷正使，再轉度支員外郎、戶部判官。出知峽、越二州，連被詔褒其能政。又爲京西轉運使，加工部郎中，賜金紫。戩所至好行事，上章多建白，以竭誠自任。景德三年，卒，眞宗特以其子希齡爲太常寺奉禮郎，給奉終喪。

乾興元年二月，祚等辭歸國，賜詢如故事。會眞宗晏駕，又賫遺物以賜詢。

天聖八年，詢復遣御事民官侍郎元穎等二百九十三人奉表入見於長春殿，貢金器、銀罽刀劍、鞍勒馬、香油、人參、細布、銅器、硇黃、青鼠皮等物。明年二月辭歸，賜予有差，遣使護送至登州。其後絕不通中國者四十三年。

詢孫徽嗣立，是爲文王。

熙寧二年，其國禮賓省移牒福建轉運使羅拯云：「本朝商人黃眞、洪萬來稱，運使奉密旨，令招接通好。奉國王旨意，形于部述。當國僻居暘谷，邈戀天朝，頃從祖禰以來，素願梯航相繼。蕞爾平壤，邇于大遼，附之則爲睦鄰，疏之則爲勍敵。慮邊騷之弗息，蓄陸讋以靡遑〔四〕，久困羈縻，難圖攜貳，故違述職，致有積年。屢卜雲祥，雖美聖辰於中國；空知日遠，如迷舊路於長安。運屬垂鴻，禮稽展慶。大朝化覃無外，度豁包荒，山不謝乎纖埃，海不辭於支派。謹當遵尋通道，遄赴稾街，但茲千里之傳聞，恐匪重霄之紆眷。今以公狀附眞、萬西還，俟得報音，卽備禮朝貢。」徽又自言嘗夢至中華，作詩紀其事。三年，拯以聞，朝廷議者亦謂可結之以謀契丹，神宗許焉，命拯諭以供擬腆厚之意。徽遂遣民官侍郎金悌等百十人來，詔待之如夏國使。往時高麗人往反皆自登州，七年，遣其臣金良鑑來言，欲遠契丹，乞改塗由明州詣闕，從之。郡縣供頓無舊準，頗擾民，詔立式頒下，費悉官給。又以其不邇華言，恐規利者私與交關，令所至禁止。徽問遺二府甚厚，詔以付市易務售縑帛答之。又表求醫藥、畫塑之工以教國人，詔羅拯募願行者。

九年，復遣崔思訓來，命中貴人倣都亭西驛例治館，待之寖厚，其使來者亦益多。嘗獻伶官十餘輩，曰：「夷樂無足觀，止欲潤色國史爾。」帝以其國尙文，每賜書詔，必選詞臣著撰而擇其善者。

元豐元年，始遣安燾假左諫議大夫〔五〕、陳睦假起居舍人往聘。造兩艦於明州，一曰凌虛致遠安濟〔六〕，次曰靈飛順濟，皆名爲神舟。自定海絕洋而東，既至，國人歡呼出迎。徽具袍笏玉帶拜受詔，與燾、睦尤禮，館之別宮，標曰順天館，言尊順中國如天云。徽已病，僅能拜命，且乞醫藥。

二年，遣王舜封挾醫往診治。徽又使柳洪來謝，海中遇風，失所貢物。洪上章自劾，敕書安慰。尋獻日本所造車，曰：「諸侯不貢車服，故不敢與土貢同進〔七〕。」前此貢物至，輒下有司估直，償以萬縑，至是命勿復估，以萬縑爲定數。

六年，徽卒，在位三十八年，治尚仁恕，爲東夷良主。然猶循其俗，王女不下嫁臣庶，必歸之兄弟，宗族貴臣亦然。次子運諫，以爲既通上國，宜以禮革故習。徽怒，斥之于外。訃聞，天子閔焉，詔明州修浮屠供一月，遣楊景略、王舜封祭奠，錢勰、宋球弔慰。景略辟李之儀書狀，帝以之儀文稱不著，宜得問學博洽、器宇整秀者召赴中書，試以文乃遣。又以遠服不責其備，諭使者以相見之所殿名、鴟吻，皆聽勿避。

徽子順王勳嗣，百日卒。弟宣王運嗣〔八〕。運仁賢好文，內行飭備，每賈客市書至，則潔服焚香對之。

八年，遣其弟僧統來朝，求問佛法并獻經像。

哲宗立，遣使金上琦奉慰，林暨〔九〕致賀，請市刑法之書、太平御覽、開寶通禮、文苑英華。詔惟賜文苑英華一書，以名馬、錦綺、金帛報其禮。

運立四年卒，子懷王堯嗣，未閱歲，以病不能爲國，國人請其叔父鷄林公熙〔一〇〕攝政。未幾堯卒，熙乃立，凡數歲使不至。

元祐四年，其王子義天使僧壽介至杭州祭亡僧，言國母使持二金塔爲兩宮壽，知州蘇軾奏却之，語在軾傳。熙後避遼主諱，改名顒。顒性貪吝，好奪商賈利，富室犯法，輒久縶責贖，雖微罪亦輸銀數斤。

五年，復通使，賜銀器五千兩。

七年，遣黃宗慤來獻黃帝鍼經，請市書甚衆。禮部尚書蘇軾言：「高麗入貢，無絲髮利而有五害，今請諸書與收買金箔，皆宜勿許。」詔許買金箔，然卒市册府元龜以歸。

元符中，遣士賓貢。

徽宗立，遣任懿、王嘏來弔賀。

崇寧二年，詔戶部侍郎劉逵、給事中吳拭往使。

顒卒，子俁嗣，貢使接踵，且令士子金瑞等五人入太學，朝廷爲置博士。

政和中，升其使爲國信，禮在夏國上，與遼人皆隸樞密院；改引伴、押伴官爲接送館伴。賜以大晟燕樂、籩豆、簠簋、尊罍等器，至宴使者于睿謨殿中。

宣和四年，俁卒。初，高麗俗兄終弟及，至是諸弟爭立，其相李資深〔二〕立俁子楷。來告哀，詔給事中路允迪、中書舍人傅墨卿奠慰。俁之在位也，求醫於朝，詔使二醫往，留二年而歸，楷語之曰：「聞朝廷將用兵伐遼。遼兄弟之國，存之足爲邊扞。女眞狼虎耳，不可交也。業已然，願二醫歸報天子，宜早爲備。」歸奏其言，已無及矣。

欽宗立，賀使至明州，御史胡舜陟言：「高麗靡敝國家五十年，政和以來，人使歲至，淮、浙之間苦之。彼昔臣事契丹，今必事金國，安知不窺我虛實以報，宜止勿使來。」乃詔留館於明而納其贄幣。明年始歸國。

自王徽以降，雖通使不絕，然受契丹封册，奉其正朔，上朝廷及他文書，蓋有稱甲子者。歲貢契丹至於六，而誅求不已。常云：「高麗乃我奴耳，南朝何以厚待之？」使至其國，尤倨暴，館伴及公卿小失意，輒行捽箠，聞我使至，必假他事來覘，分取賜物。嘗詰其西向修貢事，高麗表謝，其略曰：「中國，三甲子方得一朝；大邦，一周天每修六貢。」契丹悟，乃得免。

高宗即位，慮金人通於高麗，命迪功郎胡蠡假宗正少卿爲高麗國使以間之。蠡之回，史失書。

二年，浙東路馬步軍都總管〔三〕楊應誠上言：「由高麗至女眞路甚徑，請身使三韓，結鷄林以圖迎二聖。」乃以應誠假刑部尙書充高麗國信使。浙東帥臣翟汝文奏言：「應誠欺罔，爲身謀耳。若高麗辭以金人亦請問津以窺吳、越，其將何辭以對？萬一辱命，取笑遠夷，願毋遣。」應誠聞之，遂與副使韓衍、書狀官孟健由杭州浮海以行。六月，抵高麗，諭其王楷以所欲爲，楷曰：「大朝自有山東路，盍不由登州往？」應誠曰：「以貴國路徑耳。」楷有難色，已而命其門下侍郎傅佾至館中，果對如翟汝文言。應誠曰：「女眞不善水戰。」佾曰：「彼常於海道往來，況女眞舊臣本國，今反臣事之，其強弱可見矣。」居數日〔三〕，復遣其中書侍郎崔洪宰、知樞密院金富軾持前議不變，謂二聖今在燕雲，大朝雖盡納土，未必可得，何不練兵與戰？終不奉詔。應誠留兩月餘，不得已見楷於壽昌門，受其拜表而還。十月，至闕，入對言狀，上以楷負國恩，怒甚。尙書右丞朱勝非曰：「彼鄰金人，與中國隔海，利害甚明。曩時待之過厚，今安能責其報也。」右僕射黃潛善曰：「以巨艦載精兵數萬，徑擣其國，彼寧不懼。」

勝非曰：「越海興師，燕山之事可爲近鑒。」上怒解。十一月，楷遣其臣尹彥頤奉表謝罪，詔以二聖未歸，燕設不宜用樂，乃設幕殿門外，命客省官吳得興伴賜酒食，命中書舍人張激押伴，如禮遣還。

三年八月，上謂輔臣曰：「聞上皇遣內臣、宮女各二人隨高麗貢使來，朕聞之悲喜交集。」呂頤浩曰：「此必金人之意，不然高麗必不敢，安知非窺我虛實以報。」於是詔止之，略曰：「王緬守基圖，夙同文軌，乃附乘桴之信，嗣修貢篚之恭。惟忠順之無他，質神明而靡愧，屬關聞聽，良用歎嘉。言念晚年，實爲多故，舉中原之生聚，遭強敵之震驚，既涉境以采深，猶稱兵而未已，茲移仗衞，暫駐江湖。如行使之果來，恐有司之不戒，俟休邊警（四），當問聘期。壞晉館以納車，庶無後悔，閉漢關而謝質，非用前規。想彼素懷，知吾誠意。」

紹興元年十月，高麗將入貢，禮部侍郎柳約言：「四明殘破之餘，荒蕪單弱，恐起戎心，宜屯重兵以俟其至。」十一月，詔柳約奉使高麗，不果行。

二年閏四月，楷遣其禮部員外郎崔惟淸、閤門祗候沈起入貢金百兩、銀千兩、綾羅二百疋、人參五百斤，惟淸所獻亦三之一。上御後殿引見，賜惟淸、起金帶二，答以溫詔遣還。是月，定海縣言，民亡入高麗者約八十人，願奉表還國。詔俟到日，高麗綱首卓榮等量與推恩。十二月，聞高麗遣知樞密院事洪彝敍等六十五人來貢，議以臨安府學館其使。言者謂雖在兵間，不可無學，恐爲所窺。詔以法惠寺〔三〕爲同文館以待之。旣而卒不至。

六年，高麗持牒官金稚圭至明州，賜銀帛遣之，懼其爲金間也。

三十二年三月，高麗綱首徐德榮詣明州言，本國欲遣賀使。守臣韓仲通以聞，殿中侍御史吳芾奏曰：「高麗與金人接壤，昔稚圭之來，朝廷懼其爲間，亟遣還。今兩國交兵，德榮之請，得無可疑？使其果來，猶恐不測，萬一不至，貽笑遠方。」詔止之。

隆興二年四月，明州言高麗入貢。史不書引見日，恐同彝叙之詐。其後使命遂絕。

慶元間，詔禁商人持銅錢入高麗，蓋絕之也。

初，高麗入使，明、越困於供給，朝廷館遇燕賚錫予之費以鉅萬計，饋其主者不在焉。我使之行，每乘二神舟，費亦不貲。三節官吏縻爵捐廩，皆仰縣官。昔蘇軾言于先朝，謂高麗入貢有五害，以此也。惟是國於吳會，事異東都。昔高麗入使，率由登、萊，山河之限甚遠，今直趨四明，四明距行都限一浙水耳。

由海道奉使高麗，瀰漫汪洋，洲嶼險阻，遇黑風，舟觸嶕輒敗，出急水門至羣山島，始謂平達，非數十日不至也。舟南北行，遇順風則歷險如夷，至不數日。其國東西二千里，南北五百里，西北接契丹，恃鴨綠江以爲固，江廣三百步。其東所臨，海水淸澈，下視十丈，東南望明州，水皆碧。

王居開州蜀莫郡，曰開成府。依大山置宮室，立城壁，名其山曰神嵩。民居皆茅茨，大止兩椽，覆以瓦者才十二。以新羅爲東州樂浪府，號東京。百濟爲金州金馬郡，號南京。平壤爲鎮州〔六〕，號西京。西京最盛。總之，凡三京、四府、八牧、郡百有十八、縣鎮三百九十、洲島三千七百。郡邑之小者，或只百家。男女二百十萬口，兵、民、僧各居其一。地寒多山，土宜松柏，有秔、黍、麻、麥而無秫，以秔爲酒。少絲蠶，匹縑直銀十兩，多衣麻紵。王出，乘車駕牛，歷山險乃騎。紫衣行前，捧護國仁王經以導。出令曰教，曰宣。臣民呼之曰聖上，私謂曰嚴公，后妃曰宮主。百官名稱、階、勳、功臣、檢校，頗與中朝相類。過御史臺則下馬，違者有劾。士人以族望相高，柳、崔、金、李四姓爲貴種。無官者，以世族子爲內侍六衞。歲十二月朔，王坐紫門小殿注官，外官則付國相。有國子監、四門學，學者六千人。貢士三等，王城曰土貢〔七〕，郡邑曰鄉貢，他國人曰賓貢，間歲試于所屬，再試于學，所取不過三四十人，然後王親試以詩、賦、論三題，謂之簾前重試。亦有制科宏詞之目，然特文具而已。士尚聲律，少通經。

王城有華人數百，多閩人因賈舶至者，密試其所能，誘以祿仕，或強留之終身，朝廷使至，有陳牒來訴者，則取以歸。

百官以米爲奉，皆給田，納祿半給，死乃拘之。國無私田，民計口授業。十六以上則充軍，六軍三衞常留官府，三歲以選戍西北，半歲而更。有警則執兵，任事則服勞，事已復歸農畝。王亦有分地以供私用，王母、妃主、世子皆受湯沐田。

上下以賈販利入爲事。日中爲虛，用米布貿易。地產銅，不知鑄錢，中國所予錢，藏之府庫，時出傳翫而已。崇寧後，始學鼓鑄，有「海東通寶」、「重寶」、「三韓通寶」三種錢，然其俗不便也。兵器疎簡，無強弩大刀。

崇尙釋教，雖王子弟亦常一人爲僧。信鬼，拘陰陽，病不相視，斂不撫棺。貧者死，則露置中野。歲以建子月祭天。國東有穴，號䃁神〔六〕，常以十月望日迎祭，謂之八關齋，禮儀甚盛，王與妃嬪登樓，大張樂宴飲，賈人曳羅爲幕，至百疋相聯以示富。三歲大祭祠，遍其封內，因是斂民財，而王與諸臣分取之。祖廟在國門之外，大祭則具車服冕圭親祠。王城有佛寺七十區而無道觀，大觀中，朝廷遣道士往，乃立福源院，置羽流十餘輩。俗不知醫，自王俁來請醫，後始有通其術者。

人首無枕骨，背扁側。男子巾幘如唐裝，婦人鬌髻垂右肩，餘髮被下，約以絳羅，貫之簪。旋裙重疊，以多爲勝。男女自爲夫婦者不禁，夏月同川而浴。婦人、僧、尼皆男子拜。樂聲甚下，無金石之音，旣賜樂，乃分爲左、右二部：左曰唐樂，中國之音也；右曰鄉樂，其故習也。堂上設席，升必脫屨，見尊者則膝行，必跪，應必唯。其拜無不答，子拜，父猶半答其禮。性仁柔惡殺，不屠宰，欲食羊豕則包以蒿而燔之。

刑無慘酷之科，唯惡逆及罵父母者斬，餘皆杖肋。外郡刑殺悉送王城，歲以八月減囚死罪，貸流諸島，累赦，視輕重原之。

自明州定海遇便風，三日入洋，又五日抵墨山〔六〕，入其境。自墨山過島嶼，詰曲嶕石間，舟行甚駛，七日至禮成江。江居兩山間，束以石峽，湍激而下，所謂急水門，最爲險惡。又三日抵岸，有館曰碧瀾亭，使人由此登陸，崎嶇山谷四十餘里，乃其國都云。

校勘記

〔一〕御製祕藏詮　「詮」原作「銓」，據玉海卷一五四改。

〔二〕興州　按通考卷三二五四裔考作「興化」。

〔三〕唐樂　「唐」原作「庫」，據下文及長編卷三三三、宣和奉使高麗圖經卷四〇樂律條改。

〔四〕蕃陸讋以靡遑　「讋」原作「襲」，據通考卷三二五四裔考改。

〔五〕假左諫議大夫　「假」字原脫，據本書卷三二八安燾傳、長編卷八七補。

〔六〕淩虛致遠安濟　「致遠」、「安濟」原倒，據長編卷八七、宋會要食貨五〇之四、宣和奉使高麗圖經卷三四乙正。

〔七〕不敢與士貢同進　「進」字原脫，據長編卷三〇二補。

〔八〕弟宣王運嗣　「運嗣」二字原脫，據通考卷三二五四裔考補。

〔九〕林暨　長編卷三六二作「林槩」。

〔一〇〕鷄林公熙　「熙」下原衍「衞」字，據下文及通考卷三二五四裔考删。

〔一一〕李資深　按宣和奉使高麗圖經卷二作「李資謙」。

〔一二〕都總管　繫年要錄卷一四、通考卷三二五四裔考都作「副總管」。

〔一三〕居數日　「日」原作「月」，據繫年要錄卷一六、通考卷三二五四裔考改。

〔一四〕侯休邊警　「警」原作「境」，據通考三二五四裔考改。

〔一五〕法惠寺　原作「洪惠寺」，據繫年要錄卷六三、通考卷三二五四裔考改。

〔一六〕鎮州　按長編卷三三九作「鎬州」。

〔一七〕士貢　宣和奉使高麗圖經卷一九同；通考卷三二五四裔考作「王貢」。

〔一八〕禨神　原作「歲神」，據後漢書卷一一五高句驪傳、宣和奉使高麗圖經卷一七改。

〔一九〕罌山　按長編卷三三九、宣和奉使高麗圖經卷三五作「黑山」。

宋史卷四百八十八

列傳第二百四十七

外國四

交阯　大理

交阯，本漢初南越之地，漢武平南越，分其地爲儋耳、珠崖、南海、蒼梧、鬱林、合浦、交阯、九眞、日南，凡九郡，置交阯刺史以領之。後漢置交州，晉、宋、齊、梁、陳因之，又爲交阯郡。隋平陳，廢郡置州；煬帝初，廢州置郡。唐武德中，改交州總管府；至德中，改安南都護府。梁貞明中，土豪曲承美專有其地，送款於末帝，因授承美節鉞。時劉陟〔一〕擅命嶺表，遣將李知順伐承美，執之，乃幷有其地。後有楊廷藝〔二〕、紹洪皆受廣南署，繼爲交阯節度使。紹洪卒，州將吳昌岌遂居其位。昌岌死，其弟昌文襲。

乾德初，昌文死，其參謀吳處玶、峯州刺史矯知護、武寧州刺史楊暉、牙將杜景碩等爭立，管內一十二州大亂。部民嘯聚，起爲寇盜，攻交州。先是，楊廷藝以牙將丁公著攝驩州刺史兼禦蕃都督，部領卽其子也。公著死，部領繼之。至是，部領與其子璉率兵擊敗處玶等，賊黨潰散，境內安堵，交民德之，乃推部領爲交州帥，號曰大勝王〔三〕，署其子璉爲節度使。凡三年，遜璉位。璉立七年，聞嶺表平，遂遣使貢方物，上表內附。制以權交州節度使丁璉以檢校太師充靜海軍節度使、安南都護。又詔以進奉使鄭琇、王紹祚並爲檢校左散騎常侍兼御史大夫。開寶八年〔四〕，遣使貢犀、象、香藥。朝廷議崇寵部領，降制曰：「率土來王，方推以恩信；舉宗奉國，宜洽於封崇。眷拱極之外臣，舉顯親之茂典。爾部領世爲右族，克保遐方；夙慕華風，不忘內附。屬九州混一，五嶺廓清，靡限溟濤，樂輸琛賮。嘉乃令子，稱吾列藩。特被鴻私，以旌義訓。介爾眉壽，服茲寵章。可授開府儀同三司、檢校太師，封交阯郡王。」

太宗卽位，璉又遣使以方物來賀。部領及璉既死，璉弟璿尙幼，嗣立，稱節度行軍司馬權領軍府事。大將黎桓擅權樹黨，漸不可制，劫遷璿於別第〔五〕，舉族禁錮之，代總其衆。太宗聞之，怒，乃議舉兵。太平興國五年秋，詔以蘭州團練使孫全興、八作使張璿、左監門衞將軍崔亮爲陸路兵馬部署，自邕州路入；寧州刺史劉澄、軍器庫副使賈湜、供奉官閤門祗候王僎爲水路兵馬部署，自廣州路入。是冬，黎桓遣牙校江巨湟齎方物來貢，仍爲丁璿上表曰：「臣族本蠻酋，辟處海裔，修職貢於宰旅，假節制於方隅。臣之父兄，代承閫寄，謹保封略，罔敢怠遑。爰曁淪亡，將墜堂構，將吏耆耋，乃屬於臣，俾權軍旅之事，用安夷落之衆。土俗獷悍，懇請愈堅，拒而弗從，慮其生變。臣巳攝節度行軍司馬權領軍府事，顧賜眞秩，令備列藩。干冒宸扆，伏增震越。」上察其欲緩王師，寢而不報。王師進討，破賊萬餘衆，斬首二千餘級。六年春，又破賊于白藤江口，斬首千餘級，獲戰艦二百艘，甲胄萬計。轉運使侯仁寶率前軍先進，全興等頓兵花步七十日以候澄，仁寶累促之，不進。及澄至，并軍由水路至多羅村，不遇賊，復擅迴花步。桓詐降以誘仁寶，遂爲所害。轉運使許仲宣馳奏其事，遂班師。上遣使就劾澄、湜、僎，澄尋病死，戮湜等邕州市。全興至闕，亦下吏誅，餘抵罪有差。仁寶贈工部侍郎。

七年春，桓懼朝廷終行討滅，復以丁璿爲名，遣使貢方物，上表謝罪。八年，桓自稱權交州三使留後，遣使貢方物，并以璿表來上，帝賜桓詔曰：「丁氏傳襲三世，保據一方，卿旣受其倚毗，爲之心膂，克徇邦人之請，無負丁氏之心。朕且欲令璿爲統帥之名，卿居副貳之任，剸裁制置，悉繫於卿。俟丁璿旣冠，有所成立，卿之輔翼，令德彌光，崇奬忠勳，朕亦何吝！若丁璿將材無取，童心如故，然其奕世紹襲，載綿星紀，一旦捨去節鉞，降同士伍，理旣非便，居亦靡安。詔到，卿宜遣丁璿母子及其親屬盡室來歸。俟其入朝，便當揆日降制，授卿節旄。凡茲兩途，卿宜審處其一。丁璿到京，必加優禮。今遣供奉官張宗權齎詔諭旨，當悉朕懷。」亦賜璿詔書如旨。時黎桓已專據其土，不聽命。是歲五月上言，占城國水陸象馬數萬來寇，率所部兵擊走之，俘斬千計。

雍熙二年，遣牙校張紹馮、阮伯簪等貢方物，繼上表求正領節鎮。三年秋，又遣使貢方物。儋州言，占城國人蒲羅遏率其族百餘衆內附，言爲交州所逼故也。是歲十月，制曰：「王者懋建皇極，寵綏列藩。設邸京師，所以盛會同之禮；胙土方面，所以表節制之雄。矧茲跕鳶之隅，克修設羽之貢，式當易帥，爰利建侯，不忘請命之恭，用舉疇勞之典。權知交州三使留後黎桓，秉資義勇，特稟忠純，能得邦人之心，彌謹藩臣之禮。往者，丁璿方在童幼，昧於撫綏。桓乃肺腑之親，專掌軍旅之事，號令自出，威愛幷行。璿盡解三使之權，以狥衆人之欲。遠輸誠款，求領節旄。士燮彊明，化越俗而咸乂；尉佗恭順，稟漢詔以無違。宜正元戎之稱，以列通侯之貴，控撫夷落，對揚天休。可檢校太保、使持節、都督交州諸軍事、安南都護，充靜海軍節度、交州管內觀察處置等使，封京兆郡侯，食邑三千戶，仍賜號推誠順化功臣。」遣左補闕李若拙、國子博士李覺爲使以賜之。

端拱元年，加桓檢校太尉，進邑千戶，實封五百戶。遣戶部郎中魏庠、虞部員外郎直史館李度往使焉。淳化元年夏，加桓特進，邑千戶，實封四百戶。遣左正言直史館宋鎬、右正言直史館王世則又使焉。明年六月，歸闕，上令條列山川形勢及黎桓事迹以聞。鎬等具奏曰：

去歲秋末抵交州境，桓遣牙內都指揮使丁承正等以船九艘、卒三百人至太平軍來迎，由海口入大海，冒涉風濤，頗歷危險。經半月至白藤，徑入海汊，乘潮而行。凡宿泊之所皆有茅舍三間，營葺尚新，目爲館驛。至長州漸近本國，桓張皇虛誕，務爲誇詫，盡出舟師戰櫂，謂之耀軍〔六〕。

自是宵征抵海岸，至交州僅十五里，有茅亭五間，題曰茅徑驛。至城一百里，驅部民畜產，妄稱官牛，數不滿千，揚言十萬。又廣率其民混於軍旅，衣以雜色之衣〔七〕，乘船鼓譟。近城之山虛張白旗，以爲陳兵之象。俄而擁從桓至，展郊迎之禮，桓斂馬側身，問皇帝起居畢，按轡偕行，時以檳榔相遺，馬上食之，此風俗待賓之厚意也。城中無居民，止有茅竹屋數十百區，以爲軍營。而府署湫隘，題其門曰明德門。

桓質陋而目眇，自言近歲與蠻寇接戰，墜馬傷足，受詔不拜。信宿之後，乃張筵飲宴。又出臨海汊，以爲娛賓之遊。桓跣足持竿，入水標魚，每中一魚，左右皆叫譟歡躍。凡有宴會，預坐之人悉令解帶，冠以帽子。桓多衣花纈及紅色之衣，帽以眞珠爲飾，或自歌勸酒，莫能曉其詞。嘗令數十人扛大蛇長數丈，饋於使館，且曰：「若能食此，當治之爲饌以獻焉。」又羈送二虎，以備縱觀。皆却之不受。士卒殆三千人，悉黥其額曰「天子軍」。糧以禾穗日給〔八〕，令自舂爲食。兵器止有弓弩、木牌、梭槍、竹槍，弱不可用。

桓輕悅殘忍，昵比小人，腹心閹豎五七輩錯立其側。好狎飲，以手令爲樂。凡官屬善其事者，擢居親近左右，有小過亦殺之，或鞭其背一百至二百。賓佐小不如意，亦捶之三十至五十，黜爲閽吏；怒息，乃召復其位。有木塔，其制樸陋，桓一日請同登遊覽。地無寒氣，十一月猶衣夾衣揮扇云。

四年，進封桓交阯郡王。五年，遣牙校費崇德等來修職貢。然桓性本凶狠，負阻山海，屢爲寇害，漸失藩臣禮。至道元年春，廣南西路轉運使張觀、欽州如洪鎭兵馬監押衞昭美皆上言，有交州戰船百餘艘寇如洪鎭，略居民，劫廩實而去。其夏，桓所管蘇茂州，又以鄉兵五千寇邕州所管綠州〔九〕，都巡檢楊文傑擊走之。太宗志在撫寧荒服，不欲問罪。觀又言，風聞黎桓爲丁氏斥逐，擁餘衆山海間，失其所據，故以寇鈔自給，今則桓已死。觀仍上表稱賀。詔太常丞陳士隆、高品武元吉奉使嶺南，因偵其事。士隆等復命，所言與觀同。其實桓尙存，而傳聞者之誤，觀等不能審覈。未幾，有大賈自交阯回，具言桓爲帥如故。詔劾觀等，會觀病卒，昭美、士隆、元吉抵罪。

先是，欽州如洪、咄步、如昔等三鎮皆瀕海，交州潮陽民卜文勇等殺人，幷家亡命至如昔鎮，鎮將黃令德等匿之。桓令潮陽鎮將黃成雅移牒來捕，令德固不遣，因茲海賊連年剽掠。二年，以工部員外郎、直史館陳堯叟爲轉運使，因賜桓詔書。堯叟始至，遣攝雷州海康縣尉李建中齎詔勞問桓。堯叟又至如昔，詰得匿文勇之由，盡擒其男女老少一百三十口，召潮陽鎮吏付之，且戒勿加酷法。成雅得其人，以狀謝堯叟，桓遂上章感恩，幷捕海賊二十五人送于堯叟，且言已約勒谿洞首領，不得騷動。七月，太宗遣主客郎中、直昭文館李若拙齎詔書，充國信使，以美玉帶往賜桓。若拙既至，桓出郊迎，然其詞氣尙悖慢，謂若拙曰：「向者劫如洪鎮乃外境蠻賊也，皇帝知此非交州兵否？若使交州果叛命，則當首攻番禺，次擊閩、越，豈止如洪鎮而已！」若拙從容謂桓曰：「上初聞寇如洪鎮，雖未知其所自，然以足下拔自交州牙校，授之節制，固當盡忠以報，豈有他慮！及見執送海賊，事果明白。然而大臣僉議，以爲朝廷比建節帥，以寧海表，今既蠻賊爲寇害，乃是交州力不能獨制矣，請發勁卒數萬，會交兵以剪滅之，使交、廣無後患。上曰：『未可輕擧，慮交州不測朝旨，或致驚駭，不若且委黎桓討擊之，亦當漸至淸謐。』今則不復會兵也。」桓愕然避席，曰：「海賊犯邊，守臣之罪也。聖君容貸，恩過父母，未加誅責。自今謹守職約，保永淸於漲海。」因北望頓首謝。

眞宗卽位，進封桓南平王兼侍中。桓前遣都知兵馬使阮紹恭、副使趙懷德以金銀七寶裝交椅一、銀盆十、犀角象牙五十枚、絹紬布萬疋來貢。詔陳于萬歲殿太宗神御，許紹恭等拜奠。及迴，賜桓帶甲馬，詔書慰獎。咸平四年，又遣行軍司馬黎紹、副使〔一〇〕何慶常，以馴犀一、象二、象獅二、七寶裝金瓶一來貢。其年欽州言，交州効誠場民及頭首八州使黃慶集等數百人來投，有詔慰撫，遣還本道。廣南西路言，黎桓迎受官告使黃成雅附奏，自今國朝加恩，願遣使至本道，以寵海裔。先是，使至交州，桓卽以供奉爲辭，因緣賦歛。上聞之，止令疆吏召授命，不復專使。景德元年，又遣其子攝驩州刺史明提來貢，懇求加恩使至本道慰撫遐裔，許之，仍以明提爲驩州刺史。二年上元節，賜明提錢，令與占城、大食使觀燈宴飲，因遣工部員外郎邵曄充國信使。

三年，桓卒，立中子龍鉞。龍鉞兄龍全劫庫財而遁，其弟龍廷殺龍鉞自立。龍廷兄明護率扶闌砦兵〔一一〕攻戰。明提以國亂不能還，特詔廣州優加資給。知廣州凌策等言：「桓諸子爭立，衆心離叛，頭首黃慶集、黃秀蠻等千餘人以不從驅率，戮及親族，來投廉州，請發本道二千人平之，慶集等願爲前鋒。」上以桓素忠順，屢修職貢，今幸亂而伐喪，不可。就改國信使邵曄爲緣海安撫使，令曉譬之。慶集等仍計口賜田粮。曄乃貽書交州，諭以朝廷威德，如其自相魚肉，久無定位，偏師問罪，則黎氏盡滅矣。明護懼，卽奉龍廷主軍事。龍廷自稱節度、開明王〔一二〕，遂欲修貢。曄以聞，上曰：「遐荒異俗，不曉事體，何足怪也？」令削去僞官。暐又言，頭首黃慶集先避亂歸化，其種族尙多，若復遣還，慮遭屠戮。詔以慶集隸三班，釐務于郴州，遂許入貢。

四年，龍廷稱權安南靜海軍留後，遣弟峯州刺史明昶、副使安南掌書記殿中丞黃成雅等來貢。會含光殿大宴，上以成雅坐遠，欲稍升位著，訪於宰相王旦，旦曰：「昔子產朝周，周王饗以上卿之禮，子產固辭，受下卿之禮而還。國家惠綏遠方，優待客使，固無嫌也。」乃升成雅于尙書省五品之次。詔拜龍廷特進、檢校太尉，充靜海軍節度觀察處置等使、安南都護，兼御史大夫、上柱國，仍封交阯郡王，食邑三千戶，食實封一千戶；賜推誠順化功臣；仍賜名至忠，給以旌節。又追贈桓中書令、南越王。進奉使黎明昶等並進秩。大中祥符元年，天書降，加翊戴功臣，食邑七百戶，實封三百戶。東封畢，加至忠同平章事，食邑一千戶，食實封四百戶。二年，廣南西路言，欽州蠻人〔三〕劫海口蜑戶，如洪砦主李文著以輕兵襲逐，中流矢死。詔督安南捕賊。明年，執狄獠十三人以獻。至忠又遣推官阮守疆以犀角、象齒、金銀、紋綉等來貢，并獻馴犀一。上以犀違土性，不可豢畜，卻不納。又以逆至忠意，使者既去，乃令縱之海濱。三年，遣使來朝，表求甲胄具裝，詔從其請。又求互市于邕州，本道轉運使以聞，上曰：「瀕海之民，數患交州侵寇，仍前止許廉州及如洪砦互市，蓋爲邊隅控扼之所。今或直趨內地，事頗非便。」詔令本道以舊制諭之。

至忠纔年二十六，苛虐不法，國人不附。大校李公蘊尤爲至忠親任，嘗令以黎爲姓。其年，遂圖至忠，逐之，殺明提、明昶等，自稱留後，遣使貢奉。上曰：「黎桓不義而得，公蘊尤而効之，甚可惡也。」然以其蠻俗不足責，遂用桓故事，制授特進、檢校太傅，充靜海軍節度觀察處置等使、安南都護，兼御史大夫、上柱國，封交阯郡王，食邑三千戶，實封一千戶，賜推誠順化功臣。公蘊又表求太宗御書，詔賜百軸。四年，祀汾陰后土，公蘊遣節度判官梁任文、觀察巡官黎再嚴以方物來貢，禮成，加公蘊同平章事，食邑一千戶，實封四百戶，任文等並優進秩。五年夏，以進奉使李仁美爲誠州刺史、陶慶文爲太常丞，其從隸有道病死者，所賜附還其家。是冬，聖祖降，加公蘊開府儀同三司，食邑七百戶，實封三百戶，賜翊戴功臣。七年春，又加保節守正功臣，食邑一千戶，實封四百戶。詔交阯諸國使入貢者，所在館餼供億，務令豐備。其年，遣知唐州刺史陶碩等來貢。詔以碩爲順州刺史，充安南靜海軍行軍司馬；副使吳懷嗣〔四〕爲澄州刺史，充節度副使。先是，交州狄獠張婆看避罪來奔，知欽州穆重穎召之，至中路復拒焉，都巡檢臧嗣遂令如洪砦犒以牛酒。交州偵知其事，因捕狄獠，故鈔如洪砦，掠人畜甚衆。詔轉運司督公蘊追索，仍令疆吏自今不得誘召蠻獠致生事。公蘊或間歲或仍歲以方物入貢。天禧元年，進封公蘊南平王，加食邑一千戶，實封四百戶。三年，加檢校太尉，食邑一千戶，實封四百戶。每加恩皆遣使將命至其境上，仍賜器幣、襲衣、金帶、鞍馬焉。仁宗卽位，加公蘊檢校太師。遣長州刺史李寬泰、都護副使阮守疆來貢。天聖六年，遣驩州刺史李公顯來貢，除敍州刺史。旣而令其子弟及其壻申承貴率衆內寇，詔廣南西路轉運司發溪峒丁壯討捕之。未幾，卒，年四十四。

其子德政自稱權知留後事，來告哀。贈公蘊爲侍中、南越王，命本路轉運使王惟正爲祭奠使，又爲賜官告使。除德政檢校太尉、靜海軍節度使、安南都護、交阯郡王。天聖九年，遣知峯州刺史李偓佺、知愛州刺史帥日新等來謝，以偓佺爲驩州刺史、日新爲珍州刺史。明道元年，恭謝，加同中書門下平章事。景祐中，郡人陳公永等六百餘人內附，德政遣兵千餘境上捕逐之。詔遣還，仍戒德政毋得輒誅殺。尋遣靜海軍節度判官陳應機、掌書記王惟慶來貢，以應機爲太子中允、惟慶爲大理寺丞，德政加檢校太師。三年，其甲峒及諒州、門州、蘇茂州、廣源州、大發峒、丹波縣蠻寇邕州之思陵州、西平州、石西州及諸峒，略居人馬牛，焚室廬而去。下詔責問之，且令捕酋首正其罪以聞。寶元元年，進封南平王。康定元年，遣知峯州刺史帥用和、節度副使杜猶興等來貢。慶曆三年，又遣節度副使杜慶安、三班奉職梁材來，以慶安爲順州刺史，材爲太子左監門率府率。六年，又遣兵部員外郞蘇仁祚、東頭供奉官陶惟幅來，以仁祚爲工部郞中、惟幅爲內殿崇班。明年，又遣祕書丞杜文府、左侍禁文昌來，以文府爲屯田員外郞、昌爲內殿崇班。

初，德政發兵取占城，朝廷疑其內畜姦謀，乃訪自唐以來所通道路凡十六處，令轉運使杜杞度其要害而戍守之，然其後亦未嘗寇邊。前後累貢馴象。皇祐二年，邕州誘其蘇茂州韋紹嗣、紹欽等三千餘人入居省地，德政表求所誘。詔盡還之，仍令德政約束邊戶，毋相侵犯。其後，廣源州蠻儂智高反，德政率兵二萬由水路欲入助王師，朝廷優其賜而卻其兵。至和二年，卒。

其子日尊遣人告哀，命廣南西路轉運使、尚書屯田員外郎蘇安世爲弔贈使，贈德政爲侍中、南越王，賻賚甚厚。尋除日尊特進、檢校太尉、靜海軍節度使、安南都護，封交阯郡王。嘉祐三年，貢異獸二。四年，寇欽州思稟管。五年，與甲峒賊寇邕州，詔知桂州蕭固發部兵與轉運使宋咸、提點刑獄李師中同議掩擊；又詔安撫使余靖等發兵捕討。靖遣諜誘占城同廣南西路兵甲趨交阯，日尊惶怖，上表待罪。詔未得舉兵，聽日尊貢奉至京師。八年，遣文思使梅景先、副使大理評事李繼先貢馴象九。四月戊寅〔三〕，以大行皇帝詔及遺留物賜日尊，加同中書門下平章事。是日，交阯使辭，命內侍省押班李繼和喻以申紹泰入寇，本路屢乞討伐，而朝廷以紹泰一夫肆狂，又本道已遣使謝罪，故未欲興兵。治平初，知桂州陸詵言，交州來求儂宗旦男日新及欲取溫悶洞等地，帝問交阯於何年割據，輔臣對曰：「自唐至德中改安南都護府，梁貞明中，土豪曲承美專有此地。」韓琦曰：「向以黎桓叛命，太宗遣將討伐，不服，後遣使招誘，始效順。交州山路險僻，多潦霧瘴毒之氣，雖得其地，恐不能守也。」神宗卽位，進封日尊南平王。熙寧元年，加開府儀同三司。二年，表言：「占城國久闕貢，臣親帥兵討之，虜其王。」詔以其使郭士安爲六宅副使、陶宗元爲內殿崇班。日尊自帝其國，僭稱法天應運崇仁至道慶成龍祥英武睿文尊德聖神皇帝，尊公蘊爲太祖神武皇帝，國號大越，改元寶象，又改神武。

五年三月，日尊卒。命廣西轉運使康衞爲弔贈使。予所奪州縣〔一六〕。詔報之曰：「卿撫有南交，世受王爵，而乃背德奸命，竊暴邊城。棄祖考忠順之圖，煩朝廷討伐之舉。師行深入，勢蹙始歸。迹其罪尤，在所絀削。今遣使修貢，上章致恭，詳觀詞情，灼見悛悔。朕撫綏萬國，不異邇遐。但以邕、欽之民，遷劫炎陬，久失鄉井，俟盡送還省界，卽以廣源等賜交州。」乾德〔一七〕初約歸三州官吏千人，久之，才送民二百二十一口，男子年十五以上皆刺額曰「天子兵」，二十以上曰「投南朝」，婦人刺左手曰「官客」，以舟載之而泥其戶牖，中設燈燭，日行一二十里則止，而僞作更鼓以報，凡數月乃至，蓋以紿示海道之遠也。順州落南深，置戍鎭守，被罹瘴霧多病沒，陶弼亦終於官。朝廷知其無用，乃悉以四州一縣還之。然廣源舊隸邕管羈縻，本非交阯所有也。

元豐五年，獻馴象二、犀角象齒百。六年，以追捕儂智會爲辭，犯歸化州。又遣其臣黎文盛來廣西辨理順安、歸化境界，經略使熊本遣左江巡檢成卓與議，文盛稱陪臣，不敢爭執。詔以文盛能遵乾德恭順之意，賜之袍帶及絹五百匹。仍以八隘之外保樂六縣、宿桑二峒予乾德。哲宗立，加同中書門下平章事。元祐中，又數上表求勿惡、勿陽峒地，詔不許。二年，遣使入貢，進封南平王。徽宗時，累加開府儀同三司、檢校太師。大觀初，貢使至京乞市書籍，有司言法不許，詔嘉其慕義，除禁書、卜筮、陰陽、曆算、術數、兵書、敕令、時務、邊機、地理外，餘書許買。政和末，又詔以交人自熙寧以來，全不生事，特寬和市之禁。宣和元年，加乾德守司空。建炎元年，詔廣西經略安撫司禁邊民毋受安南逋逃，從其主乾德之請也。四年，安南入貢，詔卻其方物之華靡者，賜敕書，厚其報以懷柔之。

紹興二年，乾德卒。贈侍中，追封南越王。子陽煥嗣，授靜海軍節度使、特進、檢校太尉，封交阯郡王，賜推誠順化功臣。八年，陽煥卒，以轉運副使朱芾充弔祭使，贈陽煥開府儀同三司，追封南平王。子天祚嗣，授官如其父初封之制。九年，詔廣西帥司毋受趙智之入貢。初，乾德有側室子奔大理，變姓名爲趙智之，自稱平王〔八〕。聞陽煥死，大理遣歸，與天祚爭立，求入貢，欲假兵納之，帝不許。十七年，詔文思院製鞍韉以賜天祚。二十一年，累加天祚崇義懷忠保信鄉德安遠承和功臣。二十五年，詔館安南使者於懷遠驛，賜宴，以彰異數。進封天祚南平王，賜襲衣、金帶、鞍馬。二十六年，命右司郎中汪應辰宴安南使者於玉津園。八月，天祚遣李國等以金珠、沉水香、翠羽、良馬、馴象來貢。詔加天祚檢校太師，增食邑。隆興二年，天祚遣尹子思、鄧碩儼等貢金銀、象齒、香物。乾道六年，累加天祚歸仁協恭繼美遵度履正彰善功臣。帝自卽位，屢却安南貢使。九年，天祚復遣尹子思、李邦正求入貢，帝嘉其誠，許之，詔館於懷遠驛。廣南西路經略安撫使范成大言：「本司經略諸蠻，安南在撫綏之內，其陪臣豈得與中國王官亢禮？政和間，貢使入境，皆庭參，不復報謁。宜遵舊制，於禮爲得。」朝廷從其請。淳熙元年二月，進封天祚安南國王，加號守謙功臣。二年，賜安南國印。三年，賜安南國曆日。天祚卒。

明年，子龍𣛮嗣位，授靜海軍節度使觀察處置等使、特進、檢校太尉兼御史大夫、上柱國，特封安南國王，加食邑；仍賜推誠順化功臣，制曰：「卽樂國以肇封，旣從世襲；極眞王而錫命，何待次升？」示殊禮也。五年，貢方物，上表稱謝。九年，詔卻安南所貢象，以其無用而煩民，他物亦止受什一。十六年，累加龍𣛮守義奉國履常懷德功臣。光宗卽位，奉表入貢稱賀。寧宗朝，賜衣帶、器幣，累加謹度思忠濟美勤禮保節歸仁崇謙協恭功臣及食邑焉。

嘉定五年，龍𣛮卒。詔以廣西運判陳孔碩充弔祭使，特贈侍中。依前安南國王制，以其子昊旵襲封其爵位，給賜如龍𣛮始封之制，仍賜推誠順化功臣。其後謝表不至，遂輟加恩。

昊旵卒，無子，以女昭聖主國事，遂爲其婿陳日煚所有。李氏有國，自公蘊至昊旵，凡八傳，二百二十餘年而國亡。淳祐二年，詔安南國王陳日煚，元賜効忠順化保節功臣增「守義」二字。寶祐六年，詔安南情狀叵測，申飭邊備。景定二年，貢象二。三年，表乞世襲。詔日煚授檢校太師、安南國大王，加食邑；男威晃，授靜海軍節度使、觀察處置使、檢校太尉兼御史大夫、上柱國、安南國王、効忠順化功臣，賜金帶、器幣、鞍馬。咸淳五年，詔安南國王父日煚、國王威晃加食邑。八年，明堂禮成，日煚、威晃各加食邑，賜鞍馬等物。

大理國，卽唐南詔也。熙寧九年，遣使貢金裝碧玕山、氊罽、刀劍、犀皮甲鞍轡。自後不常來，亦不領於鴻臚。

政和五年，廣州觀察使黄璘奏，南詔大理國慕義懷徠，願爲臣妾，欲聽其入貢。詔璘置局於賓州，凡有奏請，皆俟進止。六年，遣進奉使天駟爽彥賁李紫琮、副使坦綽李伯祥來，詔璘與廣東轉運副使徐惕偕詣闕，其所經行，令監司一人主之。道出荆湖南，當由邵州新化縣至鼎州，而璘家潭之湘鄉，轉運判官喬方欲媚璘，乃排比由邵至潭，由潭至鼎一路，御史劾其當農事之際，而觀望勞民，詔罷方。紫琮等過鼎，聞學校文物之盛，請於押伴，求詣學瞻拜宣聖像，邵守張察許之，遂往，遍謁見諸生。又乞觀御書閣，舉笏扣首。

七年二月，至京師，貢馬三百八十匹及麝香、牛黄、細氊、碧玕山諸物。制以其王段和譽爲金紫光祿大夫、檢校司空、雲南節度使、上柱國、大理國王。朝廷以爲璘功，并其子暉、昨皆遷官，少子暕爲閤門宣贊舍人。已而知桂州周穜劾璘詐冒，璘得罪。自是大理復不通於中國，間一至黎州互市。

紹興三年十月，廣西奏，大理國求入貢及售馬，詔卻之，不欲以虛名勞民也。朱勝非奏曰：「昔年大理入貢，言者深指其妄，黄璘由是獲罪。」帝曰：「遐方異域，何由得實，但讎當其馬價，則馬方至，用益騎兵，不爲無補也。」六年七月，廣西經略安撫司奏，大理復遣使奉表貢象、馬，詔經略司護送行在，優禮答之。九月，翰林學士朱震上言，乞諭廣西帥臣，凡市馬當擇謹厚者任之，毋遣好功喜事之人，以啓邊釁。異時南北路通，則漸減廣西市馬之數，庶幾消患於未然。詔從之。

淳熙二年十一月，知靜江府張栻申嚴保伍之禁，又以邕管戍兵不能千人，左、右江峒丁十餘萬，每恃以爲藩蔽，其邕州提舉、巡檢官宜精其選，以撫峒丁。欲制大理，當自邕管始云。

校勘記

〔一〕劉陟　原作「劉隱」。按劉隱是時已死，據宋會要蕃夷四之二〇、通考卷三三〇四裔考改。

〔二〕楊廷藝　「廷」原作「延」，據宋會要蕃夷四之二〇、通考卷三三〇四裔考改。下同。

〔三〕大勝王　長編卷四作「萬勝王」。

〔四〕開寶八年　「開寶」二字原脫，據宋會要蕃夷四之二〇、長編卷一六補。

〔五〕劫遷璿於別第　「劫」原作「却」，據長編卷二一、通考卷三三〇四裔考改。

〔六〕謂之耀軍　「耀」字原脫，據長編卷三一、通考卷三三〇四裔考補。

〔七〕衣以雜色之衣　上「衣」字原脫，據長編卷三一、通考卷三三〇四裔考補。

〔八〕日給　長編卷三一作「月給」。

〔九〕又以鄉兵五千寇邕州所管綠州　「綠州」原作「緣山」，據武經總要前集卷二〇、越南黎崱安南志略卷一一改。

〔一〇〕副使　原作「使副」，其上并衍「留」字，據宋會要蕃夷四之二六删改。

〔一一〕扶闌砦兵　「兵」字原脫，據長編卷六〇補。

〔一二〕龍廷自稱節度開明王　宋會要蕃夷四之二七作「自稱靜海軍節度觀察處置等使、檢校太尉、開明王」。

〔一三〕欽州蠻人　「欽州」二字原脫，據宋會要蕃夷四之二八、長編卷七一補。
〔一四〕吳懷嗣　「嗣」原作「副」，據宋會要蕃夷四之三〇改。
〔一五〕四月戊寅　「四」上原衍「年」字，據宋會要蕃夷四之三四刪。
〔一六〕予所奪州縣　據宋會要蕃夷四之三六至三七、長編卷二八〇、通考卷三三〇四裔考等書，日尊卒後，子乾德嗣，曾對宋戰爭。「予所奪州縣」係乾德戰敗求和，請宋歸還所占交阯州縣，事在熙寧十年。此句上有脫文。
〔一七〕乾德　「德」原作「順」，據長編卷三四九、通考卷三三〇四裔考改。
〔一八〕平王　通考卷三三〇四裔考作「南平王」。

宋史卷四百八十九

列傳第二百四十八

外國五

占城　眞臘　蒲甘　邈黎　三佛齊　闍婆南毗附　勃泥　注輦　丹眉流

占城國在中國之西南，東至海，西至雲南，南至眞臘國，北至驩州界。汎海南去三佛齊五日程。陸行至賓陀羅國一月程，其國隸占城焉。東去麻逸國二日程，蒲端國七日程。北至廣州，便風半月程。東北至兩浙一月程。西北至交州兩日程，陸行半月程。其地東西七百里，南北三千里。南曰施備州，西曰上源州，北曰烏里州。所統大小州三十八，不盈三萬家。其國無城郭，有百餘村，村落戶三五百，或至七百，亦有縣鎭之名。

土地所出：箋沉香、檳榔、烏樠木、蘇木、白藤、黃蠟、吉貝花布、絲絞布、白氎布、藤簟、貝多葉簟、金銀鐵錠等物。五穀無麥，有秔米、粟、豆、麻子。官給種一斛，計租百斛。果實有蓮、甘蔗、蕉子、椰子。鳥獸多孔雀、犀牛。畜產多黃牛、水牛而無驢；亦有山牛，不任耕耨，但殺以祭鬼，將殺，令巫祝之曰「阿羅和及拔」，譯云「早教他託生」。民獲犀、象皆輸于王。國人多乘象或軟布兜，或於交州市馬，頗食山羊、水兕之肉。

其風俗衣服與大食國相類。無絲蠶，以白氎布纏其胸，垂至於足，衣衫窄袖。撮髮爲髻，散垂餘髾於其後。互市無緡錢，止用金銀較量錙銖，或吉貝錦定博易之直。樂器有胡琴、笛、鼓、大鼓，樂部亦列舞人。其王腦後髽髻，散披吉貝衣，戴金花冠，七寶裝纓絡爲飾，脛股皆露，躡革履，無襪。婦人亦腦後撮髻，無笄梳，其服及拜揖與男子同。王每日午坐禪椅〔一〕。官屬謁見膜拜一而止，白事畢復膜拜一而退。或出遊，看象、采獵、觀漁，皆數日方還。近則乘軟布兜，遠則乘象，或乘一木杠，四人舁之，先令一人持檳榔盤前導，從者十餘輩，各執弓箭刀槍手牌等，其民望之膜拜一而止。日或一再出。每歲稻熟，王自刈一把，從者及群婦女競割之。

其王或以兄爲副王，或以弟爲次王。設高官凡八員，東西南北各二，分治其事，無奉祿，令其所管土俗資給之。別置文吏五十餘員，有郎中、員外、秀才之稱，分掌資儲寶貨等事，亦無資奉，但給龜魚充食及免調役而已。又有司帑廩者十二員，主軍卒者二百餘員，皆無月奉。勝兵萬餘人，月給秔米二斛，冬夏衣布各三匹至五匹。每夕，唯王升床而臥，諸臣皆寢于地蓐。親近之臣見王卽胡跪作禮，稍疎遠者但拱手而已。

其風俗，正月一日牽象周行所居之地，然後驅逐出郭，謂之逐邪。四月有遊船之戲。定十一月十五日爲多至，人皆相賀，州縣以土產物帛獻其王。每歲十二月十五日，城外縛木爲塔，王及人民以衣物香藥置塔上焚之以祭天。人有疾病，旋采生藥服食。地不產茶，亦不知醞釀之法，止飲椰子酒，兼食檳榔。

刑禁亦設枷鎖，小過以四人拽伏於地，藤杖鞭之，二人左右更互捶撲，量其罪〔三〕或五六十至一百。當死者以繩繫於樹，用梭槍舂喉而殊其首。若故殺、劫殺，令象踏之，或以鼻卷撲于地。象皆素習，將刑人，卽令豢養之人〔四〕以數諭之，悉能曉焉。犯姦者，男女共入牛以贖罪。負國王物者，以繩拘於荒塘，物充而後出之。

其國前代罕與中國通。周顯德中，其王釋利因德漫遣其臣莆訶散貢方物，有雲龍形通犀帶、菩薩石。又有薔薇水灑衣經歲香不歇，猛火油得水愈熾，皆貯以瑠璃瓶。

建隆二年，其王釋利因陁盤遣使莆訶散來朝。表章書于貝多葉，以香木函盛之。貢犀角、象牙、龍腦、香藥、孔雀四、大食瓶二十。使迴，錫賚有差，以器幣優賜其王。三年，又貢象牙二十二株、乳香千斤。

乾德四年，其王悉利因陁盤遣使因陁玢李帝婆羅貢馴象、牯犀、象牙、白氎、哥縵、越諾，王妻波良僕瑁、男占謀律秀瓊等各貢香藥。五年，又遣使李咩、李被瑳相繼來貢獻。

開寶三年，遣使貢方物雌象一。四年，悉利多盤、副國王李𣊗、王妻郭氏、子蒲路雞波羅等並遣使來貢。五年，其王波美稅褐印茶遣使莆訶散來貢。六年，又貢。七年，又貢孔雀傘二、西天烽鐵四十斤。九年，遣使朱陀利、陳陀野等來貢。

太平興國二年，其王波美稅陽布印茶遣使李牌來貢。三年，其王及男達智遣使來貢。四年，遣使李木吒哆來貢。六年，交州黎桓上言，欲以占城俘九十三人獻于京師。太宗令廣州止其俘，存撫之，給衣服資粮，遣還占城，詔諭其王。七年，遣使乘象入貢，詔留象廣州畜養之。八年，獻馴象，能拜伏，詔畜於京畿寧陵縣〔四〕。

雍熙二年，其王施利陀盤吳日歡遣婆羅門金歌麻獻方物，且訴爲交州所侵，詔答令保國睦鄰。三年，其王劉繼宗遣使李朝仙來貢。儋州上言，占城人蒲羅遏爲交州所逼，率其族百口來附。四年秋，廣州上言，雷、恩州闗送占城夷人斯當李娘并其族一百五十人來歸，分隸南海、淸遠縣。端拱元年，廣州又言，占城夷人忽宣等族三百一人來附。

淳化元年，新王楊陁排自稱新坐佛逝國。楊陁排遣使李臻貢馴犀方物，表訴爲交州所攻，國中人民財寶皆爲所略。上賜黎桓詔，令各守境。三年，遣使李良莆貢方物。賜其王白馬二、兵器等。本國僧淨戒獻龍腦、金鈴、銅香鑪、如意等，各優賜之。

至道元年正月，其王遣使來貢，奉表言：

前進奉使李良蒲迴，伏蒙聖慈賜臣細馬二疋、旗五面、銀裝劍五口、銀纏槍五條、弓弩各五張及箭等，戴恩感懼，稽首，稽首！

臣生長外國，夐遠天都。竊承皇帝聖明，威德廣大，臣不憚介居海裔，遣使入朝。皇帝不棄蠻夷山國〔三〕，曲加優賜。然臣自爲土長，聲勢尙卑，常時外國頗相侵撓，況以前民庶如芥，隨風星散，流離各不自保。近蒙皇帝賜臣內閑馹駿及旗幟兵器等，隣國聞之，知臣荷大國之寵，而各懼天威，不敢謀害。今臣一國安寧，流民來復，若非皇帝天德加護，何以至此！臣之一國仰望仁聖，覆之如天，載之如地。臣自思惟，鴻恩不淺。且自天子之都至臣所居之國，涉海綿邈，不啻數萬里，而所賜之馬及器械等並安全而至，皆聖德之所及也。

自前本國進奉，未嘗有旌旗弓矢之賜，臣今何幸，獨受異恩！此蓋天威廣被，壯臣土疆。臣雖殞身無以上報。兼臣貢使往復，資給備至，恩重山岳，不可具陳。今特遣專使李波珠、副使訶散、判官李磨勿等進奉犀角十株，象牙三十株，玳瑁十斤，龍腦二斤，沉香百斤，夾箋黃熟香九十斤，檀香百六十斤，山得雞二萬四千三百雙，胡椒二百斤，簟席五。前件物固非珍奇，惟表誠懇。

臣生居異域，幸遇明時，不貴殊珍，惟重良馬。儻皇帝念及外國，不罪懇求，若使介南歸，願垂頒賜，臣之幸矣。兼臣本國元有流民三百，散居南海，曾蒙聖旨許令放還，今有猶在廣州者。本國舊有進奉夷人羅常占見駐廣州，乞詔本州盡數點集，具籍以付〔六〕常占，令造舶船，乘便風部領歸國，冀得安其生聚，以實舊疆。至於萬里感恩，一心事上，臣之志也。

上覽表，遣使詣廣州詢問，願還者悉付波珠。使還，復賜白馬二，遂爲常制。

咸平二年，其王楊普俱毗茶逸施離遣使朱陳堯、副使蒲薩陀婆、判官黎姑倫以犀象、玳瑁、香藥來貢，賜堯等冠帶衣褥有差。景德元年，又遣使來貢。詔以良馬、介胄、戎器等賜之。四年，遣使布祿爹地加等奉表來朝，表函藉以文錦，詞曰：

占城國王楊普俱毗茶室離頓首言：臣聞二帝封疆，南止居于湘、楚；三王境界，北不及於幽、燕。仰矚昌時，實邁往跡。伏惟皇帝陛下乾坤授氣，日月儲英，出震居尊，承基御極。慈悲敷於天下，聲教被於域中。業茂前王，功芳徂后，蒼生是念，黃屋非心。無方不是生靈，有土並爲臣妾。眞風遍布，霈澤周行，凡沐照臨，共增紓抃。

臣生于邊鄙，幸襲華風。蟻垤蜂房，聊爲遂性；龍樓鳳閣，尙阻觀光。再念自假天威，獲全封部，隣無侵奪，俗有舒蘇。每歲拜遣下臣，問寧上國，蒙陛下恩霑行葦，福及豚魚，特因迴人，頒賜戎器。臣本土惟望闕焚香，歡呼拜受，心知多幸，曷答洪恩。聖君既念於賓王，誠懇肯忘於述職。今遣專信臣布祿爹地加、副使臣除逋廝瑕珈耶、判官臣皮霸抵一行人力等，部署土毛，遠充歲貢。雖表楚茅之禮，實懷魯酒之憂。虔望睿明，甫寬譴戮。

專信臣等迴日，軍容器仗耀武之物，伏願重加賜賚。蓋念忝爲臣子，合告君親，服飾車輿，威儀斧鉞，不敢私制，惟望恩頒。干冒冕旒，不任死罪。

布祿爹地加言本國舊隸交州，後奔于佛遊〔七〕，北去舊所七百里。使還，賜物甚厚。

大中祥符三年，國主施離霞離鼻麻底遣使朱孛禮來貢。四年，遣使貢師子，詔畜于苑中。使者留二蠻人以給象養，上憐其懷土，厚給資糧遣還。八年，遣使波輪訶羅帝來貢。訶羅帝因上言有弟陶珠頃自交州押馴象赴闕，今幸得見，欲攜以還。許之，仍賜陶珠衣幣裝錢。

天禧二年，其王尸嘿排摩惵遣使羅皮帝加以象牙七十二株、犀角八十六株、玳瑁千片、乳香五十斤、丁香花八十斤、荳蔻六十五斤、沉香百斤、箋香二百斤、別箋一劑六十八斤、茴香百斤、檳榔千五百斤來貢。羅皮帝加言國人詣廣州，或風漂船至石塘，卽累歲不達矣。三年，使還，詔賜尸嘌排摩慄銀四千七百兩并戎器鞍馬。

海上又有蒲端國、三麻蘭國、勿巡國、蒲婆衆國，大中祥符四年祀汾陰，並遣使來貢。先是，咸平、景德中，蒲端國主其陵數遣使來貢方物及獻紅鸚鵡。其後，國主悉離琶大遐至亦以金版鐫表來上，其使已絮漢上言：「伏見詔旨給賜占城使鞍勒馬、大神旗各二，乞如恩例。」有司以蒲端在占城下，請賜雜綵小旗五，從之。

天聖八年十月，占城王陽補孤施離皮蘭德加拔麻疊遣使李蒲薩麻瑕陁琶來貢木香、玳瑁、乳香、犀角、象牙。

慶曆元年九月，廣東商人邵保見軍賊鄂鄰百餘人在占城，轉運司選使臣二人賫詔書器幣賜占城，購鄰致闕下，餘黨令就戮之。明年十一月，其王刑卜施離值星霞弗遣使獻馴象三。皇祐二年正月，又使俱舍唎波微收羅婆麻提楊卜貢象牙二百一、犀角七十九。表二通，一以本國書，一以中國書。五年四月，其使蒲思馬應來貢方物。

嘉祐元年閏三月，其使蒲息陁琶貢方物，還至太平州，江岸崩，沉失行橐。明年正月，詔廣州賜銀千兩。六年九月，又獻馴象。七年正月，廣西安撫經略司言：「占臘素不習兵，與交阯鄰，常苦侵軼；而占城復近修武備，以抗交阯，將繇廣東路入貢京師，望撫以恩信。」五月，其使頓琶尼來貢方物。六月，賜其王施里律茶盤麻常楊溥白馬一，從其求也。

熙寧元年，其王楊卜尸利律陀般摩提婆遣使貢方物，乞市騾馬。詔賜白馬一，令於廣州買騾以歸。五年，貢瑠璃珊瑚酒器、龍腦、乳香、丁香、華澄茄〔六〕、紫礦。七年，交州李乾德言其王領兵三千人并妻子來降，以正月至本道。

九年，復遣使來言：其國自海道抵眞臘一月程，西北抵交州四十日，皆山路。所治聚落一百五，大略如州縣。王年三十六歲，著大食錦或川法錦大衫、七條金瓔珞，戴七寶裝成金冠，躡紅皮履。出則從者五百人，十婦人執金柈合貯檳榔，導以樂。

王師討交阯，以其素仇，詔使乘機協力除蕩。行營戰棹都監楊從先遣小校樊寔諭旨。寔還，言其國選兵七千扼賊要路，其王以木葉書回牒，詔使上之。然亦不能成功。後兩國同入貢，占城使者乞避交人。詔遇朔日朝文德殿，分東西立；望日則交人入垂拱殿，而占城趨紫宸；大宴則東西坐。

元祐七年，又表言如天朝討交阯，願率兵掩襲。朝廷以交阯數入貢，不絕臣節，難以興師，答敕書報之，而以其使良保故倫軋丹、副使傍水知突爲保順郎將。政和中，授其王楊卜麻疊金紫光祿大夫，領廉、白州刺史。楊卜麻疊言身縻化外，不霑祿食，願得薄授奉給，壯觀小國，許之。

宣和元年，進檢校司空兼御史大夫、懷遠軍節度、琳州管內觀察處置使，封占城國王。

自是，每遇恩輒降制加封邑。

建炎三年，楊卜麻疊遣使入貢，遇郊恩，制授檢校太傅，加食邑。紹興二十五年，其子鄒時闌巴嗣立，遣使進方物，求封爵，錫宴於懷遠驛，以其父初封之爵授之，報賜甚厚。

乾道三年，子鄒亞娜嗣，掠大食國方物遣人來貢，以求封爵，爲其國人所訴。詔卻之，遂不議其封。七年，閩人有浮海之吉陽軍者，風泊其舟抵占城。其國方與眞臘戰，皆乘大象，勝負不能決。閩人敎其王當習騎射以勝之，王大說，具舟送之吉陽，市得馬數十匹歸，戰大捷。明年復來，瓊州拒之，憤怒大掠而歸。淳熙二年，嚴馬禁，不得售外蕃。三年，占城歸所掠生口八十三人，求通商，詔不許。四年，占城以舟師襲眞臘，傳其國都。

慶元以來，眞臘大擧伐占城以復讎，殺戮殆盡，俘其主以歸，國遂亡，其地悉歸眞臘。

眞臘國亦名占臘，其國在占城之南，東際海，西接蒲甘，南抵加羅希。其縣鎭風俗同占城，地方七千餘里。有銅臺，列銅塔二十有四、銅象八以鎭其上，象各重四千斤。其國有戰象幾二十萬，馬多而小。

政和六年十二月，遣進奏使奉化郎將鳩摩僧哥、副使安化郎將摩君明稽㖑等十四人來貢，賜以朝服。僧哥言：「萬里遠國，仰投聖化，尙拘卉服，未稱區區嚮慕之誠，願許服所賜。」詔從之，仍以其事付史館，書諸策。明年三月辭去。宣和二年，又遣郎將摩醲、摩禿防〔九〕來，朝廷官封其王與占城等。建炎三年〔一〇〕，以郊恩授其王金裒賓深檢校司徒，加食邑，遂定爲常制。

其屬邑有眞里富，在西南隅，東南接波斯蘭，西南與登流眉爲鄰。所部有六十餘聚落。慶元六年，其國主立二十年矣，遣使奉表貢方物及馴象二。詔優其報賜，以海道遠涉，後毋再入貢。

蒲甘國，崇寧五年，遣使入貢，詔禮秩視注輦。尙書省言：「注輦役屬三佛齊，故熙寧中〔一一〕敕書以大背紙，緘以匣襆，今蒲甘乃大國王，不可下視附庸小國。欲如大食、交阯諸國禮，凡制詔並書以白背金花綾紙，貯以間金鍍管籥，用錦絹夾襆緘封以往。」從之。

邈黎國，元祐四年，般次冷移、四抹粟迷等賫于闐國黑汗王并本國王表章來。有司以其國未嘗入貢，請視于闐條式。從之。

三佛齊國，蓋南蠻之別種，與占城爲隣，居眞臘、闍婆之間，所管十五州。土產紅藤、紫礦、箋沉香、檳榔、椰子。無緡錢，土俗以金銀貿易諸物。四時之氣，多熱少寒，冬無霜雪。人用香油塗身。其地無麥，有米及青白豆，鷄魚鵝鴨頗類中土。有花酒、椰子酒、檳榔酒、蜜酒，皆非麴蘖所醞，飲之亦醉。樂有小琴、小鼓，崑崙奴踏曲爲樂。國中文字用梵書，以其王指環爲印，亦有中國文字，上章表卽用焉。累甓爲城，周數十里，用椰葉覆屋。人民散居城外，不輸租賦，有所征伐，隨時調發，立酋長率領，皆自備兵器糗糧。汎海使風二十日至廣州。其王號詹卑，其國居人多蒲姓。唐天祐元年貢物，授其使都蕃長蒲訶栗立寧遠將軍。

建隆元年九月，其王悉利胡大霞里檀遣使李遮帝來朝貢。二年夏，又遣使蒲蔑貢方物。是冬，其王室利烏耶遣使茶野伽、副使嘉末吒朝貢。其國號生留，王李犀林男迷日來亦遣使同至貢方物。三年春，室利烏耶又遣使李麗林、副使李鶻末、判官吒吒壁等來貢，迴，賜以白犛牛尾、白甆器、銀器、錦線鞍轡二副。開寶四年，遣使李何末以水晶、火油來貢。五年，又來貢。七年，又貢象牙、乳香、薔薇水、萬歲棗、褊桃、白沙糖、水晶指環、瑠璃瓶、珊瑚樹。八年，又遣使蒲陁漢等貢方物，賜以冠帶、器幣。

太平興國五年，其王夏池遣使茶龍眉來。是年，潮州言，三佛齊國蕃商李甫誨乘舶船載香藥、犀角、象牙至海口，會風勢不便，飄船六十日至潮州，其香藥悉送廣州。八年，其王遐至遣使蒲押陁羅來貢水晶佛、錦布、犀牙、香藥。雍熙二年，舶主金花茶以方物來獻。端拱元年，遣使蒲押陀黎貢方物。淳化三年冬，廣州上言：「蒲押陀黎前年自京迴，聞本國爲闍婆所侵，住南海凡一年，今春乘舶至占城，偶風信不利，復還。乞降詔諭本國。」從之。

咸平六年，其王思離咮囉無尼佛麻調華遣使李加排、副使無陁李南悲來貢，且言本國建佛寺以祝聖壽，願賜名及鐘。上嘉其意，詔以「承天萬壽」爲寺額，并鑄鐘以賜，授加排歸德將軍，無陁李南悲懷化將軍。大中祥符元年，其王思離麻囉皮遣使李眉地、副使蒲婆藍、判官麻河勿來貢，許赴泰山陪位于朝覲壇，遣賜甚厚。天禧元年，其王霞遲蘇勿吒蒲迷遣使蒲謀西等奉金字表，貢眞珠、象牙、梵夾經、崐崘奴，詔許謁會靈觀，游太清寺、金明池。及還，賜其國詔書、禮物以慰獎之。

天聖六年八月，其王室離疊華遣使蒲押陀羅歇及副使、判官亞加盧〔三〕等來貢方物。舊制遠國使人貢，賜以間金塗銀帶，時特以渾金帶賜之。

熙寧十年，使大首領地華伽囉來，以爲保順慕化大將軍，賜詔寵之，曰：「吾以聲教覆露方域，不限遠邇，苟知夫忠義而來者，莫不錫之華爵，耀以美名，以寵異其國。爾悅慕皇化，浮海貢琛，吾用汝嘉，併超等秩，以昭忠義之勸。」元豐中，使至者再，率以白金、眞珠、婆律薰陸香備方物。廣州受表入言，俟報，乃護至闕下。天子念其道里遙遠，每優賜遣歸。二年，賜錢六萬四千緡、銀一萬五百兩，官其使群陀畢羅爲寧遠將軍，官陀旁亞里爲保順郎將。畢羅乞買金帶、白金器物，及僧紫衣、師號、牒〔三〕，皆如所請給之。五年〔四〕，廣州南蕃綱首以其主管國事國王之女唐字書，寄龍腦及布與提舉市舶孫迥，迥不敢受，言於朝。詔令估直輸之官，悉市帛以報。

五年〔五〕，遣使皮襪、副使胡仙、判官地華加羅來，入見，以金蓮花貯眞珠、龍腦撒殿。官皮襪爲懷遠將軍、胡仙加羅爲郎將。加羅還至雍丘病死，賻以絹五十匹。六年，又以其使薩打華滿爲將軍，副使羅悉沙文、判官悉理沙文爲郎將。紹聖中，再入貢。

紹興二十六年，其王悉利麻霞囉陀遣使入貢。帝曰：「遠人向化，嘉其誠耳，非利乎方物也。」其王復以珠獻宰臣秦檜，時檜已死，詔償其直而收之。淳熙五年，復遣使貢方物，詔免赴闕，館於泉州。

闍婆國在南海中。其國東至海一月，汎海半月至崑崙國；西至海四十五日，南至海三日，汎海五日至大食國；北至海四日，西北汎海十五日至勃泥國，又十五日至三佛齊國，又七日至古邏國，又七日至柴曆亭，抵交阯，達廣州。

其地平坦，宜種植，產稻、麻、粟、豆，無麥。民輸十一之租，煑海爲鹽。多魚、鱉、鷄、鴨、山羊，兼椎牛以食。果實有木瓜、椰子、蕉子、蔗、芋。出金銀、犀牙、箋沉檀香、茴香、胡椒、檳榔、硫黄、紅花、蘇木。亦務蠶織，有薄絹、絲絞、吉貝布。剪銀葉爲錢博易，官以粟一斛二斗博金一錢。室宇壯麗，飾以金碧。中國賈人至者，待以賓館，飲食豐潔。地不產茶。其酒出於椰子及蝦蝚丹樹，蝦蝚丹樹華人未嘗見；或以桄榔、檳榔釀成，亦甚香美。不設刑禁，雜犯罪者隨輕重出黄金以贖，惟寇盜者殺之。

其王椎髻，戴金鈴，衣錦袍，躡革履，坐方牀，官吏日謁，三拜而退，出入乘象或腰輿，壯士五七百人執兵器以從。國人見王皆坐，俟其過乃起。以王子三人爲副王。官有落佶連四人，共治國事，如中國宰相，無月奉，隨時量給土產諸物。次有文吏三百餘員，目爲秀才，掌文簿，總計財貨。又有卑官殆千員，分主城池、帑廩及軍卒。其領兵者每半歲給金十兩，勝兵三萬，每半歲亦給金有差。

土俗婚聘無媒妁，但納黃金於女家以娶之。五月遊船，十月遊山，有山馬可乘跨，或乘軟兜。樂有橫笛、鼓板，亦能舞。土人被髮，其衣裝纏胸以下至於膝。疾病不服藥，但禱神求佛。其俗有名而無姓。方言謂眞珠爲「沒爹蝦羅」，謂牙爲「家囉」，謂香爲「崑燉盧林」，謂犀爲「低密」。

先是，宋元嘉十二年，遣使朝貢，後絕。淳化三年十二月，其王穆羅茶遣使陀湛、副使蒲亞里、判官李陁那假澄等來朝貢。陁湛云中國有眞主，本國乃修朝貢之禮。國王貢象牙、眞珠、綉花銷金及綉絲絞、雜色絲絞、吉貝織雜色絞布、檀香、玳瑁檳榔盤、犀裝劍、金銀裝劍、藤織花簟、白鸚鵡、七寶飾檀香亭子，其使別貢玳瑁、龍腦、丁香、藤織花簟。

先是，朝貢使汎船船六十日至明州定海縣，掌市舶監察御史張肅先驛奏其使飾服之狀與嘗來入貢波斯相類。譯者言云：今主舶大商毛旭者，建溪人，數往來本國，因假其鄉導來朝貢。又言其國王一號曰夏至馬囉夜，王妃曰落肩娑婆利，本國亦署置僚屬。又其方言目舶主爲「勃荷」，主妻曰「勃荷比尼贖」〔六〕。其船中婦人名眉珠，椎髻，無首飾，以蠻布纏身，顏色青黑，言語不能曉，拜亦如男子膜拜；一子，項戴金連鎖子，手有金鈎，以帛帶縈之，名阿嚕。其國與三佛齊有讎怨，互相攻戰。本國山多猴，不畏人，呼以霄霄之聲卽出，或投以果實，則其大猴二先至，土人謂之猴王、猴夫人，食畢，羣猴食其餘。使既至，上令有司優待；久之使還，賜金幣甚厚，仍賜良馬戎具，以從其請。其使云：隣國名婆羅門，有善法察人情，人欲相危害者皆先知之。

大觀三年六月，遣使入貢，詔禮之如交阯。

又有摩逸國，太平興國七年，載寶貨至廣州海岸。

建炎三年，以南郊恩制授闍婆國主懷遠軍節度、琳州管內觀察處置等使、金紫光祿大夫、檢校司空、使持節琳州諸軍事、琳州刺使、兼御史大夫、上柱國、闍婆國王、食邑二千四百戶、實封一千戶；悉里地茶蘭固野可特授檢校司徒〔七〕，加食邑實封。紹興二年，復加食邑五百戶，實封二百戶。

南毗國在大海之西南，由三佛齊風飄月餘可至。其國王每巡行，先期遣兵百餘人持水灑地上，以防颶風揚沙塵；列鼎百以進食，日一易之，置翰林官供王飲食。俗喜戰鬥，習刀矟，善射。鑿雜白銀爲錢。產眞珠、番布。其國最遠，番舶罕到。時羅巴智力千父子，其種類也，居泉之城南，自是，舶舟多至其國矣。

勃泥國在西南大海中，去闍婆四十五日程，去三佛齊四十日程，去占城與摩逸各三十日程，皆計順風爲則。

其國以版爲城，城中居者萬餘人，所統十四州。其王所居屋覆以貝多葉，民舍覆以草。在王左右者爲大人。王坐繩床，若出，卽大布單坐其上，衆舁之，名曰阮囊。戰鬥者則持刀被甲，甲以銅鑄，狀若大筒，穿之於身，護其腹背。

其地無麥，有麻稻，又有羊及雞魚，無蠶絲，用吉貝花織成布。飲椰子酒。昏聘之資，先以椰子酒，檳榔次之，指環又次之，然後以吉貝布，或量出金銀成其禮。喪葬亦有棺斂，以竹爲轝，載棄山中，二月始耕則祀之，凡七年則不復祀矣。以十二月七日爲歲節。地熱，多風雨。國人宴會，鳴鼓、吹笛、擊鈸，歌舞爲樂。無器皿，以竹編貝多葉爲器盛食，食訖棄之。其國鄰於底門國，有藥樹，取其根煎爲膏，服之及塗其體，兵刃所傷皆不死。前代未嘗朝貢，故史籍不載。

太平興國二年，其王向打遣使施弩、副使蒲亞里、判官哥心等賫表貢大片龍腦一家底、第二等八家底、第三等十一家底、米龍腦二十家底、蒼龍腦二十家底，凡一家底並二十兩；龍腦版五、玳瑁殼一百、檀香三橛、象牙六株。表云：「爲皇帝千萬歲壽，望不責小國微薄之禮。」其表以數重小囊緘封之，非中國紙，類木皮而薄，瑩滑，色微綠，長數尺，闊寸餘，橫卷之僅可盈握。其字細小，橫讀之，以華言譯之，云：「勃泥國王向打稽首拜，皇帝萬歲萬歲萬萬歲，願皇帝萬歲壽，今遣使進貢。向打聞有朝廷，無路得到。昨有商人蒲盧歇船泊水口，差人迎到州，言自中朝來，比詣闍婆國，遇猛風破其船，不得去。此時聞自中國來，國人皆大喜，卽造舶船，令蒲盧歇導達入朝貢，所遣使人只願平善見皇帝。每年令人入朝貢，每年修貢，慮風吹至占城界，望皇帝詔占城，令有向打船到，不要留。臣本國別無異物，乞皇帝勿怪。」其表文如是。詔館其使於禮賓院，優賜以遣之。

元豐五年二月，其王錫理麻喏復遣使貢方物，其使乞從泉州乘海船歸國，從之。

注輦國東距海五里，西至天竺千五百里，南至羅蘭二千五百里，北至頓田三千里，自古不通中國，水行至廣州約四十一萬一千四百里。

其國有城七重，高七尺，南北十二里，東西七里。每城相去百步，凡四城用塼，二城用土，最中城以木爲之，皆植花果雜木。其第一至第三皆民居，環以小河；第四城四侍郎居之；第五城主之四子居之；第六城爲佛寺，百僧居之；第七城卽主之所居，室四百餘區。所統有三十一部落，其西十二，曰只都尼、施亞盧尼、羅琶離鴛琶移、布林琶布尼、古檀布林蒲登、故里、婆輪岑、本蹄揭蹄、閣黎池離、郍部尼、遮古林、亞里者林；其南八，曰無雅加黎廝藍、眉古黎苦低、舍里尼、密多羅摩、伽藍蒲登、蒙伽林伽藍、琶里琶離遊、亞林池蒙伽藍；其北十二，曰撥囉耶、無沒離江、注林〔八〕、加里蒙伽藍、漆結廝藍、檻折蒙伽藍、皮林伽藍、浦稜和藍、堡琶來、田注离、盧婆囉、迷蒙伽藍。

今國主相傳三世矣。民有罪，卽命侍郎一員處治之，輕者縶於木格，笞五十至一百；重者卽斬，或以象踐殺之。其宴，則國主與四侍郞膜拜于階，遂共坐作樂歌舞，不飲酒，而食肉。俗衣布。亦有餅餌。掌饌執事用婦人。其嫁娶，先用金銀指環使媒婦至女家，後二日〔九〕，會男家親族，約以土田、生畜、檳榔酒等，稱其有無爲禮；女家復以金銀指環、越諾布及女所服錦衣遺婿。若男欲離女則不取聘財，女却男則倍償之。

其兵陣，用象居前，小牌次之，梭槍次之，長刀又次之，弓矢在後，四侍郎分領其衆。國東南約二千五百里有悉蘭池國，或相侵伐。

地產眞珠、象牙、珊瑚、頗黎、檳榔、豆蔻、吉貝布。獸有山羊、黃牛。禽有山鷄、鸚鵡。果有餘甘、藤羅、千年棗、椰子、甘羅、崑崙梅、婆羅密〔一〇〕等。花有白末利、散絲、蛇臍、佛桑、麗秋、青黃碧婆羅、瑤蓮、蟬紫、水蕉之類。五穀有綠豆、黑豆、麥、稻。地宜竹。

自昔未嘗朝貢。大中祥符八年九月，其國主羅茶羅乍遣進奉使侍郞娑里三文、副使蒲恕〔三〕、判官翁勿、防援官亞勒加等奉表來貢。三文等以盤奉眞珠、碧玻璃升殿，布於御坐前，降殿再拜，譯者導其言曰：「願以表遠人慕化之誠。」其國主表曰：

臣羅茶羅乍言，昨遇舶船商人到本國告稱：鉅宋之有天下也，二帝開基，聖人繼統，登封太岳，禮祀汾陰，至德升聞，上穹眷命。臣昌期斯遇，吉語幸聞，輒傾就日之誠，仰露朝天之款。

臣伏聞人君之御統也，無遠不臻；臣子之推誠也，有道則服。伏惟皇帝陛下功超邃古，道建大中。衣裳垂而德合乾坤，劍戟鑄而範圍區宇。神武不殺，人文化成。廓明明之德以臨御下民，懷翼翼之心以昭事上帝。至仁不傷於行葦，大信爰及於淵魚。故得天鑒孔彰，帝文有赫，顯今古未聞之事，保家邦大定之基。

竊念臣微類醯鷄，賤如芻狗，世居夷落，地遠華風，虛荷燭幽，曾無執贄。今者竊聽歌頌，普及遐陬。恨年屬於桑榆，阻躬陳於玉帛。矧滄溟之曠絕，在跋涉以稍艱。是敢傾倒赤心，遙瞻丹闕。任土作貢，同螻蟻之慕羶；委質事君，比葵藿之向日。謹遣專使等五十二人，奉土物來貢，凡眞珠衫帽各一、眞珠二萬一千一百兩、象牙六十株、乳香六十斤。

三文等又獻珠六千六百兩、香藥三千三百斤。

初，羅茶羅乍既聞商船言，且曰十年來海無風濤，古老傳云如此則中國有聖人，故遣三文等入貢。三文離本國，舟行七十七晝夜，歷郍勿丹山、娑里西蘭山至占賓國。又行六十一晝夜，歷伊麻羅里山至古羅國。國有古羅山，因名焉。又行七十一晝夜，歷加八山、占不牢山、舟寶龍山至三佛齊國。又行十八晝夜，度蠻山水口，歷天竺山，至賓頭狼山，望東西王母塚，距舟所將百里。又行二十晝夜，度羊山、九星山至廣州之琵琶洲。離本國凡千一百五十日至廣州焉。詔閤門祗候史祐之館伴，凡宴賜恩例同龜茲使。其年承天節，三文等請於啓聖禪院會僧以祝聖壽。明年使回，降詔羅茶羅乍，賜物甚厚。

天禧四年，又遣使琶欄得麻烈呧奉方物入貢，至廣州病死。守臣以其表聞。詔廣州宴犒從者，厚賜以遣之。

明道二年十月，其王尸離囉茶印佗囉注囉遣使蒲押陁離等以泥金表進眞珠衫帽及眞珠一百五兩、象牙百株，西染院副使、閤門通事舍人符惟忠〔三〕假鴻臚少卿押伴。蒲押陁離自言數朝貢，而海風破船不達，願將上等珠就龍牀脚撒殿，頂戴贍禮，以申嚮慕之心。乃奉銀盤升殿，跪撒珠於御榻下而退。景祐元年二月，以蒲押陁離爲金紫光祿大夫、懷化將軍，還本國。

熙寧十年，國王地華加羅遣使奇囉囉、副使南卑琶打、判官麻圖華羅等二十七人來獻豌豆珠、麻珠〔三〕、瑠璃大洗盤、白梅花腦、錦花、犀牙、乳香、瓶香、薔薇水、金蓮花、木香、阿魏、鵬砂、丁香。使副以眞珠、龍腦登陛，跪而散之，謂之撒殿。既降，詔遣御藥宣勞之〔四〕，以爲懷化將軍、保順郎將，各賜衣服器幣有差；答賜其王錢八萬一千八百緡、銀五萬二千兩。

丹眉流國，東至占臘五十程，南至羅越水路十五程，西至西天三十五程，北至程良六十程，東北至羅斛二十五程，東南至闍婆四十五程，西南至程若十五程，西北至洛華二十五程，東北至廣州一百三十五程。

其俗以版爲屋；跣足，衣布，無紳帶，以白紵纏其首；貿易以金銀。其主所居，廣袤五里，無城郭；出則乘象車，亦有小駟。地出犀、象、鍮石、紫草、蘇木諸藥。四時炎熱，無雪霜。未嘗至中國。

咸平四年，國主多須機遣使打吉馬〔五〕、副使打臘、判官皮泥〔六〕等九人來貢木香千斤、鍮鑞各百斤、胡黃連三十五斤、紫草百斤、紅氈一合、花布四段、蘇木萬斤、象牙六十一株。召見崇德殿，賜以冠帶服物。及還，又賜多須機詔書以敦獎之。

校勘記

〔一〕坐禪椅　「禪」原作「憚」，「椅」字原脫，據宋會要蕃夷四之六一、通考卷三三二四裔考改補。

〔二〕量其罪　「罪」字原脫，據宋會要蕃夷四之六二、通考卷三三二四裔考補。

〔三〕豢養之人　「人」字原脫，據同上書同卷補。

〔四〕畜於京畿寧陵縣　宋會要蕃夷四之六四同。按宋京畿路十六縣有鄢陵，寧陵不在其內；寧陵屬應天府，大中祥符七年建應天府爲南京在此事以後，其管區亦不稱京畿。疑此有誤。

〔五〕山國　宋會要蕃夷四之六六作「小國」。

〔六〕具籍以付　原作「兵籍以付」，據宋會要蕃夷四之六六改。

〔七〕佛遊　長編卷六五同。據上文及宋會要蕃夷四之六八，疑當作「佛逝」。馮承鈞諸蕃志校注謂「佛逝」是占城中部都城舊譯名。

〔八〕蓽澄茄　原作「蓽登茄」，據宋會要蕃夷四之七一、七之三二及張燮東西洋考卷二改。

〔九〕麼禿防　宋會要蕃夷三之四記此事，說「安化郎將麼禿、防授官沙斯底忽辭於紫宸殿」。按「防授官」一作「防援官」，本卷注輦國傳有「防援官」，宋會要蕃夷亦屢見此名。此處「麼禿」下「防」字當衍。

〔一〇〕建炎三年　「三」原作「二」，據宋會要蕃夷三之四、繫年要錄卷一九改。

〔一〕故熙寧中　「故」原作「胡」，據通考卷三三二四裔考改。

〔二〕蒲押陀羅歇及副使判官亞加盧　長編卷一〇六無「副使判官」四字。

〔三〕師號牒　「號」字原脫。按「師號」爲當時術語，長編卷二九九正作「師號」，今據補。

〔四〕五年　原作「三年」，據長編卷三三〇、通考卷三三二四裔考改。

〔五〕五年　按宋會要蕃夷七之三九、長編卷四一八、通考卷三三二四裔考記「五年」以下事都繫於元祐三年，此處「五年」當爲「元祐三年」之誤。

〔六〕主妻曰葧荷比尼贖　「主」原作「王」。按東西洋考卷三引宋史作「主」，「王」字應是「主」字之訛，今據改。

〔七〕司徒　原作「司空」，據宋會要蕃夷四之九七、繫年要錄卷一九改。

〔八〕注林　「注」字原脫，據趙汝适諸蕃志卷上補。

〔九〕二日　通考卷三三二四裔考、諸蕃志卷上作「三日」。

〔一〇〕婆羅密　原作「娑羅密」，據同上二書同卷改。

〔一一〕蒲恕　按宋會要蕃夷七之二〇、通考卷三三二四裔考都作「蒲加心」，疑「加」誤作「如」，「如」「心」二字連寫遂成「恕」字。

〔一二〕閤門通事舍人符惟忠　「事」原作「使」，據本書卷一六九職官志、長編卷一一三改。

〔三〕麻珠　「珠」字原脫，據通考卷三三二四裔考補。

〔四〕詔遣御藥宣勞之　「宣」原作「室」，據通考卷三三二四裔考改。

〔五〕打古馬　宋會要蕃夷七之一四、長編卷四九、通考卷三三二四裔考均作「打古馬」。

〔六〕皮泥　同上三書同卷都作「𥺅皮泥」。

宋史卷四百九十

列傳第二百四十九

外國六

天竺　于闐　高昌　回鶻　大食　層檀　龜茲　沙州　拂菻

天竺國舊名身毒，亦曰摩伽陀，復曰婆羅門。俗宗浮圖道，不飲酒食肉。漢武帝遣使十餘輩間出西南，指求身毒，爲昆明所閉，莫能通。至漢明帝夢金人，於是遣使天竺問佛道法，由是其教傳於中國。梁武帝、後魏宣武時〔一〕，皆來貢獻。隋煬帝志通西域，諸國多有至者，唯天竺不通。唐貞觀以後，朝貢相繼。則天天授中，五天竺王並來朝獻。乾元末，河隴陷沒，遂不復至。周廣順三年，西天竺僧薩滿多等十六族來貢名馬。

乾德三年，滄州僧道圓自西域還，得佛舍利一水晶器、貝葉梵經四十夾來獻。道圓晉天福中詣西域，在塗十二年，住五印度凡六年，五印度卽天竺也；還經于闐，與其使偕至。

太祖召問所歷風俗山川道里，一一能記。四年，僧行勤等一百五十七人詣闕上言，願至西域求佛書，許之。以其所歷甘、沙、伊、肅等州，焉耆、龜茲、于闐、割祿等國，又歷布路沙、加濕彌羅等國，並詔諭其國令人引導之。開寶後，天竺僧持梵夾來獻者不絕。八年冬，東印度王子穰結說囉來朝貢。

天竺之法，國王死，太子襲位，餘子皆出家爲僧，不復居本國。有曼殊室利者，乃其王子也，隨中國僧至焉，太祖令館於相國寺，善持律，爲都人之所傾嚮，財施盈室。衆僧頗嫉之，以其不解唐言，卽僞爲奏求還本國，許之。詔既下，曼殊室利始大驚恨，衆僧諭以詔旨，不得已遲留數月而後去。自言詣南海附賈人船而歸，終不知所適。

太平興國七年，益州僧光遠至自天竺，以其王沒徙曩表來上。上令天竺僧施護譯云：「近聞支那國內有大明王，至聖至明，威力自在。每慙薄幸，朝謁無由，遙望支那起居聖躬萬福。光遠來，蒙賜金剛吉祥無畏坐釋迦聖像袈裟一事，已披掛供養。伏願支那皇帝福慧圓滿，壽命延長，常爲引導一切有情生死海中，渡諸沉溺。今以釋迦舍利附光遠上進。」又譯其國僧統表，詞意亦與沒徙曩同。

施護者，烏塡曩國〔三〕人。其國屬北印度，西行十二日至乾陀羅國，又西行二十日至曩誐囉賀囉國，又西行十日至嵐婆國，又西行十二日至誐惹曩國，又西行至波斯國，得西海。自北印度行百二十日至中印度。中印度西行三程至阿囉尾國，又西行十二日至末曩囉國，又西行十二日至鉢賴野迦國，又西行六十日至迦囉拏俱惹國，又西行二十日至摩囉尾國，又西行二十日至烏然泥國，又西行二十五日至囉囉國，又西行四十日至蘇囉茶國，又西行十一日至西海。自中印度行六月程至南印度，又西行九十日至供迦拏國，又西行一月至海。自南印度南行六月程得南海。皆施護之所述云。

八年，僧法遇自天竺取經回，至三佛齊，遇天竺僧彌摩羅失黎語不多令，附表願至中國譯經，上優詔召之。法遇後募緣製龍寶蓋袈裟，將復往天竺，表乞給所經諸國敕書，遂賜三佛齊國王遐至葛、古羅國主司馬佶芒、柯蘭國主讚怛羅、西天王子謨馱仙書以遣之。

雍熙中，衞州僧辭澣自西域還，與胡僧密坦羅奉北印度王及金剛坐王那爛陀書來。又有婆羅門僧永世與波斯外道阿里烟同至京師。永世自云：本國名利得，國王姓牙羅五得，名阿喏你縛，衣黃衣，戴金冠，以七寶爲飾，出乘象或肩輿，以音樂螺鈸前導，多遊佛寺，博施貧乏。其妃曰摩訶你，衣大紬縷金紅衣，歲一出，多所振施。人有寃抑，候王及妃出遊，即迎隨伸訴。署國相四人，庶務並委裁制。五穀、六畜、果實與中國無異。市易用銅錢，有文漫圓徑，如中國之制，但實其中心，不穿貫耳。其國東行經六月至大食國，又二月至西州，又三月至夏州。阿里烟自云：本國王號黑衣，姓張，名哩沒，用錦綵爲衣，每遊獵，三二日一還國。署大臣九人治國事。無錢貨，以雜物貿易。其國東行經六月至婆羅門。

至道二年八月，有天竺僧隨舶至海岸，持帝鐘、鈴杵、銅鈴各一，佛像一軀，貝葉梵書一夾，與之語，不能曉。

天聖二年九月，西印度僧愛賢、智信護等來獻梵經，各賜紫方袍、束帛。五年二月，僧法吉祥等五人以梵書來獻，賜紫方袍。景祐三年正月，僧善稱等九人貢梵經、佛骨及銅牙菩薩像，賜以束帛。

于闐國，自漢至唐，皆入貢中國，安、史之亂，絕不復至。晉天福中，其王李聖天自稱唐之宗屬，遣使來貢。高祖命供奉官張匡鄴〔三〕持節册聖天爲大寶于闐國王。

建隆二年十二月，聖天遣使貢圭一，以玉爲柙；玉枕一。本國摩尼師貢琉璃瓶二、胡錦一段。其使言：本國去京師九千九百里，西南抵葱嶺與婆羅門接，相去三千餘里，南接吐蕃〔四〕，西北至疏勒二千餘里。國城東有白玉河，西有綠玉河，次西有烏玉河，源出崐岡山，去國城西千三百里。每歲秋，國人取玉於河，謂之撈玉。土宜蒲萄，人多醞以爲酒，甚美。俗事妖神。

乾德三年五月，于闐僧善名、善法來朝，賜紫衣。其國宰相因善名等來，致書樞密使李崇矩，求通中國。太祖令崇矩以書及器幣報之。至是冬，沙門道圓自西域還，經于闐，與其朝貢使至。四年，又遣其子德從來貢方物。

開寶二年，遣使直末山來貢，且言本國有玉一塊，凡二百三十七斤，願以上進，乞遣使取之。善名復至，貢阿魏子，賜號昭化大師，因令還取玉。又國王男總嘗貢玉欛刀，亦厚賜報之。四年，其國僧吉祥以其國王書來上，自言破疏勒國得舞象一，欲以爲貢，詔許之。

大中祥符二年，其國黑韓王遣回鶻羅厮温等以方物來貢。厮温跪奏曰：「臣萬里來朝，獲見天日，願聖人萬歲，與遠人作主。」上詢以在路幾時，去此幾里。對曰：「涉道一年，晝行暮息，不知里數。昔時道路嘗有剽掠，今自瓜、沙抵于闐，道路清謐，行旅如流。願遣使安撫遠俗。」上曰：「路遠命使，益以勞費爾國。今降詔書，汝即齎往，亦與命使無異也。」

初，太平興國中有澶州卒王貴者，晝忽見使者至營，急召貴偕行，南至河橋，驛馬已具，即命乘之，俄覺騰虛而去。頃之駐馬，但見屋室宏麗，使者引貴入，見其主者容衞制度悉如王者。謂貴曰：「俟汝年五十八，當往于闐國北通聖山取一異寶以奉皇帝，宜深志之。」遂復乘馬凌虛而旋。軍中失貴已數日矣，驗所乘，即營卒之馬也。知州宋煦劾貴以聞，太宗釋之。天禧初，貴自陳年已五十八，願遵前戒，西至于闐，尋許其行。貴至秦州，以道遠悔懼，俄於市中遇一道士引貴出城，登高原，問貴所欲，具以實對。卽命貴閉目，少頃令開，視山川頓異，道士曰：「此于闐國北境通聖山也。」復引貴觀一池，池中有仙童，出一物授之，謂曰：「持此奉皇帝。」又令瞑目，俄頃復至秦州，向之道士已失所在，發其物乃玉印也，文曰「國王趙萬永寶」，州以獻。

天聖三年十二月，遣使羅面于多、副使金三、監使安多、都監趙多來朝，貢玉鞍轡、白玉帶、胡錦、獨峯橐駝、乳香、硇砂。詔給還其直，館于都亭西驛，別賜襲衣、金帶、銀器百兩、衣著二百，羅面于多金帶。

嘉祐八年八月，遣使羅撒温獻方物。十一月，以其國王爲特進、歸忠保順斫鱗黑韓王。羅撒温言其王乞賜此號也，于闐謂金翅鳥爲「斫鱗」，「黑韓」蓋可汗之訛也。羅撒温等以獻物賜直少不受，及請所獻獨峯橐駝。詔以遠人特別賜錢五千貫，以橐駝還之，而與其已賜之直。其後數以方物來獻。

熙寧以來，遠不踰一二歲，近則歲再至。所貢珠玉、珊瑚、翡翠、象牙、乳香、木香、琥珀、花蕊布、硇砂、龍鹽、西錦、玉鞦轡馬、膃肭臍、金星石、水銀、安息鷄舌香，有所持無表章，每賜以暈錦旋襴衣、金帶、器幣，宰相則盤毬雲錦夾襴。

地產乳香，來輒羣負，私與商賈牟利；不售，則歸諸外府得善價，故其來益多。元豐初，始詔惟齎表及方物馬驢乃聽以詣闕，乳香無用不許貢。

四年，遣部領阿辛上表稱「于闐國僂儸有福力量知文法黑汗王，書與東方日出處大世界田地主漢家阿舅大官家」，大略云路遠傾心相向，前三遣使入貢未回，重復數百言。董氈使導至熙州，譯其辭以聞。詔前三輩使人皆已朝見，錫賚遣發，賜敕書諭之。神宗嘗問其使去國歲月，所經何國及有無鈔略。對曰：「去國四年，道塗居其半，歷黃頭回紇、靑唐，惟懼契丹鈔略耳。」因使之圖上諸國距漢境遠近，爲書以授李憲。八年九月，遣使入貢，使者爲神宗飯僧追福。賜錢百萬，還其所貢師子。

元祐中，以其使至無時，令熙河間歲一聽至闕。八年，請討夏國，不許。

紹聖中，其王阿忽都董娥密竭篤又言，緬藥家作過，別無報效，已遣兵攻甘、沙、肅三州。詔厚答其意。知秦州游師雄言：「于闐、大食、拂林等國貢奉，般次踵至，有司憚於供賚，抑留邊方，限二歲一進。外夷慕義，萬里而至，此非所以來遠人也。」從之。自是訖于宣和，朝享不絕。

高昌國，漢車師前王之地。有高昌城，取其地勢高敞、人民昌盛以爲名焉。後魏初，沮渠無諱自署高昌太守。無諱死，茹茹以闞伯周爲高昌王，高昌有王始於此。後魏至隋皆來貢獻。唐貞觀中，侯君集平其國，以其地爲西州。安、史之亂，其地陷沒，乃復爲國。語訛亦云「高敞」，然其地頗有回鶻，故亦謂之回鶻。

建隆三年四月，西州回鶻阿都督等四十二人以方物來貢。乾德三年十一月，西州回鶻可汗遣僧法淵獻佛牙、琉璃器、琥珀盞。太平興國六年，其王始稱西州外生師子王阿廝蘭漢，遣都督麥索溫來獻。五月，太宗遣供奉官王延德、殿前承旨白勳使高昌。八年，其使安鶻盧來貢。

雍熙元年四月，王延德等還，敍其行程〔五〕來獻，云：

初自夏州歷玉亭鎭，次歷黃羊平，其地平而產黃羊。渡沙磧，無水，行人皆載水。凡二日至都囉囉族，漢使過者，遺以財貨，謂之「打當」。次歷茅女喎子族，族臨黃河，以羊皮爲囊，吹氣實之浮於水，或以橐駝牽木栰而渡。次歷茅女王子開道族，行入六窠沙，沙深三尺，馬不能行，行者皆乘橐駝。不育五穀，沙中生草名登相，收之以食。次歷樓子山，無居人，行沙磧中，以日爲占，旦則背日，暮則向日，日中則止。夕行望月亦如之。次歷臥梁劾特族地，有都督山，唐回鶻之地。次歷大蟲太子族，族接契丹界，人衣尙錦繡，器用金銀，馬乳釀酒，飲之亦醉。次歷屋地因族，蓋達于于越王子之子。次至達于于越王子族。次歷拽利王子族，有合羅川，唐回鶻公主所居之地，城基尙在，有湯泉池。次歷阿墩族，經馬騣山望鄉嶺，嶺上石龕有李陵題字處。次歷格囉美源，西方百川所會，極望無際，鷗鷺鳧鴈之類甚衆。次至托邊城，亦名李僕射城，城中首領號「通天王」。次歷小石州。次歷伊州，州將陳氏，其先自唐開元二年領州，凡數十世，唐時詔敕尙在。地有野蠶生苦參上，可爲綿帛。有羊，尾大而不能走，尾重者三斤，小者一斤，肉如熊白而甚美。又有礪石，剖之得賓鐵，謂之喫鐵石。又生胡桐樹，經雨卽生胡桐律。次歷益都。次歷納職城，城在大患鬼魅磧之東南，望玉門關甚近。地無水草，載粮以行，凡三日，至鬼谷口避風驛，用本國法設祭，出詔神禦風，風乃息。凡八日，至澤田寺。高昌聞使至，遣人來迎。次歷地名寶莊，又歷六種，乃至高昌。

高昌卽西州也。其地南距于闐，西南距大食、波斯，西距西天步路涉、雪山、葱嶺，皆數千里。地無雨雪而極熱，每盛暑，居人皆穿地爲穴以處。飛鳥羣萃河濱，或起飛，卽爲日氣所爍，墜而傷翼。屋室覆以白堊，雨及五寸，卽廬舍多壞。有水，源出金嶺，導之周圍國城，以漑田園，作水磑。地產五穀，惟無蕎麥。貴人食馬，餘食羊及鳧鴈。樂多琵琶、箜篌。出貂鼠、白氎、繡文花蕊布。俗好騎射。婦人戴油帽，謂之蘇幕遮。用開元七年曆，以三月九日爲寒食，餘二社、冬至亦然。以銀或鍮石爲筒，貯水激以相射〔六〕，或以水交潑爲戲，謂之壓陽氣去病。好游賞，行者必抱樂器。佛寺五十餘區，皆唐朝所賜額，寺中有大藏經、唐韻、玉篇、經音等，居民春月多羣聚遨樂於其間。游者馬上持弓矢射諸物，謂之禳災。有敕書樓，藏唐太宗、明皇御札詔敕，緘鎖甚謹。復有摩尼寺，波斯僧各持其法，佛經所謂外道者也。所統有南突厥、北突厥、大衆熨、小衆熨、樣磨、割祿、黠戛司、末蠻、格哆族、預龍族之名甚衆。國中無貧民，絕食者共賑之。人多壽考，率百餘歲，絕無夭死。

時四月，師子王避暑於北廷，以其舅阿多于越守國，先遣人致意於延德曰：「我王舅也，使者拜我乎？」延德曰：「持朝命而來，禮不當拜。」復問曰：「見王拜乎？」延德曰：「禮亦不當拜。」阿多于越復數日始相見，然其禮頗恭。師子王邀延德至其北廷。歷交河州，凡六日，至金嶺口，寶貨所出。又兩日，至漢家砦。又五日，上金嶺。過嶺卽多雨雪，嶺上有龍堂，刻石記云，小雪山也。嶺上有積雪，行人皆服毛罽。度嶺一日至北廷，憩高臺寺。其王烹羊馬以具膳，尤豐潔。

地多馬，王及王后、太子各養馬，放牧平川中，彌亘百餘里，以毛色分別爲羣，莫知其數。北廷川長廣數千里，鷹鷂鵰鶻之所生，多美草，不生花，砂鼠大如𪕮，鷙禽捕食之。

其王遣人來言，擇日以見使者，願無訝其淹久。至七日，見其王及王子侍者，皆東向拜受賜。旁有持磬者擊以節拜，王聞磬聲乃拜，旣而王之兒女親屬皆出，羅拜以受賜，遂張樂飮宴，爲優戲，至暮。明日汎舟於池中，池四面作鼓樂。又明日游佛寺，曰應運太寧之寺，貞觀十四年造。

北廷北山中出硇砂，山中嘗有烟氣涌起，無雲霧，至夕光燄若炬火，照見禽鼠皆赤。采者著木底鞵取之，皮者卽焦。下有穴生青泥，出穴外卽變爲砂石，土人取以治皮。城中多樓臺卉木。人白皙端正，性工巧，善治金銀銅鐵爲器及攻玉。善馬直絹一匹，其駑馬充食，纔直一丈。貧者皆食肉。西抵安西，卽唐之西境。

七月，令延德先還其國，其王九月始至。亦聞有契丹使來，謂其王云：「高敞本漢土，漢使來覘視封域，將有異圖，王當察之。」延德偵知其語，因謂王曰：「契丹素不順中國，今乃反間，我欲殺之。」王固勸乃止。

自六年五月離京師，七年四月至高昌，所歷以詔賜諸國君長襲衣、金帶、繒帛。八年春，與其謝恩使凡百餘人復循舊路而還，雍熙元年四月至京師。

景德元年，又遣使金延福來貢。

回鶻本匈奴之別裔，在天德西北娑陵水上。後魏號鐵勒，唐初號特勒，後稱回紇。其君長曰可汗，自貞觀以後朝貢不絕。至德初，出兵助國討平安、史之亂，故累朝恩禮最重。然而恃功橫恣，朝廷雖患其邀求無厭，然頗姑息聽從之。元和中，改爲回鶻〔七〕。會昌中，其國衰亂，其相馭職者擁外甥將龐勒西奔安西。既而回鶻爲幽州張仲武所破，龐勒乃自稱可汗，居甘、沙、西州，無復昔時之盛矣。

歷梁、後唐、晉、漢、周，皆遣使朝貢。後唐同光中，册其國王仁美爲英義可汗。仁美卒，其弟仁裕立，册爲順化可汗，晉天福中，又改爲奉化可汗。仁裕卒，子景瓊立。先是，唐朝繼以公主下嫁，故回鶻世稱中朝爲舅，中朝每賜答詔亦曰外甥。五代之後皆因之。

建隆二年，景瓊遣使朝獻。三年，阿都督等四十二人以方物來貢。乾德二年，遣使貢玉百團、琥珀四十斤，犛牛尾、貂鼠等。三年，遣使趙黨訾等四十七人以團玉、琥珀、紅白犛牛尾爲貢。開寶中累遣使貢方物，其宰相鞠仙越亦貢馬。

太平興國二年冬，遣殿直張璨齎詔諭甘、沙州回鶻可汗外甥，賜以器幣，招致名馬美玉，以備車騎琮璜之用。五年，甘、沙州回鶻可汗夜落紇密禮遏遣使裴溢的等四人，以橐駝、名馬、珊瑚、琥珀來獻。

雍熙元年四月，西州回鶻與婆羅門僧永世、波斯外道阿里烟同入貢。四年，合羅川回鶻第四族首領遣使朝貢。端拱二年九月，回鶻都督石仁政、麼囉王子、邈拏王子、越黜黃水州巡檢四族並居賀蘭山下，無所統屬，諸部入貢多由其地。麼囉王子自云，向爲靈州馮暉阻絕，由是不通貢奉，今有內附意。各以錦袍銀帶賜之。

咸平四年，可汗王祿勝遣使曹萬通以玉勒名馬、獨峯無峯橐駝、賓鐵劍甲、琉璃器來貢。萬通自言任本國樞密使，本國東至黃河，西至雪山，有小郡數百，甲馬甚精習，願朝廷命使統領，使得縛繼遷以獻。因降詔祿勝曰：「賊遷凶悖，人神所棄。卿世濟忠烈，義篤舅甥，繼上奏封，備陳方略，且欲大舉精甲，就覆殘妖，拓土西陲，獻俘北闕。可汗功業，其可勝言！嘉歎所深，不忘朕意。今更不遣使臣，一切委卿統制。」特授萬通左神武軍大將軍，優賜祿勝器服。

景德元年，夜落紇遣使來貢。四年，又遣尼法仙等來朝，獻馬。仍許法仙遊五臺山。又遣僧翟入奏，來獻馬，欲於京城建佛寺祝聖壽，求賜名額，不許。

大中祥符元年，夏州萬子等軍主領族兵趨回鶻，回鶻設伏要路，示弱不與鬥，俟其過，奮起擊之，剿戮殆盡。其生擒者，回鶻驅坐於野，悉以所獲資粮示之，曰：「爾輩狐鼠，規求小利，我則不然。」遂盡焚而殺之，唯萬子軍主挺身走。鎮戎軍以聞，上曰：「回鶻嘗殺繼遷，世爲讎敵。甘州使至，亦言德明侵軼之狀，意頗輕視之。量其兵勢，德明未易敵也。」其年，夜落紇、寶物公主及沒孤公主、娑温宰相各遣使來貢。東封禮成，以可汗王進奉使姚進爲寧遠將軍，寶物公主進奉曹進爲安化郎將，賜以袍笏。又賜夜落紇介冑。

三年，又遣左温宰相、何居錄越樞密使、翟符守榮等來貢。是年，龜茲國王可汗遣使李延福、副使安福、監使翟進來進香藥、花蕊布、名馬、獨峯駝、大尾羊、玉鞍勒、琥珀、鍮石等。

四年，翟符守榮等三十人請從祀汾陰。其年，夜落紇遣使貢方物，秦州回鶻安密獻玉帶於道左。禮成，以翟符守榮爲左神武軍大將軍，安殿民爲保順郎將，餘皆賜冠帶器幣。其年，夜落紇遣使言，敗趙德明立功首領請加恩賞。詔給司戈、司階、郎將告敕十道，使得承制補署。

六年，龜茲進奉使李延慶等三十六人對于長春殿，獻名馬、弓箭、鞍勒、團玉、香藥等，優詔答之。

先是，甘州數與夏州接戰，夜落紇貢奉多爲夏州鈔奪。及宗哥族感悅朝廷恩化，乃遣人援送其使，故頻年得至京師。既而唃廝羅欲娶可汗女而無聘財，可汗不許，因爲讎敵。

五年，秦州遣指揮使楊知進、譯者郭敏送進奉使至甘州，會宗哥怨隙阻歸路，遂留知進等不敢遣。八年，敏方得還。可汗王夜落隔上表言寶物公主疾死，以西涼人蘇守信劫亂，不時奏聞；又謝恩賜寶鈿、銀匣、曆日及安撫詔書，仍乞慰諭宗哥，使開朝貢之路。九年，楊知進亦至，遂遣郭敏賜宗哥詔書并甘州可汗器幣。其年，使來朝貢，言夜落隔卒，九宰相諸部落奉夜落隔歸化爲可汗王領國事。

天禧二年，夜落隔歸化遣都督安信等來朝。四年，又遣使同龜茲國可汗王智海使來獻大尾羊。初，回鶻西奔，族種散處。故甘州有可汗王，西州有克韓王，新復州有黑韓王，皆其後焉。

天聖元年五月，甘州夜落隔通順遣使阿葛之、王文貴來貢方物。六月，詔甘州回紇外甥可汗王夜落隔通順特封歸忠保順可汗王。二年五月，遣使都督習信等十四人來貢馬及黃湖綿、細白氎。三年四月，可汗王、公主及宰相撒溫訛進馬、乳香。賜銀器、金帶、衣著、暈錦旋襴有差。五年八月，遣使安萬東等一十四人來貢方物。六年二月，遣人貢方物。

熙寧元年入貢，求買金字大般若經，以墨本賜之。六年復來，補其首領五人爲軍主，歲給綵二十疋。神宗問其國種落生齒幾何，曰三十餘萬；壯可用者幾何，曰二十萬。明年，敕李憲擇使聘阿里骨，使諭回鶻令發兵深入夏境。憲以命殿直皇甫旦。旦往，不得前而妄奏功狀，詔逮旦赴御史獄抵罪。

然回鶻使不常來，宣和中，間因入貢散而之陝西諸州，公爲貿易，至留久不歸。朝廷慮其習知邊事，且往來皆經夏國，於播傳非便，乃立法禁之。

大食國本波斯之別種。隋大業中，波斯有桀黠者探穴得文石，以爲瑞，乃糾合其衆，剽略資貨，聚徒浸盛，遂自立爲王，據有波斯國之西境。唐永徽以後，屢來朝貢。其王盆泥末換〔八〕之前謂之白衣大食，阿蒲羅拔之後謂之黑衣大食。

乾德四年，僧行勤遊西域，因賜其王書以招懷之。開寶元年，遣使來朝貢。四年，又貢方物，以其使李訶末爲懷化將軍，特以金花五色綾紙寫官告以賜。是年，本國及占城、闍婆〔九〕又致禮物于李煜，煜不敢受，遣使來上，因詔自今勿以爲獻。六年，遣使來貢方物。七年，國王訶黎佛又遣使不囉海，九年又遣使蒲希密，皆以方物來貢。

太平興國二年，遣使蒲思那、副使摩訶末、判官蒲囉等貢方物。其從者目深體黑，謂之崐崘奴。詔賜其使襲衣、器幣，從者縑帛有差。四年，復有朝貢使至。雍熙元年，國人花茶來獻花錦、越諾、揀香、白龍腦、白沙糖、薔薇水、琉璃器。

淳化四年，又遣其副酋長李亞勿來貢。其國舶主蒲希密至南海，以老病不能詣闕，乃以方物附亞勿來獻。其表曰：

大食舶主臣蒲希密上言，衆星垂象，回拱於北辰；百谷疏源，委輸於東海。屬有道之柔遠，罄無外以宅心。伏惟皇帝陛下德合二儀，明齊七政，仁宥萬國，光被四夷。賡歌洽擊壤之民，重譯走奉珍之貢。臣顧惟殊俗，景慕中區，早傾向日之心，頗鬱朝天之願。

昨在本國，曾得廣州蕃長寄書招諭，令入京貢奉，盛稱皇帝聖德，布寬大之澤，詔下廣南，寵綏蕃商，阜通遠物。臣遂乘海舶，爰率土毛，涉歷龍王之宮，瞻望天帝之境，庶遵玄化，以慰宿心。今則雖届五羊之城，猶賒雙鳳之闕。自念衰老，病不能興，遐想金門，心目俱斷。今遇李亞勿來貢，謹備蕃錦藥物附以上獻。臣希密凡進象牙五十株，乳香千八百斤，賓鐵七百斤，紅絲吉貝一段，五色雜花蕃錦四段，白越諾二段，都爹一琉璃瓶，無名異一塊，薔薇水百瓶。

詔賜希密敕書、錦袍、銀器、束帛等以答之。

至道元年，其國舶主蒲押陁黎齎蒲希密表來獻白龍腦一百兩，腽肭臍五十對，龍鹽一銀合，眼藥二十小琉璃瓶，白沙糖三琉璃甕，千年棗、舶上五味子各六琉璃瓶，舶上褊桃一琉璃瓶，薔薇水二十琉璃瓶，乳香山子一坐，蕃錦二段，駝毛褥面三段，白越諾三段。引對於崇政殿，譯者代奏云：「父蒲希密因緣射利，泛舶至廣州，迨今五稔未歸。母令臣遠來尋訪，昉至廣州見之。具言前歲蒙皇帝聖恩降敕書，賜以法錦袍、紫綾纏頭、間塗金銀鳳瓶一對、綾絹二十疋。今令臣奉章來謝，以方物致貢。」

太宗因問其國，對云：「與大秦國相鄰，爲其統屬。今本國所管之民纔及數千，有都城介山海間。」又問其山澤所出，對云：「惟犀象香藥。」問犀象以何法可取，對云：「象用象媒誘至，漸以大繩羈縻之耳；犀則使人升大樹操弓矢，伺其至射而殺之，其小者不用弓矢可以捕獲。」上賜以襲衣、冠帶、被褥等物，令閤門宴犒訖，就館，延留數月遣回；降詔答賜蒲希密黃金，準其所貢之直。三年二月，又與賓同隴國使來朝。

咸平二年，又遣判官文戌至。三年，舶主陁婆離遣使穆吉鼻來貢。吉鼻還，賜陁婆離詔書幷器服鞍馬。六年，又遣使婆羅欽三摩尼等來貢方物。摩尼等對於崇政殿，持眞珠以進，自云離國日誠願得瞻威顏卽獻此，乞不給回賜。眞宗不欲違其意，俟其還，優加恩賚。

景德元年，又遣使來。時與三佛齊、蒲端國使並在京師，會上元觀燈，皆賜錢縱其宴飲。其秋，蕃客蒲加心至。四年，又遣使同占城使來，優加館餼之禮，許徧至苑囿寺觀遊覽。

大中祥符元年十月，車駕東封，舶主陁婆離上言願執方物赴泰山，從之。又舶主李亞勿遣使麻勿來獻玉圭。並優賜器幣、袍帶，幷賜國主銀飾繩床、水罐、器械、旗幟、鞍勒馬等。四年祀汾陰，又遣歸德將軍陁羅離進缻香、象牙、琥珀、無名異、繡絲、紅絲、碧黃綿、細越諾、紅駝毛、間金線壁衣、碧白琉璃酒器、薔薇水、千年棗等。詔令陪位，禮成，並賜冠帶服物。五年，廣州言大食國人無西忽盧華百三十歲，耳有重輪，貌甚偉異。自言遠慕皇化，附古邏國舶船而來。詔就賜錦袍、銀帶加束帛。

天禧三年，遣使蒲麻勿陁婆離、副使蒲加心等來貢。先是，其入貢路繇沙州，涉夏國，抵秦州。乾興初，趙德明請道其國中，不許。至天聖元年來貢，恐爲西人鈔略，乃詔自今取海路繇廣州至京師。至和、嘉祐間，四貢方物。最後以其首領蒲沙乙爲武寧司階。

熙寧中，其使辛押陁羅乞統察蕃長司公事，詔廣州裁度。又進錢銀助修廣州城，不許。六年，都蕃首保順郎將蒲陀婆離慈表令男麻勿奉貢物，乞以自代，而求爲將軍，詔但授麻勿郎將。其國部屬各異名，故有勿巡，有陁婆離，有俞盧和地，有麻囉跋等國，然皆冠以大食。勿巡所貢，又有龍腦、兜羅錦、毬錦襆、蕃花簟，陁婆有金飾壽帶、連環臂鉤、數珠之屬。

政和中，橫州士曹〔一〇〕蔡蒙休押伴其使入都，沿道故滯留，彊市其香藥不償直。事聞，詔提點刑獄置獄推治，因詔自今蕃夷入貢，並選承務郎以上清幹官押伴，按程而行，無故不得過一日，乞取買市者論以自盜云。

其國在泉州西北，舟行四十餘日至藍里，次年乘風颿，又六十餘日始達其國。地雄壯廣袤，民俗侈麗，甲於諸蕃。天氣多寒。其王錦衣玉帶，躡金履，朔望冠百寶純金冠。其居以碼碯爲柱，綠甘爲壁，水晶爲瓦，碌石爲磚，活石爲灰，帷幕用百花錦。官有丞相、太尉，各領兵馬二萬餘人。馬高七尺，士卒驍勇。民居屋宇略與中國同。市肆多金銀綾錦。工匠技術，咸精其能。

建炎三年，遣使奉寶玉珠貝入貢。帝謂侍臣曰：「大觀、宣和間，茶馬之政廢，故武備不修，致金人亂華，危亡不絕如綫。今復捐數十萬緡以易無用之珠玉，曷若惜財以養戰士？」詔張浚卻之，優賜以答遠人之意。紹興元年，復遣使貢文犀、象齒，朝廷亦厚加賜與，而不貪其利。故遠人懷之，而貢賦不絕。

層檀國在南海傍，城距海二十里。熙寧四年始入貢。海道便風行百六十日，經勿巡、古林、三佛齊國乃至廣州。其王名亞美羅亞眉蘭，傳國五百年，十世矣。人語音如大食。地春冬暖。貴人以越布纏頭，服花錦白氎布，出入乘象、馬。有奉祿。其法輕罪杖，重罪死。穀有稻、粟、麥，食有魚，畜有綿羊、山羊、沙牛、水牛、橐駝、馬、犀、象，藥有木香、血竭、沒藥、鵬砂、阿魏、薰陸。產眞珠、玻璃、密沙華三酒。交易用錢，官自鑄，三分其齊，金銅相半，而銀居一分，禁民私鑄。元豐六年，使保順郎將層伽尼再至，神宗念其絕遠，詔頒賚如故事，仍加賜白金二千兩。

龜茲本回鶻別種。其國主自稱師子王，衣黃衣，寶冠，與宰相九人同治國事。國城有市井而無錢貨，以花蕊布博易。有米麥瓜果。西至大食國行六十日，東至夏州九十日。或稱西州回鶻，或稱西州龜茲，又稱龜茲回鶻。

自天聖至景祐四年，入貢者五，最後賜以佛經一藏。熙寧四年，使李延慶、曹福入貢。五年，又使盧大明、篤都入貢。紹聖三年，使大首領阿連撒羅等三人以表章及玉佛至洮西。熙河經略使以其罕通使，請令於熙、秦州博買，而估所齎物價答賜遣還，從之。

沙州本漢燉煌故地，唐天寶末陷于西戎。大中五年，張義潮〔二〕以州歸順，詔建沙州爲歸義軍，以義潮爲節度使，領河沙甘肅伊西等州觀察、營田處置使。義潮入朝，以從子淮深領州事〔三〕。至朱梁時，張氏之後絕，州人推長史曹義金爲帥。義金卒，子元忠嗣。周顯德二年來貢，授本軍節度、檢校太尉、同中書門下平章事，鑄印賜之。
建隆三年加兼中書令，子延恭爲瓜州防禦使。興國五年元忠卒，子延祿遣人來貢。贈元忠燉煌郡王，授延祿本軍節度，弟延晟爲瓜州刺史，延瑞爲衙內都虞候。咸平四年，封延祿爲譙郡王。五年，延祿、延瑞爲從子宗壽所害，宗壽權知留後，而以其弟宗允權知瓜州。表求旌節，乃授宗壽節度使，宗允檢校尙書左僕射、知瓜州，宗壽子賢順爲衙內都指揮使。大中祥符末宗壽卒，授賢順本軍節度，弟延惠爲檢校刑部尙書、知瓜州。賢順表乞金字藏經洎茶藥金箔，詔賜之。至天聖初，遣使來謝，貢乳香、硇砂、玉團。自景祐至皇祐中，凡七貢方物。

拂林國東南至滅力沙，北至海，皆四十程。西至海三十程。東自西大食及于闐、回紇、靑唐，乃抵中國。歷代未嘗朝貢。
元豐四年十月，其王滅力伊靈改撒始遣大首領你廝都令廝孟判來獻鞍馬、刀劍、眞珠，言其國地甚寒，土屋無瓦。產金、銀、珠、西錦、牛、羊、馬、獨峯駝、梨、杏、千年棗、巴欖、粟、麥，以蒲萄釀酒。樂有箜篌、壺琴、小篳篥、偏鼓。王服紅黃衣，以金線織絲布纏頭，歲三月則詣佛寺，坐紅床，使人舁之。貴臣如王之服，或青綠、緋白、粉紅、褐紫，並纏頭跨馬。城市田野，皆有首領主之，每歲惟夏秋兩得奉，給金、錢、錦、縠、帛，以治事大小爲差。刑罰罪輕者杖數十，重者至二百，大罪則盛以毛囊投諸海。不尙鬥戰，鄰國小有爭，但以文字來往相詰問，事大亦出兵。鑄金銀爲錢，無穿孔，面鑿彌勒佛，背爲王名，禁民私造。

元祐六年，其使兩至。詔別賜其王帛二百匹、白金瓶、襲衣、金束帶。

校勘記

〔一〕梁武帝後魏宣武時　「時」字原脫，據宋會要蕃夷四之八六、通考卷三三八四裔考補。

〔二〕烏墳聶國　「墳」，長編卷二二三、宋會要蕃夷四之八九作「塡」。

〔三〕張匡鄴　「匡」字原脫，據通考卷三三七四裔考、新五代史卷七四四夷附錄補。

〔四〕南接吐蕃　「南」原作「東」，據册府元龜卷九五七、新五代史卷七四四夷附錄改。

〔五〕行程　原作「水程」，據揮塵前錄卷四、通考卷三三六四裔考改。

〔六〕激以相射　「相」字原脫，據同上二書同卷補。

〔七〕改爲回鶻　「改」原作「訛」，據册府元龜卷九五八、宋會要蕃夷四之一改。

〔八〕盆泥未換　「末」原作「未」，據趙汝适諸蕃志卷上大食國、舊唐書卷一九八大食改。

〔九〕闍婆　原作「門婆」，據諸蕃志卷上大食國、通考卷三三九四裔考改。

〔一〇〕橫州士曹　通考卷三三九四裔考同。宋會要蕃夷四之九三作「廣州司戶曹事」。按上文，天聖元年有令大食人取海道由廣州至京師詔；本書卷一六七職官志，諸曹官有戶曹參軍，掌戶籍、賦稅、倉庫受納之事，疑以會要爲是。

〔一一〕張義潮　兩唐書紀傳、通鑑都作「張義潮」，通鑑考異卷二二說：「補國史作張議潮，今從實錄、新舊紀傳。」王忠新唐書吐蕃傳箋證說：「石室本『義潮』皆作『議潮』，通鑑從衆之決定不確，反以補國史之記載爲是。」

〔一二〕淮深　原作「惟深」，據新唐書卷二一六下、新唐書吐蕃傳箋證、通考卷三三四四裔考改。

宋史卷四百九十一

列傳第二百五十

外國七

流求國　定安國　渤海國　日本國　党項

流求國在泉州之東，有海島曰彭湖，烟火相望。其國塹柵三重，環以流水，植棘爲藩，以刀矟弓矢劍鈹爲兵器〔一〕，眎月盈虧以紀時。無他奇貨，商賈不通，厥土沃壤，無賦斂，有事則均稅。

旁有毗舍邪國，語言不通，袒裸盱睢，殆非人類。淳熙間，國之酋豪嘗率數百輩猝至泉之水澳、圍頭等村，肆行殺掠。喜鐵器及匙筯，人閉戶則免，但刓其門圈而去。擲以匙筯則頫拾之，見鐵騎則爭刓其甲，駢首就戮而不知悔。臨敵用標鎗，繫繩十餘丈爲操縱，蓋惜其鐵不忍棄也。不駕舟楫，惟縛竹爲筏，急則羣舁之泅水而遁。

定安國本馬韓之種，爲契丹所攻破，其酋帥糾合餘衆，保于西鄙，建國改元，自稱定安國。開寶三年，其國王烈萬華因女眞遣使入貢，乃附表貢獻方物。太平興國中，太宗方經營遠略，討擊契丹，因降詔其國，令張掎角之勢。其國亦怨寇讎侵侮不已，聞中國用兵北討，欲依王師以攄宿憤，得詔大喜。

六年冬，會女眞遣使來貢，路由本國，乃托其使附表來上云：「定安國王臣烏玄明言：伏遇聖主洽天地之恩，撫夷貊之俗，臣玄明誠喜誠抃，頓首頓首。臣本以高麗舊壤，渤海遺黎，保據方隅，涉歷星紀，仰覆露鴻鈞之德，被浸漬無外之澤，各得其所，以遂本性。而頃歲契丹恃其強暴，入寇境土，攻破城砦，俘略人民，臣祖考守節不降，與衆避地，僅存生聚，以迄于今。而又扶餘府昨背契丹，並歸本國，災禍將至，無大於此。所宜受天朝之密畫，率勝兵而助討，必欲報敵，不敢違命。臣玄明誠懇誠願，頓首頓首。」其末題云：「元興六年十月日，定安國王臣玄明表上聖皇帝前。」

上答以詔書曰：「勑定安國王烏玄明。女眞使至，得所上表，以朕嘗賜手詔諭旨，且陳感激。卿遠國豪帥，名王茂緒，奄有馬韓之地，介于鯨海之表，彊敵吞併，失其故土，沉冤未報，積憤奚伸。矧彼獯戎，尙搖蠆毒，出師以薄伐，乘夫天災之流行，敗衂相尋，滅亡可待。今國家已于邊郡廣屯重兵，只俟嚴冬，卽申天討。卿若能追念累世之耻，宿戒舉國之師，當予伐罪之秋，展爾復仇之志，朔漠底定，爵賞有加，宜思永圖，無失良便。而況渤海願歸於朝化，扶餘已背於賊庭，勵乃宿心，糾其協力，克期同舉，必集大勳。尙阻重溟，未遑遣使，倚注之切，鑒寐寧忘。」以詔付女眞使，令齎以賜之。

端拱二年，其王子因女眞使附獻馬、雕羽鳴鏑。淳化二年，其王子太元因女眞使上表〔三〕，其後不復至。

渤海本高麗之別種。唐高宗平高麗，徙其人居中國。則天萬歲通天中，契丹攻陷營府，高麗別種大祚榮走保遼東，睿宗以爲忽汗州〔三〕都督，封渤海郡王，因自稱渤海國，併有扶餘、肅愼等十餘國，歷唐、梁、後唐，朝貢不絕。

後唐天成初，爲契丹阿保機攻扶餘城下之，改扶餘爲東丹府，命其子突欲留兵鎭之。阿保機死，渤海王復攻扶餘，不能克。歷長興、淸泰，遣使朝貢。周顯德初，其酋豪崔烏斯等三十人來歸，其後隔絕不能通中國。

太平興國四年，太宗平晉陽，移兵幽州，其酋帥大鸞河率小校李勛等十六人、部族三百騎來降，以鸞河爲渤海都指揮使。六年，賜烏舍城浮渝府渤海琰府王詔曰：「朕纂紹丕構，奄有四海，普天之下，罔不率俾。矧太原封域，國之保障，頃因竊據，遂相承襲，倚遼爲援，歷世逋誅。朕前歲親提銳旅，盡護諸將，拔幷門之孤壘，斷匈奴之右臂，眷言弔伐，以蘇黔黎。蠢茲北戎，非理搆怨，輒肆荐食，犯我封略。一昨出師逆擊，斬獲甚衆。今欲鼓行深入，席捲長驅，焚其龍庭，大殲醜類。素聞爾國密邇寇讎，迫於吞幷，力不能制，因而服屬，困於宰割。當靈旗破敵之際，是鄰邦雪憤之日，所宜盡出族帳，佐予兵鋒。俟其翦滅，沛然封賞，幽、薊土宇，復歸中原，朔漠之外，悉以相與。勗乃協力，朕不食言。」時將大舉征契丹，故降是詔諭旨。

九年春，宴大明殿，因召大鸞河慰撫久之。上謂殿前都校劉延翰〔四〕曰：「鸞河，渤海豪帥，束身歸我，嘉其忠順。夫夷落之俗，以馳騁爲樂，俟高秋戒候，當與駿馬數十匹，令出郊遊獵，以遂其性。」因以緡錢十萬幷酒賜之。

日本國者，本倭奴國也。自以其國近日所出，故以日本爲名；或云惡其舊名改之也。

其地東西南北各數千里，西南至海，東北隅隔以大山，山外卽毛人國。自後漢始朝貢，歷魏、晉、宋、隋皆來貢，唐永徽、顯慶、長安、開元、天寶、上元、貞元、元和、開成中，並遣使入朝。

雍熙元年，日本國僧奝然與其徒五六人浮海而至，獻銅器十餘事，幷本國職員今〔五〕、王年代紀各一卷。奝然衣綠，自云姓藤原氏，父爲眞連；眞連，其國五品品官也。奝然善隸書，而不通華言，問其風土，但書以對云：「國中有五經書及佛經、白居易集七十卷，並得自中國。土宜五穀而少麥。交易用銅錢，文曰『乾文大寶』〔六〕。畜有水牛、驢、羊，多犀、象。產絲蠶，多織絹，薄緻可愛。樂有中國〔七〕、高麗二部。四時寒暑，大類中國。國之東境接海島，夷人所居，身面皆有毛。東奧州產黃金，西別島〔八〕出白銀，以爲貢賦。國王以王爲姓，傳襲至今王六十四世，文武僚吏皆世官。」

其年代紀所記云〔九〕：初主號天御中主。次曰天村雲尊，其後皆以「尊」爲號。次天八重雲尊，次天彌聞尊，次天忍勝尊，次瞻波尊，次萬魂尊，次利利魂尊，次國狹槌尊，次角龔魂尊，次汲津丹尊，次面垂見尊，次國常立尊，次天鑑尊，次天萬尊，次沫名杵尊，次伊奘諾尊，次素戔烏尊，次天照大神尊，次正哉吾勝速日天押穗耳尊，次天彥尊，次炎尊，次彥瀲尊，凡二十三世，並都於筑紫日向宮。

彥瀲第四子號神武天皇，自筑紫宮入居大和州橿原宮，即位元年甲寅，當周僖王時也。次綏靖天皇，次安寧天皇，次懿德天皇，次孝昭天皇，次孝天皇，次孝靈天皇，次孝元天皇，次開化天皇，次崇神天皇，次垂仁天皇，次景行天皇，次成務天皇。次仲哀天皇，國人言今爲鎮國香椎大神。次神功天皇，開化天皇之曾孫女，又謂之息長足姬天皇，國人言今爲太奈良姬大神。次應神天皇，甲辰歲，始於百濟得中國文字，今號八蕃菩薩，有大臣號紀武內，年三百七歲。次仁德天皇，次履中天皇，次反正天皇，次允恭天皇，次安康天皇，次雄略天皇，次清寧天皇，次顯宗天皇，次仁賢天皇，次武烈天皇，次繼體天皇，次安開天皇，次宣化天皇。次天國排開廣庭天皇，亦名欽明天皇，即位十三年，壬申歲始傳佛法於百濟國，當此土梁承聖元年。

次敏達天皇。次用明天皇，有子曰聖德太子，年三歲，聞十人語，同時解之，七歲悟佛法于菩提寺，講聖鬘經，天雨曼陀羅華。當此土隋開皇中，遣使泛海至中國，求法華經。

次崇峻天皇。次推古天皇，欽明天皇之女也。次舒明天皇，次皇極天皇。次孝德天皇，白雉四年，律師道照求法至中國，從三藏僧玄奘受經、律、論，當此土唐永徽四年也。次天豐財重日足姬天皇，令僧智通等入唐求大乘法相教，當顯慶三年。次天智天皇，次天武天皇，次持總天皇。次文武天皇，大寶三年，當長安元年，遣粟田眞人入唐求書籍，律師道慈求經。次阿閉天皇，次皈依天皇。次聖武天皇，寶龜二年，遣僧正玄昉入朝，當開元四年。次孝明天皇，聖武天皇之女也，天平勝寶四年，當天寶中，遣使及僧入唐求內外經教及傳戒。次天炊天皇。次高野姬天皇，聖武天皇之女也。次白壁天皇，二十四年，遣二僧靈仙、行賀入唐，禮五臺山學佛法。次桓武天皇，遣騰元葛野與空海大師及延歷寺僧澄入唐，詣天台山傳智者止觀義，當元和元年也。次諾樂天皇，次嵯峨天皇，次淳和天皇。次仁明天皇，當開成、會昌中，遣僧入唐，禮五臺。次文德天皇，當大中年間。次清和天皇，次陽成天皇。次光孝天皇，遣僧宗睿入唐傳教，當光啓元年也。

次仁和天皇，當此土梁龍德中，遣僧寬建等入朝。次醍醐天皇，次天慶天皇。次封上天皇，當此土周廣順年也。次冷泉天皇，今爲太上天皇。次守平天皇，卽今王也。凡六十四世。

畿內有山城、大和、河內、和泉、攝津凡五州，共統五十三郡。東海道有伊賀、伊勢、志摩、尾張、叄河、遠江、駿河、伊豆、甲斐、相模、武藏、安房、上總、常陸凡十四州，共統一百一十六郡。東山道有通江、美濃、飛驒、信濃、上野、下野、陸奧、出羽凡八州，共統一百二十二郡。北陸道有若狹、越前、加賀、能登、越中、越後、佐渡凡七州，共統三十郡。山陰道有丹波、丹彼、徂馬、因幡、伯耆、出雲、石見、隱伎凡八州，共統五十二郡。小陽道有播䕶、美作、備前、備中、備後、安藝、周防、長門凡八州，共統六十九郡。南海道有伊紀、淡路、河波、讃耆、伊豫、土佐凡六州，共統四十八郡。西海道有筑前、筑後、豐前、豐後、肥前、肥後、日向、大隅、薩摩凡九州，共統九十三郡。又有壹伎、對馬、多褹凡三島，各統二郡。是謂五畿、七道、三島，凡三千七百七十二都，四百一十四驛，八十八萬三千三百二十九課丁。課丁之外，不可詳見。皆奝然所記云。

按隋開皇二十年，倭王姓阿每，名自多利思比孤，遣使致書。唐永徽五年，遣使獻琥珀、馬腦。長安二年，遣其朝臣眞人貢方物。開元初，遣使來朝。天寶十二年，又遣使來貢。元和元年，遣高階眞人來貢。開成四年，又遣使來貢。此與其所記皆同。大中、光啓、龍德及周廣順中，皆嘗遣僧至中國，唐書中、五代史失其傳。唐咸亨中及開元二十三年、大曆十二年、建中元年，皆來朝貢，其記不載。

太宗召見奝然，存撫之甚厚，賜紫衣，館于太平興國寺。上聞其國王一姓傳繼，臣下皆世官，因歎息謂宰相曰：「此島夷耳，乃世祚遐久，其臣亦繼襲不絕，此蓋古之道也。中國自唐季之亂，宇縣分裂，梁、周五代享歷尤促，大臣世胄，鮮能嗣續。朕雖德慚往聖，常夙夜寅畏，講求治本，不敢暇逸。建無窮之業，垂可久之範，亦以爲子孫之計，使大臣之後世襲祿位，此朕之心焉。」

其國多有中國典籍，奝然之來，復得孝經一卷、越王孝經新義第十五一卷，皆金縷紅羅標，水晶爲軸。孝經卽鄭氏注者。越王者，乃唐太宗子越王貞；新義者，記室參軍任希古等撰也。奝然復求詣五臺，許之，令所過續食；又求印本大藏經，詔亦給之。二年，隨台州寧海縣商人鄭仁德船歸其國。

後數年，仁德還，奝然遣其弟子喜因奉表來謝曰：「日本國東大寺大朝法濟大師、賜紫、沙門奝然啓：傷鱗入夢，不忘漢主之恩；枯骨合歡，猶亢魏氏之敵。雖云羊僧之拙，誰忍鴻霈之誠。奝然誠惶誠恐，頓首頓首，死罪。奝然附商船之離岸，期魏闕於生涯，望落日而西行，十萬里之波濤難盡，顧信風而東別，數千里之山嶽易過。妄以下根之卑，適詣中華之盛。於是宣旨頻降，恣許荒外之跋涉；宿心克協，粗觀宇內之瓌奇。況乎金闕曉後，望堯雲於九禁之中，巖扃晴前，拜聖燈於五臺之上。就三藏而稟學，巡數寺而優游。遂使蓮華迴文，神筆出於北闕之北，貝葉印字，佛詔傳於東海之東。重蒙宣恩，忽趁來跡。季夏解台州之纜，孟秋達本國之郊，爰逮明春，初到舊邑，緇素欣待，侯伯慕迎。伏惟陛下惠溢四溟，恩高五嶽，世超黃、軒之古，人直金輪之新。奝然空辭鳳凰之窟，更還螻蟻之封，在彼在斯，只仰皇德之盛，越山越海，敢忘帝念之深，縱粉百年之身，何報一日之惠。染筆拭淚，伸紙搖魂，不勝慕恩之至。謹差上足弟子傳燈大法師位嘉因〔10〕、幷大朝剃頭受戒僧祚乾等拜表以聞。」稱其本國永延二年歲次戊子二月八日，實端拱元年也。

又別啓，貢佛經，納青木函；琥珀、青紅白水晶、紅黑木槵子念珠各一連，並納螺鈿花形平函；毛籠一，納螺杯二口；葛籠一，納法螺二口，染皮二十枚；金銀蒔繪筥一合，納髮鬘二頭，又一合，納參議正四位上藤佐理手書二卷、及進奉物數一卷、表狀一卷；又金銀蒔繪硯一筥一合〔二〕，納金硯一、鹿毛筆、松烟墨、金銅水瓶、鐵刀；又金銀蒔繪扇筥一合，納檜扇二十枚、蝙蝠扇二枚；螺鈿梳函一對，其一納赤木梳二百七十，其一納龍骨十橛；螺鈿書案一、螺鈿書几一；金銀蒔繪平筥一合，納白細布五匹；鹿皮籠一，納貂裘一領；螺鈿鞍轡一副，銅鐵鐙、紅絲鞦、泥障；倭畫屛風一雙；石流黃七百斤。

咸平五年，建州海賈周世昌遭風飄至日本，凡七年得還，與其國人滕木吉至，上皆召見之。世昌以其國人唱和詩來上，詞甚雕刻膚淺無所取。詢其風俗，云婦人皆被髮，一衣用二三縑。又陳所記州名年號。上令滕木吉以所持木弓矢挽射，矢不能遠，詰其故，國中不習戰鬥。賜木吉時裝錢遣還。景德元年，其國僧寂照等八人來朝，寂照不曉華言，而識文字，繕寫甚妙，凡問答並以筆札。詔號圓通大師，賜紫方袍。天聖四年十二月，明州言日本國太宰府遣人貢方物，而不持本國表，詔卻之。其後亦未通朝貢，南賈時有傳其物貨至中國者。

熙寧五年，有僧誠尋至台州，止天台國淸寺，願留。州以聞，詔使赴闕。誠尋獻銀香爐、木檛子、白琉璃、五香、水精、紫檀、琥珀所飾念珠，及青色織物綾。神宗以其遠人而有戒業，處之開寶寺，盡賜同來僧紫方袍。是後連貢方物，而來者皆僧也。元豐元年，使通事僧仲回來，賜號慕化懷德大師。明州又言得其國太宰府牒，因使人孫忠還，遣仲回等貢絁二百匹、水銀五千兩，以孫忠乃海商，而貢禮與諸國異，請自移牒報，而答其物直，付仲回東歸。從之。

乾道九年，始附明州綱首以方物入貢。淳熙二年，倭船火兒滕太明毆鄭作死，詔械太明付其綱首歸，治以其國之法。三年，風泊日本舟至明州，衆皆不得食，行乞至臨安府者復百餘人。詔人日給錢五十文、米二升，俟其國舟至日遣歸。十年，日本七十三人復飄至秀州華亭縣，給常平義倉錢米以振之。紹熙四年，泰州及秀州華亭縣復有倭人爲風所泊而至者，詔勿取其貨，出常平米振給而遣之。慶元六年至平江府，嘉泰二年至定海縣，詔並給錢米遣歸國。

党項，古析支之地，漢西羌之別種。後周世始強盛，有細風氏、費聽氏、往利氏、頗超氏、野亂氏〔三〕、房當氏、來禽氏〔三〕、拓拔氏最爲強族。唐貞觀至上元間內附，散居西北邊，元和以後，頗相率爲盜。會昌初，武宗置三使以統之：在邠、寧、延者爲一使，在鹽、夏、長澤者爲一使，在靈武、麟、勝者爲一使。五代亦嘗入貢。今靈、夏、綏、麟、府、環、慶、豐州，鎭戎、天德、振武軍並其族帳。

太祖建隆二年，代州刺史折乜埋來朝。乜埋，党項之大姓，世居河右，有捍邊之功，故授以方州，召令入覲而遣還。

開寶元年，直蕩族首領啜佶等引并人寇府州，爲王師所敗，詔內屬羌部十六府大首領屈遇與十二府首領羅崖領所部誅啜佶，啜佶懼，以其族歸順。以屈遇爲檢校太保、歸德將軍，羅崖、啜佶並爲檢校司徒、懷化將軍。

太平興國二年二月，靈州部送歲市官馬，路所過族帳物粗惡，羌人恚不受，知州、比部郞中張全操捕得十八人殺之，沒入其兵仗羊馬，戎人遂擾。上遣使齎金帛撫賜其族，與之盟，始定。召全操下有司鞫之，决杖流登州沙門島。是歲，靈州通遠軍界嗓咩族、折四族、吐蕃村族、柰喝三家族、尾落族、柰家族、嗓泥族剽略官綱，詔靈州安守忠、通遠軍董遵誨討平之。六年，府州外浪族首領來都等來貢馬。七年，豐州大首領黃羅并弟乞蚌等來貢馬。又銀州羌部拓跋遇來訴本州賦役苛虐，乞移居內地，詔令各守族帳。又保細族結集扇動諸部，夏州巡檢使梁迥率兵討平之。

雍熙初，諸族渠帥附李繼遷爲寇，詔判四方館事田仁朗及閤門使王侁等相繼領兵討擊，并賜麟、府、銀、夏、豐州及日利、月利族敕書招諭之。

二年四月，侁等於銀州北破悉利諸族，斬首三千六百餘級，生擒八十人，俘老小一千四百餘口，器甲一百八十六，梟僞署代州刺史折羅遇并弟埋乞，獲馬牛羊三萬計。五月，又於開光谷西杏子平破保寺、保香族，追奔二十餘里，斬首八百餘級，梟其首領埋乜已等五十七人，生擒四十九人，俘其老小三百餘人，獲牛羊馬驢凡四千餘計。又破保、洗兩族，俘三千人，降五十五族，獲牛羊八千計。

侁等又言，麟州及三族砦羌人二千餘戶皆降，酋長折御乜等六十四人獻馬首罪，願改圖自効，爲國討賊，遂與部下兵入濁輪川，斬賊首五十級、酋豪二十人，李繼遷及三族砦監押折御乜皆遁去。旋命內客省使郭守文自三交乘驛亟往，與王侁等同領邊事。五月，王侁、李繼隆等又破銀州杏子平東北山谷內沒邵、浪悉訛等族，及濁輪川東、兔頭川西諸族，生擒七十八人，梟五十九人，俘二百三十六口，牛羊驢馬千二百六十，招降千四百五十二戶。

六月，夏州尹憲等引兵至鹽城〔四〕，吳移、越移等四族來降，憲等撫之。岌伽羅膩十四族拒命，憲等縱兵斬首千餘級，俘擒百人，焚千餘帳，獲馬牛羊七千計。又降銀麟夏等州、三族砦諸部一百二十五族，合萬六千一百八十九戶。酋豪折御乜窮蹙來歸，守文置之部下。又夏州咩嵬族魔病人乜崖在南山族結黨爲寇，招懷不至，擒斬之，梟首徇衆，幷滅其族。又府州女乜族首領來母崖男社正等內附，因遷居茖乜族中。

七月，賜宥州界咩兀十族首領、都指揮使遇乜布等九人敕書，以安撫之。十一月，以勒浪族十六府大首領屈遇、名波族十二府大首領浪買當豐州路最爲忠順，及兀泥三族首領佶移等、女女四族首領殺越都等歸化，並賜敕書撫之。

端拱元年三月，火山軍言河西羌部直蕩族內附。二年〔三〕四月，夏州趙保忠言：「臣準詔市馬，已獲三百匹，其宥州御泥布、囉樹等二族黨附繼遷，不肯賣馬，臣遂領兵掩殺二百餘人，擒百餘人，其族卽降，各已安撫。」詔書獎諭之。十月，繼遷寇會州熟倉族，爲其首領咩嗨率來離諸族擊走之。

淳化元年，藏才三族都判啜尾卒，其子啜香來請命，乃令代其父。二年七月，以黃乜族降戶七百餘散于銀、夏州舊地處之。八月，李繼遷居王庭鎭，趙保忠往襲之，繼遷奔鐵斤澤，貌奴、猥才二族奪其牛畜二萬餘。十一月，繼遷寇熟倉族，刺史咩嗨率來離諸族擊退之。先是，兀泥大首領泥中佶移內附，詔授愼州節度，俄復歸繼遷，其長子突厥羅與首領黃羅至是以千餘帳降，府州折御卿以聞，降詔慰諭之。趙保忠又襲破宥州御泥布、囉樹二族，尋各降之，以其朋附繼遷，來上。

四年三月，直蕩族大首領嗳尾、子河汊大首領馬一並來貢，詔以嗳尾叔羅買爲本族都監，又嗳尾下首領十人、馬一下首領十二人皆賜錦袍、銀帶、器幣。是年，鄭文寶獻議禁靑鹽，羌族四十四首領盟于楊家族，引兵騎萬三千餘人入寇環州石昌鎭，知環州程德玄等擊走之，因詔屯田員外郎、知制誥錢若水馳驛詣邊，弛其鹽禁，由是部族寧息。十二月，鹽州羌人酋長巢延渭爲本州刺史。是年，藏才西族大首領羅妹來貢。

五年正月，以綏州羌酋蘇移、山海喭、母馱香三人並爲懷化將軍，野利、嵬名乜屈、嗳泥三人並爲歸德郎將。四月，府州折御卿言：銀、夏州管勾生戶八千帳族悉來歸附，錄其馬牛羊萬計。遡二族大首領崖羅、藏才東族首領歲囉嗳克各遣其子弟朝貢。六月，繼遷所驅脅內屬戎人櫜駝路熟藏族首領乜遇率部族反攻繼遷，其弟力戰而死，旣敗繼遷之衆，復來歸附。以遇爲檢校司空，領會州刺史。是年，兀泥族首領黃羅內附，以爲懷化將軍，領昭州刺史。

至道元年四月，以勒浪嵬女兒門十六府大首領馬尾等內附，以馬尾爲歸德大將軍、領恩州刺史，以勒浪樹李兒門首領沒崖爲安化郎將，副首領遇兀爲保順郎將。六月，賜慶州界首領順州刺史李奉明、澄州刺史李彥咩、鹽州刺史巢延渭、演州刺史李順忠、環州界首領會州刺史乜遇及靈州界幷河外保安、保靖、臨河、懷遠、定遠五鎭等部敕書慰撫之。七月，睡泥族首領你乜逋令男詣靈州，言族內七百餘帳爲李繼遷劫略，首領嘷逋一族奔往蕭關，你乜逋一族乞賜救助，詔賜以資糧。環州熟倉族乩遇略奪繼遷牛馬三十餘，繼遷令人招撫之，乩遇答云：「吾一心向漢，誓死不移。」詔以遇爲會州刺史，賜帛五十匹、茶五十斤。

二年三月，以府州界五族大首領折突厥移爲安遠大將軍，父死來請命也。六月，勒浪族副首領遇兀等百九十三人歸附，貢馬七匹。遇兀舊隸契丹，淳化初，遷族帳於府州界，東至河百五十里，南至府州三百里，至是，始朝貢。上召問慰勞，賜錦袍銀帶。遇兀言部族多良馬，今始來朝，所貢未備。上曰：「吾嘉爾忠順之節，慕化來歸，固不以多馬爲意也。」

七月，李繼隆出討繼遷，賜麟府州兀泥巾族大首領突厥羅、女女殺族大首領越都、女女夢勒族大首領越移、女女忙族大首領越置、女女籰兒族大首領党移、沒兒族大首領莫末移、路乜族大首領越移、細乜族大首領慶元、路才族大首領羅保、細母族大首領羅保保乜凡十族敕書招懷之。閏七月，懷安鎭羌誘諸族寇慶州，監軍趙繼昇率師擊敗之，斬首三百級，獲羊馬千計。

三年二月，泥巾族大首領名悉俄，首領皆移、尹遇、崔保羅、沒佶，凡五人來貢馬。名悉俄等舊皆內屬，因李繼遷之叛，徙居河北，今復來貢。

咸平元年三月，熟倉族乩遇來朝，眞宗嘉其誠節，親見撫勞，賜以器幣。十月，兀泥族大首領、昭州刺史黃羅對于崇德殿。兀泥族在靑岡嶺、三角城、龍馬川，領族帳千五百戶，初隸繼遷，俄投府州，淳化中數敗契丹，及與繼遷相攻擊。及繼遷內附，黃羅懼，北徙過黃河。今還舊地，遂入貢，且言繼遷旣受朝命，不敢侵伐。上面加獎慰，賜賚甚厚。十二月，詔直蕩族大首領鬼啜尾于金家堡置渡，令諸族互市。

二年正月，以咩逋族開道使泥埋領費州刺史。十月，以勒浪族十六府大首領、歸德大將軍、恩州刺史馬泥〔六〕領本州團練使。十一月，藏才八族大首領皆賞羅等來獻名馬。四年七月，以會州刺史乩遇爲保順郎將，蘇家族屈尾、鼻家族都慶、白馬族埋香、韋移族都香爲安化郎將。九月，環州言，繼遷所掠羌族嵬逋等徙帳來歸，又繼遷諸羌族明葉示及撲咩、訛猪等首領率屬內附，並令給善地處之。其年，卑寧族首領喝鄰半祝貢名馬，自稱有精騎三萬，願備驅策。有詔慰獎，厚償其直。

五年，咩逋族開道使、費州刺史泥埋遣子城逋入貢，上嘉泥埋數與繼遷戰鬥有勞，授錦州團練使，以其族弟屈子爲懷化將軍充本族指揮使，城逋爲歸德將軍充本族都巡檢使，餘首領署軍主以下名職者凡十數人。又以黑山北莊郎族龍移爲安遠大將軍，昧克爲懷化將軍。八月，河西教練使李榮等向化。其年，羌寇抄金明縣，李繼周擊走之。

十月，詔河西戎人歸投者遷內地，給以閑田。時勒厥麻等三族千五百帳以濁輪砦失守，越河內屬，分處邊境。邊臣屢言勒厥麻往來賊中，恐復叛去，乃徙置憲州樓煩縣，遣使賜金帛撫慰。十二月，咩逋族遣使來貢。上聞賀蘭山有小涼、大涼族甚盛，常恐與繼遷合勢為患，近知互有疑隙，輒相攻掠，朝廷欲遂撫之，乃召問咩逋使者，因其還特詔賜之，以激其立効。

上又謂樞密使王繼英等曰：「邊臣言遷賊舉兵，屢為龍移、昧克所敗。此族在黃河北數萬帳，或號莊郎昧克，常以馬附藏才入貢，頗勤外禦。」六年，遂降詔獎慰之。二月，葉市族囉埋等持繼遷僞署牒率百餘帳來歸，以囉埋為本族指揮使，囉胡為軍使。邠寧部署言牛羊、蘇家等族殺繼遷族帳有功，上曰：「此族恃遠與險，久為賊援，屢遣邊吏招諭，近聞有志內附，尙疑其詐，果能格鬬立効。」詔厚賜首領等茶綵以獎激之。涇原部署言，者龍移臯陵山首領廝敦琶遣使稱已集本族騎兵，願隨軍討賊。

三月，以咩逋族首領泥埋領鄯州防禦使，充靈州河外五鎭都巡檢使。時潘羅支已授河西節制，上以泥埋實與羅支掎角捍賊，故加恩寵。是月，綏州羌部軍使拽臼等百九十五口內屬。原州熟戶裴天下等請率族兵掩擊遷黨移湖等帳，來求策應，部署司不報。上以戎人宣力禦賊，不應沮之，即詔諭諸路以精甲策應。環州會長蘇尙娘擊賊有勞，及屢告賊中機事，以爲臨州刺史，賜錦袍銀帶。環慶部署張凝言：「內屬戎人與賊界錯居，屢爲脅誘，臣領兵離木波鎮直湊八州原下砦，招降岑移等三十二族，又至分水嶺降廝謀等二十一族，柔遠鎮降巢迷等二十族，遂抵業樂，降鬱樹羅家等一百族，合四千八十戶，第給袍帶物綵，慰遣還帳。」

四月，繼遷寇洪德砦，酋長慶香與乩移慶族合勢擊之，以砦兵策援，大敗繼遷，擒四十九人，墜崖死者甚衆，獲馬七十餘匹，旗鼓鎧甲數百計。上考陣圖以問入奏使，使者言砦兵拒賊千餘步，慶香等親率部族與賊接戰，上曰：「慶香等假王師爲援，而交鋒俘獲，乃其功也。」悉與所獲物，加賜銀綵，以慶香領順州刺史，乩移慶領羅州刺史。河西內屬折勒厥廝〔七〕等三族請以精兵千人、馬三百備征討，詔嵐州撫諭。環州白馬族與繼遷戰鬥，屢徙帳乏食，賜廩粟。又詔洪德砦歸附戎人，給內地土田，資以口糧。

五月，唐龍鎮上言：「鎮有貿易于府州者，爲州人邀殺，盡奪資畜。」乃詔府州自今許令互市，切加存撫。六月，瓦窰、沒劑、如羅、昧克等族濟河擊敗繼遷黨，優詔撫問。七月，補野狸族〔八〕首領子阿宜爲懷安將軍。八月，原、渭等州言本界戎人來附者八部二十五族，今詣吏納質。以環州蘇尙娘子孽娘爲臨州刺史。府州八族都校明義等言，屢于麟州屈野川擊繼遷，及緣邊六七栅防遏，皆有克獲。詔奬賚之，仍令府州常以勁兵援助，勿失機便。

景德元年正月，麟府路言：「附契丹戎人言泥族拔黃太尉率三百餘帳內屬。拔黃本大族，居黃河北古豐州，前數犯邊，阻市馬之路。其首領容貌甚偉，有智勇，桀黠難制，契丹結之，署爲太尉，今悉衆款塞。」詔府州厚賜茶綵，給公田，依險居之，計口賦粟，且戒唐龍鎭無得侵擾。三月，宋師恭破羌賊於柳谷川，驅其帳族千餘人以還。六月，洪德砦言羌部羅泥天王等首領率屬來附〔九〕。八月，野雞族侵掠環慶界，詔邊臣和斷，如其不從，則脅以兵威。九月，鎭戎軍言，先叛去熟魏族酋長茄羅、兀贜、成王等三族應詔撫諭，各率屬來歸。

二年，熟戶旺家族擊夏兵，擒軍主一人以獻。環州言：「戎人入寇，擊走之，擒酋將慶移送闕下，請斬于藁街。」上特貰死，配淮南。原州野狸族首領廝多逋丹卒，其子阿酌代爲首領，且乞奉料。詔諭以立功則賜之。

三年，府州折惟昌言兀泥族大首領名崖從父盛佶，爲趙德明白池軍主，密遣使諭名崖云，德明雖外託修貢之名，而點閱兵馬尤急，必恐劫掠山界，名崖以告。上嘉之，降詔撫諭，就賜錦袍銀帶。九月，秦州言野兒和尙族部落尤大，能稟朝命，凡諸族爲寇盜者輒遏絕之，請加旌別。詔補三砦都首領。十一月，鎭戎軍曹瑋言叛去酋長蘇尙娘復求歸附。詔報瑋曰：「尙娘反覆無信，特恐狙詐，以誤邊吏，又使德明緣此爲詞，不可納也。」

四年，唐龍鎭羌族來美與其叔璘不叶，召契丹破之，來依府州。璘、美非大族，嘗持兩端，頃亦寇鈔近界，發兵趣之，則走河之東曰東壖，契丹加兵，則入河之西曰西壖，地極險阻，介卒騎兵所不能及。至是，上亦憫其窮而款塞，特優容之。會契丹使至，卽令諭其事，仍還所掠璘、美人畜。其族人懷正又與璘互相讎劫，側近帳族不寧，詔遣使召而盟之，依本俗法和斷。

大中祥符元年，鄜延鈐轄言，小湖臥浪族軍主最處近塞，往時出師皆命爲前鋒，甚著誠節。詔補侍禁。二年六月，麟府鈐轄言杜慶族依援唐龍鎭，數侵別帳，請發熟戶兵擊之。上曰：「戎落皆吾民也，宜以道撫之。」不許。其年，兀泥族大首領名崖同府州折惟昌入貢，上親加撫問，特詔副都知張繼能賜射於瓊林苑。四年，藏才西族、中族首領奴移、横全等並遣子來朝。五年，環慶熟戶有酗酒劫奪使臣馬纓者，上怒，令部署司重罰之。六年，北界尅山軍主率衆過大里河侵熟戶，爲羅勒族都囉擊走之，詔以都囉爲本族指揮使，且諭邊臣約飭族帳，謹守疆界，勿出境追襲。九月，夏州略去熟戶旺家族首領都子等來歸，隨而至者又三族，遣使存勞之。

七年，涇原鈐轄曹瑋請署熟戶百帳以上大首領爲本族軍主〔10〕，次指揮使，又次副指揮使，百帳而下爲本族指揮使，從之。五月，瑋言葉市族大首領艷奴歸順。七月，瑋又言北界萬子族謀鈔略，發兵逆之，大敗于天麻川，又爲魏埋等族掩擊，殺其酋帥，斬首千餘級。

八年，北界酋長、指揮使浪梅娘等來投，諭邊臣令追取熟戶亡入北界者，即遣還梅娘。

九年，羌兵寇小力族，巡檢李文貞率兵奮擊，追斬籍遇太保首級，賜文貞錦袍銀帶。五月，北界毛尸族軍主浪埋、骨咩族酋長乢唱、巢迷族酋長馮移埋率其屬千一百九十口、牛馬雜畜千八百歸附，降詔撫之。

天禧元年，環州言北界騎兵數千來剽熟戶，擊走之。二年，涇原路言樊家族九門都首領客廝鐸內屬，以廝鐸爲軍主。三年，鄜延路言亡去熟戶委乞等六百九十五人，及骨咩、大門等族來歸。四年正月，又言宥州羌族臘兒率衆劫熟戶咩魏族，金明都監李士彬擊之，斬臘兒，梟七十二級，俘餘衆，獲甲馬三百餘。五月，小湖族都虞候喏鬼、巡檢胡懷節等擊賊有功，並進秩。環州七臼族軍主近膩納質歸化，以近膩領順州刺史，首領惹都等十五人補官有差。七月，撲咩族馬訛等率屬來附。十月，以淮安鎭六族都軍主乞埋爲三班借職，充羌部巡檢。五年，北界羅骨等劫剽熟戶，環慶部署田敏追擊之，俘獲甚衆，詔獎敏等，賜器幣。

校勘記

〔一〕以刀矟弓矢劍鈹爲兵器　「鈹」原作「鼓」，據隋書卷八一東夷列傳、通考卷三二七四裔考改。

〔二〕其王子太元因女眞使上表　「因」字原脫，據長編卷三二、通考卷三二七四裔考補。

〔三〕忽汗州　「忽」原作「急」，據舊唐書卷一九九下渤海靺鞨傳、通考卷三二六四裔考、新五代史卷七四四夷附錄第三渤海條改。

〔四〕劉延翰　太宗實錄卷二九同。本書卷二六〇本傳作「劉廷翰」。

〔五〕職員今　「今」，日成尋參天台五台山記延久四年十二月二十九日條引楊文公談苑作「令」，清黄遵憲日本國志卷五也作「令」，當是。

〔六〕乾文大寶　按日村上天皇天德二年（公元九五八年）三月鑄造「乾元大寶」，此處「文」字疑爲「元」字之誤。

〔七〕中國　原作「國中」，據諸蕃志卷上倭國、通考卷三二四四裔考改。

〔八〕別島　按日本無「別島」，「別」係「對」字之誤，見諸蕃志校注卷上倭國條注一〇及注一九。

〔九〕其年代紀所記云　按此以下所記内容，據新唐書卷二二〇、通考卷三二四四裔考，人名地名頗多異文，文繁不一一考校。

〔一〇〕嘉因　上文作喜因，二者當有一誤。

〔一一〕又金銀蒔繪硯一筥一合　疑「筥」上「一」字衍。

〔一二〕野亂氏　舊唐書卷一九八党項羌傳、新唐書卷二二一上党項傳作「野辭氏」，新五代史卷七四四夷附錄党項條作「野利氏」，通典卷一九〇邊防六、通考卷三三四四裔考作「野律氏」。

〔三〕來禽氏　按舊唐書卷一九八党項羌傳、新唐書卷二二一上党項傳及通典卷一九〇邊防六、通考卷三三四四裔考都作「米禽氏」。

〔四〕鹽城　原作「監城」，據本書卷二五九郭守文傳、太平治蹟統類卷二改。

〔五〕二年　原作「三年」。按端拱無三年，據通考卷三三四四裔考改。

〔六〕馬泥　上文作「馬尾」，長編卷四五作「馬斡」。

〔七〕折勒厥麻　上文凡兩見「勒厥麻」，都沒有「折」字。長編卷五四作「拉爾結馬」。

〔八〕野狸族　「野狸」二字原倒，據下文及長編卷五五乙正。

〔九〕羌部羅泥天王等首領率屬來附　「部」原作「俗」，按本書卷七眞宗紀、長編卷五六都作「蕃部羅泥天王」，據改。

〔一〇〕本族軍主　「本」原作「大」，據本書卷二五八曹瑋傳、長編卷八二改。

宋史卷四百九十二

列傳第二百五十一

外國八

吐蕃 唃廝囉 董氈 阿里骨 瞎征 趙思忠

吐蕃本漢西羌之地，其種落莫知所出。或云南涼禿髮利鹿孤之後，其子孫以禿髮爲國號，語訛故謂之吐蕃。唐貞觀後，常來朝貢。至德後，因安、史之亂，遂陷河西、隴右之地。大中三年，其國宰相論恐熱以秦、原、安樂及石門等七關來歸。四年，又克成、維、扶三州。五年，其國沙州刺史張義潮以瓜、沙、伊、肅十一州之地來獻。唐末，瓜、沙之地復爲所隔。然而其國亦自衰弱，族種分散，大者數千家，小者百十家，無復統一矣。自儀、渭、涇、原、環、慶及鎮戎、秦州暨于靈、夏皆有之，各有首領，內屬者謂之熟戶，餘謂之生戶。涼州雖爲所隔，然其地自置牧守，或請命於中朝。

天成中，權知西涼府留後孫超遣大將拓拔承誨來貢，明宗召見，承誨云：「涼州東距靈武千里，西北至甘州五百里。舊有鄆人二千五百爲戍兵，及黃巢之亂，遂爲阻絕。超及城中漢戶百餘，皆戍兵之子孫也。其城今方幅數里，中有縣令、判官、都押衙、都知、兵馬使，衣服言語略如漢人。」卽授超涼州刺史，充河西軍節度留後。乾祐初，超卒，州人推其土人折逋嘉施權知留後，遣使來貢，卽以嘉施代超爲留後。

涼州郭外數十里〔一〕，尙有漢民陷沒者耕作，餘皆吐蕃。其州帥稍失民情，則衆皆嘯聚。城內有七級木浮圖，其帥急登之，給其衆曰：「爾若迫我，我卽自焚於此矣。」衆惜浮圖，乃盟而舍之。周廣順三年，始以申師厚爲河西節度。師厚初至涼州，奏請授吐蕃首領折逋支等官，並從之。顯德中，師厚爲其所迫，擅還朝，坐貶。涼州亦不復命帥。

建隆二年，靈武五部以橐駝良馬致貢，來離等八族酋長越鬼等護送入界，敕書獎諭。秦州首領尙波于〔三〕傷殺采造務卒，知州高防捕繫其黨四十七人，以狀聞。上乃以吳廷祚爲雄武軍節度代防安輯之，令廷祚齎敕書賜尙波于等曰：「朝廷制置邊防，撫寧部落，務令安集，豈有侵漁？曩者秦州設置三砦，止以采取材木，供億京師，雖在蕃漢之交，不妨牧放之利。汝等占據木植，傷殺軍人。近得高防奏汝等見已拘執，聽候進止。朕以汝等久輸忠順，必悔前非，特示懷柔，各從寬宥。已令吳廷祚往伸安撫及還舊地。所宜共體恩旨，各歸本族。」仍以錦袍銀帶賜之，尙波于等感悅。是年秋，乃獻伏羌地。

乾德四年，知西涼府折逋葛支上言：「有回鶻二百餘人、漢僧六十餘人自朔方路來，爲部落劫略。僧云欲往天竺取經，並送達甘州訖。」詔褒答之。五年，首領閭逋哥、督廷、督南、割野、麻里六人來貢馬。開寶六年，涼州令步奏官僧吝氈聲、逋勝拉蠲二人求通道於涇州以申朝貢，詔涇州令牙將至涼州慰撫之。八年，秦州大石、小石族寇土門，略居民，知州張炳擊走之。

太平興國二年，秦州安家族寇長山，巡檢使韋韜擊走之。三年，秦州諸族數來寇略三陽、床穰〔三〕、弓門等砦，監軍巡檢使周承瑨、任德明、耿仁恩等會兵擊敗之，斬首數十級，腰斬不用命卒九人于境上。太宗乃詔曰：「秦州內屬三族等頃慕華風，聿求內附，俾之安輯，咸遂底寧。近聞乘蕃育之資，稔寇攘之志，敢忘大惠，來撓邊疆。豈朕信之未孚，而吏撫之不至？並蠲釁咎，特示威懷。今後或更剽剠，吏即捕治，寘之于法，不須以聞。」是年，又寇八狠砦，巡檢劉崇讓擊敗之，梟其帥王泥猪首以徇。三月，小遇族寇慶州，知州慕容德豐擊走之。八年，諸種以馬來獻，太宗召其酋長對于崇政殿，厚加慰撫，賜以束帛，因謂宰相曰：「吐蕃言語不通，衣服異制，朕常以禽獸畜之。自唐室以來，頗爲邊患。以國家兵力雄盛，聊舉偏師，便可驅逐數千里外。但念其種類蕃息，安土重遷，倘因攘除，必致殺戮，所以置之。

於度外，存而勿論也。」九年秋，秦州言蕃部以羊馬來獻，各已宴犒，欲用茶絹答其直。詔從之。

淳化元年，秦州大、小馬家族獻地內附。二年，權知西涼州、左廂押蕃落副使折逋阿喻丹來貢。先是，殿直丁惟清往涼州市馬，惟清至而境大豐稔，因爲其所留。靈州命蕃落軍使崔仁遇往迎惟清。又吐蕃賣馬還過靈州，爲党項所略，表訴其事，因請留惟清至來年同入朝。詔答之。四年，阿喻丹死，以其弟喻龍波爲保順郎將代其任。五年，折平族大首領、護遠州軍鑄督延巴率六谷諸族馬千餘匹來貢，既辭，復撾登聞鼓，言儀州八族首領逋波鵶等侵奪地土。上降敕書告諭之。知秦州温仲舒上言，每歲伐木，多爲蕃族攘奪，今已驅其部落於渭北。太宗慮生邊患，乃以知鳳翔薛惟吉對易其任，語見惟吉傳。是年春，知西涼府左廂押蕃落副使折逋喻龍波、振武軍都羅族大首領並來貢馬。

至道元年，涼州蕃部當尊以良馬來貢，引對慰撫，加賜當尊虎皮一，歡呼致謝。二年四月，折平族首領握散上言，部落爲李繼遷所侵，願會兵靈州以備討擊，賜幣以答之。七月，西涼府押蕃落副使折逋喻龍波上言，蕃部頻爲繼遷侵略，乃與吐蕃都部署沒暇拽于會六谷蕃衆來朝，且獻名馬。上厚賜之。是歲，涼州復來請帥，詔以丁惟清知州事，賜以牌印。

咸平元年十一月，河西軍左廂副使、歸德將軍折逋游龍鉢來朝。游龍鉢四世受朝命爲酋，雖貢方物，未嘗自行，今始至，獻馬二千餘匹。河西軍即古涼州，東至故原州千五百里，南至雪山、吐谷渾、蘭州界三百五十里，西至甘州同城界六百里，北至部落三百里。周回平川二千里。舊領姑臧、神鳥〔四〕、蕃禾、昌松、嘉麟五縣，戶二萬五千六百九十三，口十二萬八千一百九十三。今有漢民三百戶。城周回十五里，如鳳形，相傳李軌舊治也。皆龍鉢自述云。詔以龍鉢爲安遠大將軍。

二年，以儀州延蒙八部都首領渴哥領化州刺史，首領透逋等爲懷化郎將。四年，知鎭戎軍李繼和言，西涼府六谷都首領潘羅支願戮力討繼遷，請授以刺史，仍給廩祿。經略使張齊賢又請封六谷王兼招討使。上以問宰相，皆曰：「羅支已爲酋帥，授刺史太輕；未領節制，加王爵非順；招討使號不可假外夷。」乃以爲鹽州防禦使兼靈州西面都巡檢使。時西涼使來，且言六谷分左右廂，左廂副使折逋游龍鉢實參羅支戎事。朝廷方務綏懷，又以龍鉢領宥州刺史，六族首領褚下箕等三人爲懷化將軍。其年，潘羅支遣部下李萬山率兵討賊，貽書繼和請師期。先是，遣宋沆、梅詢等爲安撫使、副〔五〕，未行，上謂宰相曰：「朕看盟會圖，頗記吐蕃反覆狠子野心之事。今已議王超等領甲馬援靈州，若難爲追襲，卽靈州便可制置，沆等不須遣，止走一使以會兵告之。」

五年十月，羅支又言賊遷送鐵箭誘臣部族，已戮一人、繫一人，聽朝旨。詔褒諭之，聽自處置。十一月，使來，貢馬五千匹。詔厚給馬價，別賜綵百段、茶百斤。六年，又遣咩逋族蕃官成逋馳騎至鎮戎軍，請會兵討賊。邊臣疑成逋詐，護送部署司，成逋懼，逸馬墜崖死。上聞，甚歎息之，曰：「此泥埋之子，族人畏其勇，父子皆有戰功，凡再詣闕，朕皆召見，獎其向化。」詔劾鎮戎官吏，仍令渭州以禮葬之。其年，原、渭蕃部三十二族納質來歸。羅支又遣蕃官吳福聖臘來貢，表言感朝廷恩信，憤繼遷倔彊，已集騎兵六萬，乞會王師收復靈州。乃以羅支爲朔方軍節度、靈州西面都巡檢使，賜以鎧甲器幣。又以吳福聖臘爲安遠將軍，次首領兀佐〔六〕等七人爲懷化將軍。羅支屢請王師助擊賊，議者以西涼去渭州限河路遠，不可預約師期。上曰：「繼遷常在地斤三山之東，每來寇邊，及官軍出，則已遁去。使六谷部族近塞捍禦，與官軍合勢，亦國家之利。」降詔許之。六月，知渭州曹瑋言隴山西延家族首領禿逋等納馬立誓，乞隨王師討賊，以漢法治蕃部，且稱其忠。詔授本族軍主。八月，者龍族首領來貢名馬，上嘉其嘗與潘羅支協力抗賊〔七〕，令復優待之。其年十一月，繼遷攻西蕃，遂入西涼府，知州丁惟清陷沒。羅支僞降，未幾，集六谷諸豪及者龍族合擊繼遷。繼遷大敗，中流矢遁死。

景德元年〔八〕二月，遣其甥廝陁完來獻捷。六月，又遣其兄邦逋支入奏，且欲更率部族及回鶻精兵直抵賀蘭山討除殘孽，願發大軍援助。詔涇原部署陳興等候羅支已發，卽率衆鼓行赴石門策應。邦逋支又言前賜羅支牌印、官告、衣服、器械爲賊劫掠，有詔別給羅支；又言修洪元大雲寺，詔賜金箔物綵。先是，繼遷種落迷般囑及日逋吉羅丹二族亡歸者龍族，而欲陰圖羅支。是月，會遷黨攻者龍，羅支率百餘騎急赴，將議合擊，遂爲二族戕于帳。詔贈羅支武威郡王，遣使贈恤其家。

者龍凡十三族，而六族附迷般囑及日逋吉羅丹。西涼府既聞羅支遇害，乃率龕谷、蘭州、宗哥、覓諾諸族攻者龍六族，六族悉竄山谷中，詔使者安集之。六谷諸豪乃議立羅支弟廝鐸督爲首領，且言鐸督剛決平恕，每會戎首，設觴豆飲食必先卑者，犯令雖至親不貸，數更戰討，威名甚著。詔授鐸督鹽州防禦使、靈州西面沿邊都大巡檢使。上以遷黨未平，藉其腹背攻制，遂加鐸督朔方軍節度、押蕃落等使、西涼府六谷大首領。

涇原路言隴山縣王、貍、延三族歸順。又渭州言龕谷、懶家族首領尊氊磨壁余龍及便囑等獻名馬，願率所部助討不附者；又言西涼市馬道出本族，自今保無他虞。詔賜馬直，以便囑等爲郎將。石、隰州又言河西諸蕃四十五族內附。其年，遷黨寇永寧，爲欒令族合蘇擊敗之，斬首百餘級。鎭戎軍上言，先叛去蕃官茄羅、兀臧、成王等三族及移移軍主率屬歸順，請獻馬贖罪，特詔宥之。

二年，廝鐸督遣其甥呵昔來貢，仍上與趙德明戰鬥功狀；又言蕃帳周斯那支有智勇，久參謀議，請授以六谷都巡檢使。上嘉奬，從其請，仍賜茶綵。又追錄潘羅支子失吉爲歸德將軍，厚賜器幣；者龍七族首領有捍寇之勞，並月給千錢。舊制，弓矢兵器不入外夷，時西涼樣丹族上表求市弓矢，上以樣丹宣力西陲，委以捍蔽，特令渭州給賜。因別賜廝鐸督，以重恩意。

三年，又以者龍族合窮波、黨宗族業羅等爲本族首領、檢校太子賓客，皆鐸督外姻也。鐸督遣安化郎將路黎奴來貢。黎奴病于館，特遣尙醫視療。及卒，上憐之，厚加賵給。五月，鐸督又言部落疾疫。詔賜白龍腦、犀角、硫黃、安息香、白紫石英等藥，凡七十六種。使者感悅而去。又制加鐸督檢校太傅，其族帳李波逋等四十九人爲檢校太子賓客，充本族首領。鐸督遣所部波機進賣馬〔九〕，因言積官奉半歲，乞就京給賜市所須物，從之。渭州言妙娥、延家、熟嵬等族率三千餘帳、萬七千餘口及羊馬數萬款塞內附。詔遣使撫勞之，賜以袍帶茶綵，仍以折平族首領撒逋渴爲順州刺史，充本族都軍主。是年〔一〇〕，宗家、當宗、章迷族來貢，移逋、攃父族歸附。九月，詔釋西面納質戎人。先是，諸蕃有鈔劫爲惡嘗經和斷者，恐異時復叛，故收其子弟爲質，乃有禁錮終身者。上憫而縱之，族帳感恩，皆稽顙自誓不爲邊患。四年，邊臣言趙德明謀劫西涼，襲回鶻。上以六谷、甘州久推忠順，思撫寧之，乃遣使諭廝鐸督令援結回鶻爲備，并賜鐸督茶藥、襲衣、金帶及部落物有差。鐸督奉表謝。

大中祥符元年十一月，宗哥族大首領温逋等來貢。三年，西涼府覔諾族瘴疫，賜首領温逋等藥。四年，厮鐸督遣増蘭氊單來貢，賜紫方袍。五年，又遣其子來貢。其年，者龍族都首領捨欽波遣使詣闕獻馬，求賜印。詔從其請，仍優賚之。七年，知秦州張佶置大落門新砦。先是，佶欲近渭置采木場，蕃族聞之，即徙帳去，佶不能遂撫之，戎人輒悔，因鄉導鈔劫，佶深入掩擊，悉敗走。至是求和，佶不許。

三月〔二〕，秦州曹瑋言熟戶郭厮敦、賞樣丹皆大族，樣丹輒作文法謀叛，厮敦密以告，約半月殺之，至是，果攜樣丹首來。上以厮敦陰害樣丹，不欲明加恩奬，以疑懼諸族。時方議築南使城，遂以厮敦獻地爲名，詔授順州刺史。先是，張佶深入蕃境，邊事數擾。及瑋破魚角蟬，戮賞樣丹二酋，由是前拒王師者伏匿避罪，瑋誘召之，許納罰首過。既而至者數千人，凡納馬六十匹〔三〕，給以匹綵。或以少爲訴者，瑋叱之曰：「是贖罪物，汝輩敢希利耶！」戎族聞之，皆畏服。八月，曹瑋言伏羌砦厮雞波與宗哥族李磨論聚爲文法，領兵趣之，悉潰散，夷其城帳。九月，瑋又言宗哥唃厮囉、羌族馬波叱臘魚角蟬等率馬銜山、蘭州、龕谷、氊毛山、洮河、河州羌兵至伏羌砦三都谷，即率兵擊敗之，逐北二十里，斬馘千餘級，擒七人，獲馬牛、雜畜、衣服、器仗三萬三千計。吹麻城張族都首領張小哥以功授順州刺史。瑋又言永寧砦隴波、他厮麻二族召納質不從命，率兵擊之，斬首二百級。十一月，詔給秦州七砦熟戶首領、都軍主以下百四十六人告身。

天禧元年，詔以冶坊砦都首領郭厮敦爲本族巡檢，賦以奉祿。又補大馬家族阿厮鐸爲本族軍主。十月，秦州部署言鬼留家族累歲違命，討平之。二年，又言吹麻城及河州諸族皆破宗哥文法來附；唃厮囉少衰，數爲囉瞎力骨所困，今還舊地。諸砦羌族及空俞、厮雞波等納質者凡七百五十六帳。

唃厮囉者，緒出贊普之後，本名欺南陵溫籛逋。籛逋猶贊普也，羌語訛爲籛逋。生高昌磨榆國，既十二歲，河州羌何郎業賢客高昌，見厮囉貌奇偉，挈以歸，置劃心城，而大姓聳昌厮均又以厮囉居移公城，欲於河州立文法。河州人謂佛「唃」，謂兒子「厮囉」，自此名唃厮囉。於是宗哥僧李立遵、邈川大酋溫逋奇〔三〕略取厮囉如廓州〔四〕，尊立之。部族寖彊，乃徙居宗哥城，立遵爲論逋佐之。

立遵或曰李遵，或曰李立遵，又曰郢成藺逋叱。論逋者，相也。立遵貪，且喜殺戮，國人不附，既與曹瑋戰三都谷不勝，又襲西涼爲所敗。厮囉遂與立遵不協，更徙邈川，以溫逋奇爲論逋，有勝兵六七萬，與趙德明抗，希望朝廷恩命。知秦州張佶奏請拒絕。涇原鈐轄曹瑋上言，宜厚唃厮囉以扼德明。而立遵屢表求贊普號，朝議以贊普戎王也，立遵居厮囉下，不應妄予，乃用廝鐸督恩例，授立遵保順軍節度使，賜襲衣、金帶、器幣、鞍馬、鎧甲等。

大中祥符八年，廝囉遣使來貢。詔賜錦袍、金帶、器幣、供帳什物、茶藥有差，凡中金七千兩，他物稱是。其年，廝囉立文法，聚衆數十萬，請討平夏以自效。上以戎人多詐，或生他變，命周文質監涇原軍，曹瑋知秦州兼兩路沿邊安撫使以備之。宗哥城東南至永寧九百一十五里，東北至西涼府五百里，西北至甘州五百里，東至蘭州三百里，南至河州四百一十五里，又東至龕谷五百五十里，又西南至青海四百里，又東至新渭州千八百九十里。九年，廝囉、立遵等獻馬五百八十二匹。詔賜器幣總萬二千計以答之。數使人至秦州求內屬。

明道初，卽授廝囉寧遠大將軍、愛州團練使，授逋奇歸化將軍。已而逋奇爲亂，囚廝囉置穽中，出收不附己者，守穽人間出之。廝囉集兵殺逋奇，徙居靑唐。

景祐中，以廝囉爲保順軍節度觀察留後，歲以奉錢令秦州就賜。元昊侵略其界，兵臨河湟，廝囉知衆寡不敵，壁鄯州不出，陰間元昊，頗得其虛實。元昊已渡河，插幟志其淺，廝囉潛使人移植深處以誤元昊。及大戰，元昊潰而歸，士視幟渡，溺死十八九，所鹵獲甚衆。自是，數以奇計破元昊，元昊遂不敢窺其境〔三〕。及元昊取西涼府，潘羅支舊部往往歸廝囉，又得回紇種人數萬。廝囉居鄯州，西有臨谷城通青海，高昌諸國商人皆趨鄯州貿賣，以故富強。

寶元元年，加保順軍節度使，仍兼邈川大首領。時以元昊反，遣左侍禁魯經持詔諭廝囉，使背擊元昊以披其勢，賜帛二萬匹。經還，以勞擢閤門祗候。廝囉奉詔出兵嚮西涼，西涼有備，廝囉知不可攻，捕殺遊邏數十人亟還，聲言圖再舉。元昊既屢寇邊，仁宗召對魯經，欲再遣，經固辭，貶經爲左班殿直。募敢使者，屯田員外郎劉渙應詔。渙至，廝囉迎導供帳甚厚，介騎士爲先驅，引渙至庭。廝囉冠紫羅氈冠，服金線花袍、黃金帶、絲履，平揖不拜，延坐勞問，稱「阿舅天子安否」。道舊事則數十二辰屬，曰兔年如此，馬年如此。渙傳詔，已而廝囉召酋豪大犒，約盡力無負，然終不能有大功。後累加恩兼保順河西節度使、洮涼兩州刺史，又加階勛檢校官、功臣、食邑，賜器幣鞍勒馬。

嘉祐三年，擦羅部阿作等叛廝囉歸諒祚，諒祚乘此引兵攻掠境上，廝囉與戰敗之，獲酋豪六人，收橐駝戰馬頗衆，因降隴逋、公立〔六〕、馬顛三大族。會契丹遣使送女妻其少子董氈，乃罷兵歸。

治平二年夏，羌邈奔及阿叔溪心以隴、珠、阿諾三城叛諒祚歸廝囉，廝囉不禮，乃復歸諒祚，請兵還取所獻地，諒祚不之罪，爲出萬餘騎隨邈奔、溪心往取，不能克，但取邈川歸丁家五百餘帳而還。廝囉其年冬死，年六十九，第三子董氈嗣。

董氈母曰喬氏，廝囉三妻。喬氏有色，居歷精城，所部可六七萬人，號令明，人憚服之。方董氈少時，擇酋長子年與董氈相若者與之遊，衣服飲食如一，以此能附其衆。董氈自九歲廝囉爲請于朝，命爲會州刺史，而喬氏封太原郡君。其二妻皆李立遵女也，生瞎氈及磨氈角。立遵死，李氏寵衰，斥爲尼，置廓州〔七〕，錮其子瞎氈。磨氈角結母黨李巴全竊載其母奔宗哥，廝囉不能制，磨氈角因撫有其衆。李氏以寶元二年恩賜紫衣。磨氈角亦累奉貢，初補嚴州團練使，後以思州團練使卒。所部立其子瞎撒欺丁，李氏懼孤弱不能守，乃獻皮帛、入庫廩文籍于廝囉，廝囉因受之。嘉祐三年，命欺丁爲順州刺史。瞎氈居龕谷，屢通貢，授澄州團練使，先卒。子木征居河州，母弟瞎吳叱居銀川〔八〕。

廝囉地既分，董氈最彊，獨有河北之地，其國大抵吐蕃遺俗也。懷恩惠，重財貨，無正朔。市易用五穀、乳香、硇砂、罽毯、馬牛以代錢帛。貴虎豹皮，用緣飾衣裘。婦人衣錦，服緋紫青綠。尊釋氏。不知醫藥，疾病召巫覡視之，焚柴聲鼓，謂之「逐鬼」。信呪詛，或以決事，訟有疑，使詛之。訟者上辭牘，藉之以帛，事重則以錦。亦有鞭笞杻械諸獄具。人喜啖生物，無蔬茹醯醬，獨知用鹽爲滋味，而嗜酒及茶。居板屋，富姓以氈爲幕，多並水爲鞦韆戲。貢獻謂之「般次」，自言不敢有貳則曰「心白向漢」云。其後，河州、武勝軍諸族寖驕，閉于闐諸國朝貢道，擊奪般次。詔邊將問罪。已而董氈遣使奉貢入謝，上慰納焉。

初，廝囉死，董氈嗣爲保順軍節度使、檢校司空。神宗卽位，加太保，進太傅。熙寧元年，封其母安康郡太君，以其子藺逋比爲錦州刺史。三年，夏人寇環慶，董氈乘虛入其境，大克獲。賜璽書袍帶獎激之。王韶既定熙河，其首領青宜結鬼章寇河州踏白城，景思立死焉。帝命邊臣招來之。十年，以鬼章及阿里骨皆爲刺史。董氈貢眞珠、乳香、象牙、玉石、馬，賜以銀、綵、茶、服、緡錢，改西平節度使，遣供奉官郭英齎詔書、器幣至其國。

方鬼章犯境時，列帳訥兒温及祿尊率部族叛附之，既來降，又陰與董氈通。元豐初，詔知岷州种諤集酋長斬之，以妻女田產賜降將俞龍珂。二年，遣景青宜党令支貢方物，以令支爲珍州刺史，賜董氈錢萬緡，銀綵千計。三年，邈川城主温訥支郢成及叔溪心、弟阿令京等款塞，以郢成爲會州團練使，溪心內殿崇班，令京西頭供奉官，餘族人皆殿直奉職。

四年，王師討夏，會其兵。董氈遣酋長抹征等率三萬人赴党龍耳江及隴、朱、珂諸，又集六部兵十二萬，約以八月分三路與官軍會。帝以其協濟軍威，事功可紀，由常樂郡公進封武威郡王，鬼章、阿里骨、党令支皆團練使，心牟欽氈、阿星、李叱臘欽爲刺史。

夏人欲與之通好，許割賂斫龍以西地，云如歸我，卽官爵恩好一如所欲。董氈拒絕之，訓整兵甲，以俟入討，且遣使來告。帝召見其使，使歸語董氈盡心守圉；每稱其上書情辭忠智，雖中國士大夫存心公家者不過如此。知邈川事力固不足與夏人抗，但欲解散其謀，使不與結和而已，故終不能大有功。

哲宗立，加檢校太尉。元祐元年，卒。藺逋叱已死，養子阿里骨嗣。

阿里骨本于闐人。少從其母給事董氈，故養爲子。元豐蘭州之戰最有功，自肅州團練使進防禦使。董氈病革，召諸酋領至青唐，謂曰：「吾一子已死，惟阿里骨母嘗事我，我視之如子。今將以種落付之，何如？」諸酋聽命。既嗣事，遣使修貢。

元祐元年，以起復冠軍大將軍、檢校司空爲河西軍節度使，封寧塞郡公。里骨頗峻刑殺，其下不遑寧。詔飭以推廣恩信，副朝廷所以封立、前人所以付與之意。二年，遂逼鬼章使率衆據洮州〔九〕。羌結藥密者使所部怯陵來告，里骨執怯陵，結藥密懼，攜妻子南歸。鬼章又使其子結呃齪入寇，心牟欽氈、溫溪心不肯從，詔以二人爲團練使。八月，鬼章就擒，檻送京師；尋赦之，授陪戎校尉，遣居秦州，聽招其子以自贖。

明年，里骨奉表謝罪。詔熙河無復出兵，許貢奉如故，加金紫光祿大夫、檢校太保。其廓州主魯尊欲焚拆河橋歸漢，熙州以聞。哲宗以里骨既通貢，不可有納叛之名，欲弗納，又封其妻溪尊勇丹爲安化郡君，子邦彪籛爲鄯州防禦使，弟南納支爲西州刺史。鬼章死，詔焚付其骨。

紹聖元年，以師子來獻。帝慮非其土性，厚賜而還之。三年，卒，年五十七。瞎征嗣。

瞎征，卽邦彪籛也。以紹聖四年正月爲河西軍節度使、檢校司空、寧塞郡公。性嗜殺，部曲睽貳。大酋心牟欽氈之屬有異志，忌瞎征季父蘇南党征雄勇多智，共誣其謀逆，瞎征不能察而殺之，盡誅其黨，獨籛羅結逃奔溪巴溫。

溪巴溫者，董氈疎族也，自阿里骨之立，去依隴逋部，河南諸羌多歸之。籛羅結奉溪巴溫長子杓拶據溪哥城。瞎征討殺杓拶，籛羅結奔河州，說王贍以取青唐之策。已而溫入溪哥城〔10〕，自稱王子。

元符二年七月，贍取邈川。八月，瞎征自青唐脫身來降。欽氈迎溪巴溫入青唐，立木征之子隴拶爲主。九月，贍軍至青唐，隴拶出降。以邈川爲湟州，青唐爲鄯州。二酋雖降，然其種人本無歸漢意。議者謂：「今不先修邈川以東城障而遽取青唐，非計也。以今日觀之，有不可守者四：自炳靈寺渡河至青唐四百里，道險地遠，緩急聲援不相及，一也；羌若斷橋塞隘，我雖有百萬之師，倉卒不能進，二也；王贍提孤軍以入，四無援兵，必生他變，三也；設遣大軍而青唐、宗哥、邈川食皆止支一月，內地無粮可運，難以久處，四也。官軍自會州還者皆憔悴，衣屨穿决，器仗不全，羌視之有輕漢心，且夕必叛。」

閏九月，欽氈等果與青唐城中人相結，謀復奪城。山南諸羌亦叛。贍遣將破之，戮結吼鹼及欽氈等九人。青唐圍解而邈川益急，夏人十萬助之。總管王愍以死戰固守，乃得免。贍棄青唐歸，巴温與其子溪賒羅撒據之。朝論請并棄邈川，且謂董氈無後，隴拶乃木征之子、唃厮囉嫡曾孫，最爲親的。於是以隴拶爲河西軍節度使、知鄯州，封武威郡公，充西蕃都護，依府州折氏世世承襲。尋賜姓名曰趙懷德；其弟邦辟勿丁呱曰懷義，爲廓州團練使、同知湟州；加瞎征檢校太傅〔二〕、懷遠軍節度使。

三年三月，懷德及所降契丹、夏國、回鶻公主入見，各賜冠服，退易之，于邇英閣前後立班謝，賜食於横門。徽宗命輔臣呼與語，問何以招致溪巴温，對曰：「譬如乳牛，繫其子卽母須來，繫其母卽子須來。俟至岷州，當遣人往諭，使之歸漢。」遂與瞎征俱還湟州。溪賒羅撒謀襲殺懷德，懷德奔河南。瞎征不自安，求內徙，詔居鄧州。崇寧元年，卒。三年，王厚復湟、鄯。懷德至京師，拜感德軍節度使，封安化郡王。

趙思忠卽瞎氈之子木征也。瞎氈死，木征不能自立，青唐族酋瞎藥雞囉及僧鹿遵迎之居洮州，欲立以服洮岷疊宕、武勝軍諸羌〔三〕。秦州以其近邊，逐之，乃還河州，後徙安江城，董氈欲羈屬之，不能有也。母弟瞎吳叱，別居銀川聶家山〔三〕，至和初，補本族副軍主。嘉祐中，爲河州刺史〔四〕。王韶經略熙河，遣僧智緣〔五〕往說之，啖以厚利，因隨以兵；前後殺其老弱數千，焚族帳萬數，得腹心酋領十餘人，又禽其妻子，皆不殺。遂以熙寧七年四月舉洮、河二州來降，賜以姓名，拜榮州團練使。封其母郢成結遂寧郡太夫人，妻包氏咸寧郡君。弟董谷賜名繼忠，補六宅副使。結吳延征賜名濟忠，瞎吳叱曰紹忠，巴氈角曰醇忠，巴氈抹曰存忠；長子邦辟勿丁瓦曰懷義，次蓋瓦曰秉義：皆超拜官。以思忠爲秦州鈐轄，不涖事，而乞主熙河羌部，經略司以爲不可。詔以二州給地五十頃。後遷合州防禦使，卒，贈鎮洮軍節度觀察留後。

校勘記

〔一〕涼州郭外數十里　「十」原作「千」，據宋會要方域二一之一四、通考卷三三五四裔考改。

〔二〕尙波于　原作「尙波干」，據本書卷一太祖紀、卷二五七吳廷祚傳和通考卷三三五四裔考改。下同。

〔三〕床穰　原作「厤穰」，據本書卷八七地理志、長編卷一一九改。

〔四〕神烏　原作「神鳥」，據通典卷一七四州郡、長編卷四三改。

〔五〕遣宋沆梅詢等爲安撫使副　「使副」原作「副使」。按宋會要方域二一之一六、長編卷五〇均言宋沆爲安撫使，梅詢爲副使，此處「副使」二字原倒，今乙正。

〔六〕兀佐　原作「元佐」，據宋會要方域二一之一八、通考卷三三五四裔考改。長編卷五四作「烏磋」。

〔七〕上嘉其嘗與潘羅支協力抗賊　「其」字原脫，據宋會要方域二一之一九、通考卷三三五四裔考補。

〔八〕景德元年　「元年」原作「六年」。按此處事實及下文所敍潘羅支死和授廝鐸督官等事皆在景德元年，見長編卷五六、通考卷三三五四裔考和宋會要方域二一之一九、二〇，據改。

〔九〕鐸督遣所部波機進賣馬　宋會要方域二一之二二作「廝鐸督遣蕃部波機進馬」。疑此處「賣」字衍。

〔一〇〕是年　按本條記事，宋會要方域二一之二一、長編卷六三均繫於景德三年五月，疑「是年」爲「是月」之誤。

〔一一〕三月　按自「三月」以下至「十一月」事，長編卷八六都繫於大中祥符九年；前文「七年」下所記事，則在大中祥符七年十二月。此上當脫「九年」二字。

〔一二〕六十四　原作「六千四」，據本書卷二五八曹瑋傳、長編卷八八改。

〔一三〕溫逋奇　原作「溫逋哥」，據宋會要蕃夷六之一、太平治蹟統類卷一六改。下同。長編卷八二作「溫布且」。

改。

〔一四〕鄜州　原作「郭州」，據本書卷八七地理志、長編卷八二改。下同。

〔一五〕元昊遂不敢窺其境　「元昊」二字原脫，據長編卷一一七注、通考卷三三五四裔考補。

〔一六〕公立　按通考卷三三五四裔考作「立功」，長編卷一八八作「哩恭」，疑「公立」二字倒。

〔一七〕置鄜州　「鄜」原作「郭」，據本書卷八七地理志、通考卷三三五四裔考改。下同。

〔一八〕瞎吳叱居銀川　「居」原作「歸」，據本書本卷木征傳和長編卷一八八、通考卷三三五四裔考改。

〔一九〕據洮州　「據」原作「拒」，據東都事略卷一二九西蕃傳、通考卷三三五四裔考改。

〔二〇〕已而溫入溪哥城　按通考卷三三五四裔考作「已而溪巴溫入溪哥城」，本卷下文：「欽氈迎溪巴溫入青唐」，「瞻棄青唐歸，巴溫與其子溪賒羅撒據之」。此處「溫」字上疑脫「巴」字，而「巴溫」則爲「溪巴溫」之簡稱。

〔二一〕加瞎征檢校太傅　「檢校」原作「校尉」，據宋會要蕃夷六之三八、通考卷三三五四裔考改。

〔二二〕欲立以服洮岷疊宕武勝軍諸羌　「服」原作「復」，據長編卷一八八、通考卷三三五四裔考改。

〔二三〕別居銀川𩉪家山　「銀川」下原衍「有」字，據同上二書同卷删。

〔二四〕爲河州刺史　「爲」字原脫，據東都事略卷一二九西蕃傳、通考卷三三五四裔考補。

〔二五〕智緣　原作「智圓」，據本書卷四六二方技傳、東都事略卷一二九西蕃傳、宋會要蕃夷六之一二

宋史卷四百九十三

列傳第二百五十二

蠻夷一

西南溪峒諸蠻上

古者帝王之勤遠略，耀兵四裔，不過欲安內而捍外爾，非所以求逞也。西南諸蠻夷，重山複嶺，雜廁荆、楚、巴、黔、巫中，四面皆王土。乃欲揭上腴之征以取不毛之地，疲易使之衆而得梗化之氓，誠何益哉！樹其酋長，使自鎭撫，始終蠻夷遇之，斯計之得也。然無經久之策以控馭之，狌䑕之性便於跳梁，或以讎隙相尋，或以饑饉所逼，長嘯而起，出則衝突州縣，入則負固山林，致煩興師討捕，雖能殄除，而斯民之荼毒深矣。宋恃文敎而略武衛，亦豈先王制荒服之道哉！

西南溪峒諸蠻皆盤瓠種，唐虞爲要服。周世，其衆彌盛，宣王命方叔伐之。楚莊旣霸，遂服於楚。秦昭使白起伐楚，略取蠻夷，置黔中郡，漢改爲武陵。後漢建武中，大爲寇鈔，遣伏波將軍馬援等至臨沅擊破之，渠帥飢困乞降。歷晉、宋、齊、梁、陳，或叛或服。隋置辰州，唐置錦州、溪州、巫州、敍州，皆其地也。唐季之亂，蠻酋分據其地，自署爲刺史。晉天福中，馬希範承襲父業，據有湖南，時蠻猺保聚，依山阻江，殆十餘萬。至周行逢時，數出寇邊，逼辰、永二州，殺掠民畜無寧歲。

太祖既下荊、湖，思得通蠻情、習險阨、勇智可任者以鎭撫之。有辰州猺人秦再雄者，長七尺，武健多謀，在行逢時，屢以戰鬭立功，蠻黨伏之。太祖召至闕下，察其可用，擢辰州刺史，官其子爲殿直，賜予甚厚，仍使自辟吏屬，予一州租賦。再雄感恩，誓死報效。至州日訓練士兵，得三千人，皆能被甲渡水，歷山飛塹，捷如猿猱。又選親校二十人分使諸蠻，以傳朝廷懷來之意，莫不從風而靡，各得降表以聞。太祖大喜，復召至闕，面加獎激，改辰州團練使。又以其門客王允成爲辰州推官。再雄盡瘁邊圉，五州連袤數千里，不增一兵，不費帑庾，終太祖世，邊境無患。又有溪州刺史彭士愁等以溪、錦、獎州歸馬氏，立銅柱爲界。

建隆四年，知溪州彭允林、前溪州刺史田洪贇等列狀歸順，詔以允林爲溪州刺史，洪贇爲萬州刺史。允林卒，以其子師晈代爲刺史。四月，水鬥都虞候林抱義上辰、敍二州圖。

乾德二年四月，溪、敍、奬等州民相攻刼，遣殿直牛允齎詔諭之，乃定。三年七月，珍州刺史田景遷〔一〕內附，五溪團練使、洽州刺史田處崇上言：「湖南節度馬希範建敍州潭陽縣爲懿州，署臣叔父萬盈爲刺史。希範卒，其弟希萼襲位，改爲洽州，願復舊名。」詔從其請。十二月，詔溪州宜充五溪團練使，刻印以賜之。四年，南州進銅鼓內附，下溪州刺史田思遷亦以銅鼓、虎皮、麝臍來貢。五年冬，以溪州團練使彭允足爲濮州牢城都指揮使，溪州義軍都指揮使彭允賢爲衞州牢城都指揮使，珍州錄事參軍田思曉爲博州牢城都指揮使。允足等溪峒酋豪據山險，持兩端，故因其入朝而置之內地。

開寶元年，珍州刺史田景遷言，本州連歲災沴，乞改爲高州，從之。八年，景遷卒，其子衙內都指揮使彥伊來請命，卽以爲刺史。九年，奬州刺史田處達以丹砂、石英來貢。

太平興國二年，懿州刺史、五溪都團練使田漢瓊以其子、弟、女夫、大將、五溪統軍都指揮使田漢度而下十二人來貢，詔並加檢校官以奬之。三年，夷州蠻任朗政等來貢。七年，詔辰州不得移部內馬氏所鑄銅柱。溪州刺史彭允殊上言：「刺史舊三年則爲州所易，望朝廷禁止。」賜敕書安撫之。八年，錦、溪、敍、富四州蠻相率詣辰州，言願比內郡輸租稅。詔長吏察其謠俗情僞，并按視山川地形圖畫來上，卒不許。懿州刺史田漢瓊、錦州刺史田漢希上言，願兩易其地，詔從之。又以知敍州舒德郛爲刺史。

雍熙元年，黔南言溪峒夷獠疾病，擊銅鼓、沙鑼以祀神鬼，詔釋其銅禁。

淳化二年〔三〕，知晃州田漢權言，本管砂井步夷人粟忠獲古晃州印一鈕來獻。因請命以漢權爲晃州刺史。又以五溪諸州統軍、鶴州刺史向通漢爲富州刺史，從其請也。是年，荊湖轉運使言，富州向萬通殺皮師勝父子七人，取五藏及首以祀魔鬼。朝廷以其遠俗，令勿問。三年，晃州刺史田漢權、錦州刺史田保全遣使來貢。五年，以舒德言爲元州刺史。

獎、晃、敍、懿、元、錦、費、福等州皆來貢，上親視器幣以賜之。

至道元年，高州、溪州並來貢。二年，上親祀南郊，富州刺史向通漢上言：「聖人郊祀，恩浹天壤，況五溪諸州連接十洞，控西南夷戎之地。惟臣州自昔至今，爲辰州牆壁，障護辰州五邑，王民安居。臣雖僻處遐荒，洗心事上，伏望陛下察臣勤王之誠，因茲郊禮，特加眞命。」詔加通漢檢校司徒，進封河內郡侯。

咸平元年，通漢又言請定租賦，眞宗以荒服不征，弗之許。其年，古州刺史向通展以芙蓉朱砂二器、馬十匹、水銀千兩來獻，詔有司鑄印以賜通展。二年，以下溪州刺史彭允殊爲右千牛衞將軍致仕，以其姪文勇爲刺史。三年，高州刺史田彥伊遣子貢方物及輸兵器。四年，其酋向君猛又遣弟君泰來朝。上溪州刺史彭文慶來貢水銀、黃蠟。

五年正月，天賜州蠻向永豐等二十九人來朝。夔州路轉運使丁謂言：「溪蠻入粟實緣邊砦柵，頓息施、萬諸州饋餉之弊。臣觀自昔和戎安邊，未有境外轉糧給我戍兵者。」先是，蠻人數擾，上召問巡檢使侯廷賞，廷賞曰：「蠻無他求，唯欲鹽爾。」上曰：「此常人所欲，何不與之？」乃詔諭丁謂，謂卽傳告陬落，群蠻感悅，因相與盟約，不爲寇鈔，負約者，衆殺之。且曰：「天子濟我以食鹽，我願輸與兵食。」自是邊穀有三年之積。七月，高州刺史田彥伊子承寶等百二十二人來朝，賜巾服、器幣，以承寶爲山河使、九溪十峒撫諭都監。

六年四月，丁謂等言，高州義軍務頭角田承進等擒生蠻六百六十餘人，奪所略漢口四百餘人。初，益州軍亂，議者恐緣江下峽，乃集施、黔、高、溪蠻豪子弟捍禦，群蠻因熟漢路，寇略而歸。謂等至，卽召與盟，令還漢口，既而有生蠻違約，謂遣承進率衆及發州兵擒獲之，焚其室廬，皆震慴伏罪。謂乃置尖木砦施州界，以控扼之，自是寇鈔始息，邊溪峒田民得耕種。七月，南高州義軍指揮使田彥強、防虞指揮使田承海來貢，施州叛蠻譚仲通等三十餘人來歸。

景德元年，高州五姓義軍指揮使田文鄰來貢。富州刺史向通漢遣使潭州營佛事，以報朝廷存卹之惠。二年，夔州路降蠻首領皆自署職名，請因而命之，上不許，第令次補牙校。是歲，辰州諸蠻攻下溪州，爲其刺史彭儒猛擊走之，擒酋首以獻，詔賜儒猛錦袍、銀帶。儒猛自陳母老，願被恩典，詔特加邑封。十二月，荆湖北路言，溪峒團練使彭文綰送還先陷漢口五十人，詔授文綰檢校太子賓客，知中彭州。其年，懿州刺史田漢希卒，以其子漢能爲刺史。三年，高州新附蠻酋八十九人來貢。五溪都防禦使向通漢表求追贈父母，從之。溪州刺史彭文慶率溪峒群蠻來朝。又高州諸名豪百餘人入貢。四年五月，以高州刺史田彥伊子承寶爲寧武郎將，高州士軍都指揮使田思欽爲安化郎將。其年，宜州軍亂，朝廷恐宜、融溪峒因緣侵擾，因降詔約勒首領，皆奉詔，部分種族，無敢輒動。

大中祥符元年，夔州路言，五團蠻嘯聚，謀劫高州，欲令嗢利砦援之。上以蠻夷自相攻，不許發兵。三月，知元州舒君強、知古州〔三〕向光普並加銀青光祿大夫、檢校太子賓客。八月，黔州言，磨嵯、洛浦蠻首領龔行滿等率族二千三百人歸順。十月，溪峒諸蠻獻方物于泰山。三年，澧州言，慈利縣蠻相讎劫，知州劉仁霸請率兵定之。上恐深入蠻境，使其疑懼，止令仁霸宣諭詔旨，遂皆感服。四年，安、遠、順、南、永寧、濁水州蠻酋田承曉等三百七十三人來貢。五年，詔：「昨許溪峒蠻夷歸先劫漢口及五十人者，特署職名，仍聽來貢。如聞緣此要利，輒掠邊民充數，所在切辨察之。」其年，夔蠻千五百人乞朝貢，上慮其勞費，不許。又詔：施州溪蠻朔望犒以酒殽。閏十月，五溪蠻向貴升及磨嵯、洛浦蠻來貢。六年，夔州蠻彭延暹、龔才晃等來貢。辰州溪峒都指揮使魏進武率山猺數百人數寇城砦，朝廷不欲發兵窮討，乃降詔招諭。七年，進武詣吏請罪，署爲三班借職，監房州稅，仍賜裝錢。八年，詔中彭州彭文綰歲賜錦袍。

天禧元年，溪州蠻寇擾，遣兵討之。二年，辰州都巡檢使李守元率兵入白霧團，擒蠻寇十五人，斬首百級，降其酋二百餘人。知辰州錢絳等入下溪州，破砦栅，斬蠻六十餘人，降老幼千餘。刺史彭儒猛亡入山林，執其子仕漢等赴闕。詔高州蠻，捕儒猛來獻者厚加賞典。其年，儒猛因順州蠻田彥晏上狀本路，自訴求歸，轉運使以聞，上哀憐之，特許釋罪。儒猛乃奉上所略民口、器甲，詔辰州通判劉中象召至明灘，與歃血要盟，遣之。詔以仕漢爲殿直，儒霸、儒聰爲借職，賜冠帶、繒帛。富州刺史向通漢率所部來朝，貢名馬、丹砂、銀裝劍槊、兜鍪、彩牌等物，詔賜襲衣、金帶、鞍勒馬，并其子光澤以下器幣有差，特許通漢五日一朝。踰月，通漢上五溪地理圖，願留京師，上嘉美之，特授通漢檢校太傅、本州防禦使，還賜疆土，署其子光澤等三班職名。通漢再表欲留京師，不允，乃爲光澤等求內地監臨，及言歲賜衣，願使者至本任，並從之。既辭，又賜以襲衣、金帶。三年，通漢卒，以其子光憲知州事。其後，光澤不爲親族所容，上表納土，上察其意，不許。四年，知古州向光普遣使鼎州營僧齋，以祝聖壽。

初，北江蠻酋最大者曰彭氏，世有溪州，州有三，曰上、中、下溪，又有龍賜、天賜、忠順、保靜、感化、永順州六，懿、安、遠、新、給、富、來、寧、南、順、高州十一，總二十州，皆置刺史。

而以下溪州刺史兼都誓主，十九州皆隸焉，謂之誓下。州將承襲，都誓主率群酋合議，子孫若弟、姪、親黨之當立者，具州名移辰州爲保證，申鈐轄司以聞，乃賜敕告、印符，受命者隔江北望拜謝。州有押案副使及校吏，聽自補置。

彭氏自允殊、文勇、儒猛相繼爲下溪州刺史，至仕漢爲殿直，留西京，後輒遁歸。天聖初，以狀白辰州，自言父老兄亡，潛歸本道，願放還家屬。詔徙其家京師，舍以官第。未幾，儒猛言仕漢逃歸，誘羣蠻爲亂，遣別子仕端等殺之。朝廷嘉其忠，降詔獎諭。時儒猛爲檢校尚書右僕射，特遷左僕射。又以仕端爲檢校國子祭酒，知溶州，加賜鹽三百斤、綵三十四。彭氏有文綰者，知中彭州，卽忠順州也。三年，儒猛攻殺文綰，其子儒素率其黨九十二人來歸，補儒素復州都知兵馬使，餘官爲稟給。五年，儒猛死，仕端以名馬來獻，詔還其馬，命知下溪州，賜以袍帶。七年，遂以其弟仕義貢方物。明道初，仕端死，復命仕義爲刺史，累遷檢校尚書右僕射。自允殊至仕義五世矣。

仕義有子師寶，景祐中知忠順州，慶曆四年，以罪絕其奉貢。蓋自咸平以來，始聽二十州納貢，歲有常賜，蠻人以爲利，有罪則絕之。其後，師寶數自訴，請知上溪州，皇祐二年，始從其請，朝貢如故。既而師寶妻爲仕義取去，師寶忿恚，至和二年，與其子知龍賜州師黨舉族趨辰州，告其父之惡；且言仕義嘗殺誓下十三州將，奪其符印，幷有其地，貢奉賜予悉專之，自號如意大王，補置官屬，將起爲亂。於是知辰州宋守信與通判賈師熊、轉運使李肅之合議，率兵數千，深入討伐，以師寶爲鄉導。兵至而仕羲遁入他峒，不可得，俘其孥及銅柱，而官軍戰死者十六七，守信等皆坐貶。

自是，蠻獠數入寇鈔，邊吏不能制。朝廷姑欲無事，間遣吏諭旨，許以改過自歸，裁損五七州貢奉歲賜。初輒不聽，後遣三司副使李參、文思副使竇舜卿、侍御史朱處約、轉運使王綽經制，大出兵臨之，且馳檄招諭。而仕羲乃陳本無反狀，其僭稱號、補官屬，特遠人不知中國禮義而然，守信等輕信師寶之譖，擅伐無辜，願以二十州舊地復貢奉內屬。朝廷又遣殿中丞雷簡夫往視之。嘉祐二年，仕羲乃歸所掠兵丁五十一人、械甲千八百九事，率蠻衆七百歃血就降，辰州亦還其孥及銅柱。時師寶已死，遣師黨歸知龍賜州，戒勿殺。

自是，仕羲歲奉職貢。然黠驁，數盜邊，即辰州界白馬崖下喏溪聚衆據守，朝廷數招諭，令歸侵地，不聽。熙寧三年，爲其子師綵所弑。師綵專爲暴虐，其兄師晏攻殺之，幷誅其黨，納誓表于朝，幷上仕羲平生鞍馬、器服，仍歸喏溪地，乃命師晏襲州事。五年，復以馬皮、白峒〔四〕地來獻，詔進爲下溪州刺史，賜母妻封邑。章惇經制南、北江，湖北提點刑獄李平招納師晏，誓下州峒蠻張景謂、彭德儒、向永勝、覃文猛、覃彥霸各以其地歸版籍，師晏遂降。詔修築下溪州城，幷置砦於茶灘南岸，賜新城名會溪，新砦名黔安，戍以兵，隸辰州，出租賦如漢民。遣師晏詣闕，授禮賓副使、京東州都監，官其下六十有四人。

元豐八年，湖北轉運司言辰州江外生蠻覃仕穩等願內附，詔不許招納。其後彭仕誠者復爲都誓主。元祐三年，羅家蠻寇鈔，詔召仕誠及都頭覃文懿等至辰州約敕之。四年，知誓下保靜州彭儒武〔三〕、知永順州彭儒同、知謂州彭思聰、知龍賜州彭允宗、知藍州彭士明、知吉州彭儒崇，各同其州押案副使進奉興龍節及冬至、正旦溪布有差。

初，熙寧中，天子方用兵以威四夷，湖北提點刑獄趙鼎言峽州峒首刻剝亡度，蠻衆願內屬，辰州布衣張翹亦上書言南、北江利害，遂以章惇察訪湖北，經制蠻事。而南江之舒氏、北江之彭氏、梅山之蘇氏、誠州之楊氏相繼納土，創立城砦，使之比內地爲王民。北江彭氏已見前。南江諸蠻自辰州達于長沙、邵陽，各有溪峒：曰敍、曰峽、曰中勝、曰元，則舒氏居之；曰獎、曰錦、曰懿、曰晃，則田氏居之；曰富、曰鶴、曰保順、曰天賜、曰古，則向氏居之。舒氏則德郛、德言、君疆、光銀，田氏則處達、漢瓊、漢希、漢能、漢權、保金，向氏則通漢、光普、行猛、永豐、永晤：皆受朝命。自治平末，光銀入貢。故事，南江諸蠻亦隸辰州，貢進則給以驛券，光銀援以爲請，詔以券九道給之。其後有峽州舒光秀者，以刻剝其衆不附。

張翹言：「南江諸蠻雖有十六州之地，惟富、峽、敍僅有千戶，餘不滿百，土廣無兵，加以荐饑。近向永晤與繡、鶴、敍諸州蠻自相讎殺，衆苦之，咸思歸化。願先招富、峽二州，俾納土，則餘州自歸，幷及彭師晏之孱弱，皆可郡縣。」詔下知辰州劉策商度，策請如翹言。熙寧五年，乃遣章惇察訪。未幾，策卒，乃以東作坊使石鑑爲湖北鈐轄兼知辰州，且助惇經制。明年，富州向永晤〔六〕獻先朝所賜劍及印來歸順，繼而光銀、光秀等亦降。獨田氏有元猛者，頗桀驁難制，異時數侵奪舒、向二族地。惇遣左侍禁李資將輕兵往招諭。資，辰州流人，曩與張翹同獻策者也，褊宕無謀，褻慢夷獠，遂爲懿、洽州蠻所殺。惇進兵破懿州，南江州峒悉平，遂置沅州，以懿州新城爲治所，尋又置誠州。

元祐初，傅堯俞、王巖叟言：「沅、誠州創建以來，設官屯兵，布列砦縣，募役人，調戍兵，費鉅萬，公私騷然，荊湖兩路爲之空竭。又自廣西融州創開道路達誠州，增置潯江等堡，其地無所有，湖、廣移賦以給一方，民不安業，願斟酌廢置。」朝廷以沅州建置至是十五年，蠻情安習已久，但廢誠州爲渠陽軍，而沅州至今爲郡。元祐初，諸蠻復叛，朝廷方務休息，痛懲邀功生事，廣西張整、融州温嵩坐擅殺蠻人，皆寘之罪。詔諭湖南、北及廣西路曰：「國家疆理四海，務在柔遠。頃湖、廣諸蠻近漢者無所統壹，因其請吏，量置城邑以撫治之。邊臣邀功獻議，創通融州道路，侵逼峒穴，致生疑懼。朝廷知其無用，旋卽廢罷；邊吏失於撫遏，遂爾扇搖。其叛酋楊晟臺等並免追討，諸路所開道路、創置堡砦並廢。」自後，五溪郡縣棄而不問。

崇寧以來，開邊拓土之議復熾，於是安化上三州及思廣洞蒙光明、樂安峒程大法、都丹團黃光明、靖州西道楊再立、辰州覃都管駡等各願納土輸貢賦。又令廣西招納左、右江四百五十餘峒。宣和中，議者以爲「招致熟蕃〔七〕，接武請吏，竭金帛、繒絮以啗其欲，捐高爵、厚奉以侈其心。開辟荒蕪，草創城邑，張皇事勢，僥倖賞恩。入版圖者存虛名，充府庫者亡實利。不毛之地，既不可耕；狠子野心，頑冥莫革。建築之後，西南夷獠交寇，而溪峒子蠻亦復跳梁。士卒死於干戈，官吏沒於王事，肝腦塗地，往往有之。以此知納士之議，非徒無益，而又害之所由生也。莫若俾帥臣、監司條具建築以來財用出入之數，商較利病，可省者省，可併者併，減戍兵漕運，而夷狄可撫，邊鄙可亡患矣！」乃詔悉廢所置初郡。其餘諸蠻，自乾興以來，或叛或服，其類不一，各以歲月次之。

乾興初，順州蠻田彥晏率其黨田承恩寇施州暗利砦，縱火而去，夔州發兵擊之，俘獲甚衆。明年，彥晏在眞宗朝爲歸德將軍、檢校太子賓客、知順州；承恩者，知保順州田彥曉子也。彥晏款邊上誓狀，願還所掠金帛、器械，且輸粟二千石自贖。詔拒其粟，舍其所負金帛，第令歸掠去戶口。仍加彥晏寧遠將軍、檢校工部尙書，承恩檢校國子祭酒兼監察御史，皆知州如故。後又有田忠顯者，與其黨百九人入貢。

天聖二年，知古州向光普自言，嘗創佛寺，請名報國，歲度僧一人，許之。四年，歸順等州蠻田思欽等以方物來獻，時來者三百一人，而夔州路轉運司不先以聞，詔劾之。既而又詔安、遠、天賜、保順、南、順等州蠻貢京師，道里遼遠而離寒暑之苦，其聽以貢物留施州，所賜就給之。願入貢者十人，聽三二人至闕下，首領聽三年一至。七年，黔州蠻、舒延蠻、繡州蠻向光緒皆來貢。九年，施州屬蠻覃彥綰等寇永寧砦。景祐中，澧州屬蠻五百餘人入寇。時州將崔承祐畏避不以聞，爲荆湖鈐轄司所奏，詔劾罷之。寶元二年，辰州犵獠三千餘人款附，以州將張昭懿招輯有功，進一官。

慶曆三年，桂陽監蠻猺內寇，詔發兵捕擊之。蠻猺者，居山谷間，其山自衡州常寧縣屬于桂陽、郴連賀韶四州，環紆千餘里，蠻居其中，不事賦役，謂之猺人。初，有吉州巫黃捉鬼與其兄弟數人皆習蠻法，往來常寧，出入溪峒，誘蠻衆數百人盜販鹽，殺官軍，逃匿峒中，既招出而殺之，又徙山下民他處。至是，其黨遂合五千人，出桂陽藍山縣華陰峒，害巡檢李延祚、潭州都監張克明。事聞，擢楊畋提點刑獄，督攻討事，久之不克。遂詔湖南轉運使郭輔之等招撫之，始於湖南置安撫司。蠻所至殺掠居民，縱火劫財物，被害者甚衆。詔被害者幷入山捕蠻，士兵蠲復有差。初，發兵捕蠻，至或誤殺良民，仁宗命訪之，口給絹五匹，仍拊其家。時蠻勢方熾，又遣殿中侍御史王絲、三司度支副使徐的經制。降敕書委知潭州劉沆招諭，能自歸者第錄以官。沆大發兵臨之，以敕書從事，降二千餘人，使散居所部，錄其首領鄧文志、黃文晟、黃士元皆爲三班奉職。又以內殿承制亓贇、崇班胡元嘗在石硋峒捕殺有勞，進贇莊宅副使，元禮賓副使，時四年冬也。

五年二月，餘黨唐和等復內寇，乃詔湖南安撫、轉運、提點刑獄便宜從事。又特賜官兵土丁錢有差。於是沆檄楊畋等八路入討，覆蕩桃油平、能家源等，皆其巢穴，捕斬首級甚衆。詔官兵有功者九百餘人第遷一資，錄其應募討擊者道州進士十四人，並官之。然唐和等猶未平。又詔：「如聞賊黨欲降，其罷出兵，逃匿者諭使歸復，州縣拊存之。」是冬，蠻復入寇，與胡元及右侍禁郭正趙鼎、殿侍王孝先戰于華陰峒隘口，元等死之，劉沆、楊畋皆坐黜。以劉夔代沆爲安撫使，夔言：「唐和等既敗官軍，殺將吏，聚衆益自疑，恐寖爲邊患，願以詔書招安，就補溪峒首領。」詔可。

是時，湖湘騷動，兵不得息。六年夏，仁宗顧謂輔臣曰：「官軍久戍南方，夏秋之交，瘴癘爲虐，其令太醫定方和藥，遣使給之。」自是繼賜緡錢。未幾，夔言敗唐和於銀江源。轉運使周沆亦言指揮辛景賢招降賊黨五十六戶二百五十九人，錄其首領，戒所部拊存之。先是，命三司戶部判官崔嶧爲體量安撫，往議討除、招安二策，既而知桂陽監宋守信奏：「唐和嘯聚千餘衆爲盜，五六年卒未能克者，朝廷不許窮討故也。今衡州監酒黃士元頗習溪峒事，願得敢戰士二千、引路土丁二百，優給金帛，使之逐捕，必得然後已，幷敕亓贇等合力以進。彼既勢窮，必將款附。」詔用其策，於是大發兵討之。其衆果懼，遁入郴州黃莽山，由趙峒轉寇英、韶州，依山自保。是冬，帝閔士卒暴露，復諭執政密戒主帥安恤。時楊畋復爲湖南鈐轄，詔趣連、韶州山下，與廣南東、西轉運使共告諭之，使以兵械上官，質其親屬。

七年，唐和遣其子執要領詣官，自言願貸糧米，居所保峒中。詔補唐和、盤知諒、房承映承泰、文運等五人爲峒主，授銀青光祿大夫、檢校國子祭酒兼監察御史、武騎尉。知諒等，蓋唐和黨也。至冬，其衆悉降。

皇祐五年，邵州蠻舒光銀因湖南安撫司自陳捍禦之勞，願於峒中置中勝州，詔可。嘉祐二年，羅城峒蠻寇澧州，發兵擊走之。三年，以施州蠻向永勝所領州爲安定州。五年，以邵州蠻楊光倩知徽州。光倩，通漢之子也。通漢，慶曆初嘗入貢，旣死，光倩襲之。舊制，溪峒知州卒，承襲者許進奉行州事，撫遏蠻人，及五年，安撫司爲奏給敕告。至是，光倩行州事七年，無他過，故命之。

校勘記

〔一〕田景遷　「遷」原作「千」，據下文和本書卷二太祖紀改。

〔二〕淳化二年　宋會要蕃夷五之七四、本書卷五太宗紀二都作「元年」。

〔三〕古州　原作「吉州」，據本卷下文和宋會要蕃夷五之七七改。

〔四〕白峒　長編卷二三〇、宋會要蕃夷五之八五均作「白務峒」。

〔五〕四年知誓下保静州彭儒武　「四」原作「是」，「静」原作「順」。據長編卷四三五、宋會要蕃夷七之四〇改。

〔六〕向永晤　「永」字原脱，據上文和宋會要蕃夷五之八五改。

〔七〕熟蕃　「蕃」原作「羌」，據本書卷四九五撫水州傳、通考卷三二八四裔考改。

宋史卷四百九十四

列傳第二百五十三

蠻夷二

西南溪峒諸蠻下　梅山峒　誠徽州　南丹州

紹興三年，臣僚言：「武岡軍溪峒舊嘗集人戶爲義保，蓋其風土、習俗、服食、器械悉同傜人，故可爲疆埸捍蔽，雖曰籍之於官，然亦未嘗遠戍。靖康間，調之以勤王，其後湖南盜起，征斂百出，義保無復舊制，困苦不勝，乃舉其世業，客依蠻峒，聽其繇役。州縣猶驗舊籍催科，胥隸及門，則挈家遠徙，官失其稅，蠻獠日強。兼武岡所屬三縣，悉爲傜人所有，遠戍之實已無，而鄉戶弩手之名尙在，歲取其直，人戶咨怨。乞擇本路監司詳議以聞。」詔從之。

四年，辰州言，歸明保靜、南渭、永順三州彭儒武等久欲奉表入貢。詔以道路未通，俾荆湖北帥司慰諭，免赴闕。遣人持表及方物赴行在，仍優賜以答之。九月，詔荆湖南、北路溪峒頭首土人及主管年滿人合給恩賜，俾各路帥司會計覆實以聞。

六年，知鼎州張觷言：「鼎、澧、辰、沅、靖州與溪峒接壤，祖宗時嘗置弓弩手，得其死力，比緣多故，遂皆廢闕。萬一蠻夷生變，將誰與捍禦？今雖各出良田，募人以補其額，率皆豪強遣僮奴竄名籍中，乘時射利，無益公家，所宜汰去。則募溪峒司兵得三百人，俾加習練，足爲守禦，給田募人開墾，以供軍儲。」詔荆湖北路帥司相度以聞。帥司言：「營田四州舊置弓弩手九千一百一十人，練習武事，散居邊境，鎭撫蠻夷，平居則事耕作，緩急以備戰守，深爲利便。靖康初，調發應援河東，全軍陷沒。今辰、沅、澧、靖等州乏兵防守，竊慮蠻夷生變叵測。若將四州弓弩手減元額，定爲三千五百人，辰州置千人，沅州置千五百人，澧州、靖州各置五百人，分處要害，量給土田，訓練以時，耕戰合度，庶可備禦。以所餘閑田募人耕作，歲收其租，其於邊防財賦，兩得其便，可爲經久之計。」詔從之。

七年六月，張觷言：「湖外自靖康以來，盜賊盤踞，鍾相、楊太山、雷德進等相繼叛，澧州所屬尤甚，獨慈利縣向思勝等五人素號溪峒歸明，誓掌防拓，卒能保境息民，使德進賊黨無所剽掠，思勝後竟殺德進。會官軍招撫劉智等，而彭永健、彭永政、彭永全、彭永勝及思勝共獻粮助官軍，招復諸山四十餘栅，宣力効忠功居多，宜加恩賞。」詔思勝等五人各轉兩資。

九月，詔荊湖、廣南路溪峒頭首土人內有子孫應襲職名差遣，及主管年滿合給恩賜之數，俾帥司取會覈實以聞。

九年〔二〕，宜章峒民駱科作亂，寇郴、道、連、桂陽諸州縣，詔發大兵往討之，獲駱科。餘黨歐幼四等復叛，據藍山，寇平陽縣，遣江西兵馬都監程師回討平之。

十年，承信郎琴州溪峒楊進顒等率族屬歸生界五百餘戶、疆土三百餘里，獻累世所造兵器及金爐、酒栝各一，求入覲，詔本路帥司敦遣以行。十二年，詔以施州南砦路夷人向再健襲父思遷充銀青光祿大夫、檢校國子祭酒兼監察御史、武騎尉、知懿州事。

十四年十月，湖南安撫使劉昉奏，武岡軍徭人有父子相殺者，宜出兵助其父，俾還省地。上以問輔臣秦檜，檜曰：「恐輕舉生事。」帝曰：「恩威不可偏廢，可懷則示之以恩，否則威之。不侵省地則已，或有所侵，奈何不舉，俾知所畏哉。」十二月，成忠郎充武岡軍綏寧縣管界都巡檢兼溪峒首領楊進京，率其族三百人，備黃金、朱砂、方物求入貢，先遣其子孝友陳請。詔本路帥司閱舊制以聞，給孝友錢三百貫，俾還聽進止。

十五年，楊進顒復求入貢，以武岡軍不時敦遣爲言。詔本路帥司閱實應襲人姓名來上，併促進顒入覲。四月，廣南東路提刑黃應南言：「溪峒巡檢、尉、砦官不嚴守備，縱民與徭交通，恐啓邊釁，乞詔有司申嚴法令，俾帥臣、監司常加覺察。」宰臣以爲沿邊互市，恐不宜禁絕。帝曰：「往年禁西夏互市，遂至用兵，可令帥司裁決。」前知全州高楫言：「傜人今皆微弱，不敢先侵省地，砦官每縱人深入，略其財物，遂致乘間竊發。宜詔與溪峒接壤州郡毋侵傜人，庶使邊民安業，以廣陛下柔遠好生之德。」帝從其言，詔守臣一遵成法，務在撫綏。

二十四年，禽楊正修及其弟正拱，送理寺獄鞫治，斬之。初，正修侍其父再興入覲，獻還省民疆土，遂命以官。建炎後，與弟正拱率九十團峒傜人出武岡軍，縱火殺掠民財爲亂。紹興間，潭州帥司嘗招徠之，後復作亂，屢抗官軍，至是伏誅。二十八年七月，楊進京等復求入貢，詔以道遠慰諭之，優其賜與。

隆興初，右正言尹穡言：「湖南州縣多隣溪峒，省民往往交通傜人，擅自易田，豪猾大姓或詐匿其產傜人，以避科差。內虧國賦，外滋邊患。宜詔湖南安撫司表正經界，禁民毋質田傜人。詐匿其產傜人者論如法，仍沒入其田，以賞告姦者。田前賣入傜人，俾爲別籍，毋遽奪，能還其田者，縣代給錢償之。」帝從其言。

乾道元年，宜章峒賊李金陷郴州，焚桂陽軍，州將棄城遁，衡州調常寧縣兵救之，弗克。世忠峒李昂霄者，率壯丁禦賊，民恃以安。湖南提舉常平鄭丙請發鄂渚軍討賊，平之。昂霄以功補承節郎，管轄衡州常寧縣溪峒，及官其子當年，俾後得襲職。

三年〔三〕，靖州界徭人姚明教等作亂，詔荆、鄂駐劄明椿選將率精銳千人，會屯戍官合擊之，能立功者有厚賞。八月，詔平溪峒互市鹽米價，聽民便，毋相抑配，其徭人歲輸身丁米，務平收，無取羨餘及折輸錢，違者論罪。十一月，南郊禮成，詔以緣邊溪峒，州縣失於拊循，致懷反側，或逃竄山谷，其在赦恩以前，並加寬宥，能復業者，罪一切置不問，互市如故，悉聽其便，守臣常加撫問，以稱綏遠之意。

四年二月，詔湖南北、四川、二廣州軍應有溪峒處，務先恩信綏懷，毋弛防閑，毋襲科擾，毋貪功而啓釁。委各路帥臣、監司常加覺察。是月，詔禁沿邊姦人毋越逸溪峒，誘致蠻獠侵內地，違者論如律，其不能防閑致越逸者亦罪之。湖廣總領周嗣武言邊事，如二年四月之詔，帝嘉納之。是歲，田彥古死，子忠佐襲職，授銀青光祿大夫、檢校散騎常侍、知溪峒安化州兼監察御史、飛龍騎尉。

六年，盧陽西據獠楊添朝寇邊，知沅州孫叔傑調兵數千討之，敗績，死者十七八。初，徭人與省戶交爭，殺二人死，叔傑輒出兵破其十三柵，奪還所侵地，於是徭人相結爲亂。諸司請調常德府城兵三百人，益官兵三千人，合擊討之。宰臣虞允文奏曰：「蠻夷爲變，皆守臣貪功所致。今徭人仇視守臣，若更去叔傑，量遣官軍，示以兵威，徐與盟誓，自可平定。」帝允其奏，俾葉行代叔傑，開示恩信，諭以禍福，遂招降之，邊境悉平。前知武岡軍趙善彀言：「武岡與湖北、廣西隣壤，爲極邊之地，溪峒七百八十餘所，七峒隸綏寧縣，五溪峒隸臨岡縣〔三〕。紹興三十年，減冗員，改縣爲臨口砦。然五峒之徭俗尤獷悍，釁生毫髮，則操戈相讎，砦官不能爲輕重。況本軍巡防砦柵，惟眞良、三門、兵溪、香平有土軍可備守禦，餘有官無兵，其關硤〔四〕、武陽等砦設巡檢二員，徒費廩祿。以臣所知，宜復臨口砦爲縣，則徭蠻易於制服，汰去冗員，則官廩亦無虛費，實邊郡之利也。」

七年，前知辰州章才邵上言：「辰之諸蠻與羈縻保靜、南渭、永順三州接壤，其蠻酋歲貢溪布，利於回賜，頗覺馴伏。盧溪諸蠻以靖康多故，縣無守禦，犵狑乘隙焚劫。後徙縣治於沅陵縣之江口，蠻酋田仕羅、龔志能等遂雄據其地。沅陵之浦口，地平衍膏腴，多水田，頃爲徭蠻侵掠，民皆轉徙而田野荒穢。會守倅無遠慮，乃以其田給靖州犵狑楊姓者，俾佃作而課其租，所獲甚微。楊氏專其地將二十年，其地當沅、靖二州水陸之衝，一有蠻隙，則爲害不細，臣謂宜預爲之備。靖康前，辰州每歲蒙朝廷賜錢七萬貫，紬、絹、布共八千二百匹，綿一萬七千兩。是時，本州廂禁軍一千四百餘人，沿邊一十六砦，土兵六百餘人，皆可贍給。其後中外多故，今歲賜止得一萬二千緡，而本州財復匱乏，無以充召募之費。禁軍止二百一十餘人，諸砦土兵止一百五人，甚至砦官有全無一兵而徒存虛名者，其於邊防豈可不爲深慮？若歲增給民錢一萬，俾本州募強壯禁軍或効用二百人，分屯盧溪等處，以防諸蠻，庶使邊患永消，可免異時調遣之費。」書奏，詔湖北帥臣詳議以聞。是年，申嚴邊民售田之禁，守令不能奉法者除名，部刺史常加糾察。

八年，知貴州陳乂上疏言：「臣前知靖州時，居蠻夷腹心，民不服役，田不輸賦，其地似若可棄。然爲重湖、二廣保障，實南服之要區也。或控制失宜，或金穀不繼，或兵甲少振，蠻獠則乘時竊發，勤勞王師，朝廷當重守臣之選。崇寧初戍兵三千人，建炎以來，每於都統司或帥司摘兵二千人，以備屯戍。其凶悍者，以州郡不能制，遂慢守臣，反通徭蠻以撓編民。州郡非白主帥不敢治，比得報，已晚矣。故戍兵敢肆其惡，一旦有警，復安能爲用？臣以爲宜聽守臣節制爲便。」帝嘉其言，復問左右曰：「靖隸湖北，今聞仰給廣西，何也？」趙雄對曰：「靖州本溪峒，神宗時創爲誠州，元祐間廢，尋復爲軍，徽宗朝始改靖州，與桂府爲鄰，故令廣西給其金穀之費。近歲漕司匱乏，乃責辦諸州，以故不能如約。宜復舊制，俾廣西漕臣如期饋運。靖州屯戍官兵聽守臣節制，於事爲便。」帝從之。

十年四月，全州上言：「本州密邇溪峒，邊民本非姦惡。其始，朝廷禁法非不嚴密，監司、州郡非不奉行，特以平居失於防閑，故馴致其亂。又兼溪谷山徑非止一途，如靜江、興安之大通虛，武岡軍之新寧、盆溪及八十里山，永州之東安，皆可以徑達溪峒。其地綿亘郡邑，非一州得專約束，故遊民惡少之棄本者，商旅之避征稅者，盜賊之亡命者，往往由之以入，萃爲淵藪，交相鼓扇，深爲邊患。如武岡楊再興、桂陽陳峒相繼爲亂，實原於此。爲今計者，宜徙閑地巡檢兵，及分遣士卒屯諸溪谷山徑間，俾湖南北、廣西帥憲總其役，庶幾事權有歸，號令可行也。」儒林郎李大性上言：「比年徭蠻爲亂，邊吏慮妨賞格，往往匿不以聞，遂致猖獗，使一方民命寄於徭人之手，誠可哀憫。近如梁牟等寇沅州，劫墟市，殺戮齊民，州縣告急於兩月之後，比調官軍討捕，俘降其賊，而人之被害已酷矣。宜戒州縣或遇徭人竊發，盡時以聞，違者論罪。仍命監司、帥臣常加覺察，庶幾先事備禦，俾徭人亦知畏懼，不敢侵軼，以傷吾民也。」

十一年，詔給事中、中書舍人、戶部長貳同敕令所議，禁民毋質徭人田，以奪其業，俾能自養，以息邊釁。從知沅州王鎭之請也。沅州生界犵狑副峒官吳自由子三人，貨丹砂麻陽縣，巡檢唐人傑誣爲盜，執之送獄，自由率峒官楊友祿等謀爲亂。帥司調神勁軍三百人及沅州民兵屯境上，聲言進討。先遣歸明官田思忠往招撫之，以孔目官爲質，世祿〔五〕等旣盟，自由取其三子以歸。

嘉泰三年，前知潭州、湖南安撫趙彥勵上言：「湖南九郡皆接溪峒，蠻夷叛服不常，深爲邊患。制馭之方，豈無其說？臣以爲宜擇素有知勇爲徭人所信服者，立爲酋長，借補小官以鎭撫之。況其習俗嗜欲悉同徭人，利害情僞莫不習知，故可坐而制服之也。五年之間能立勞効，卽與補正。彼旣榮顯其身，取重鄕曲，豈不自愛，盡忠公家哉？所謂捐虛名而收實利，安邊之上策也。」帝下其議。旣而諸司復上言：「往時溪峒設首領、峒主、頭角官及防遏、指揮等使，皆其長也。比年往往行賄得之，爲害滋甚。今宜一新蠻夷耳目，如趙彥勵之請，所謂以蠻夷治蠻夷，策之上也。」帝從之。

嘉定元年，郴州黑風峒徭人羅世傳寇邊，飛虎統制邊寧戰沒，江西、湖南驚擾，知隆興趙希懌、知潭州史彌堅共招降之。二年，李元礪、羅孟二寇江西，攻破龍泉縣，李再興戰敗，死之，江州駐劄都統制趙選亦戰死。初，吉州獲賊長七人繫獄，土豪黃從龍爲賊畫策，賂吉守李絪，得縱還，賊遂無所忌。有侯押隊者，領兵戍龍泉境上，元礪復用從龍計，椎牛釃酒以犒官軍。賊至，官軍皆醉，狼狽散走。寇之初起甚微，賊伺知議論不一，故玩侮官軍。方江西力戰則求降湖南，湖南戰則求降江西，牽制王師，使不得相應援。其後命工部侍郎王居安知豫章，擒獲之，溪峒略平。

五年，臣僚上言：「辰、沅、靖等州舊嘗募民爲弓弩手，給地以耕，俾爲世業。邊陲獲保障之安，州縣無轉輸之費。比年多故，其制寖弛，徭蠻因之爲亂，沿邊諸郡悉受其害。比申朝廷調兵招捕，曠日持久，蠻夷習玩，成其猖獗之勢。其如楊晟臺、李金〔六〕、姚明敎、羅孟二、李元礪、陳廷佐之徒，皆近事之明驗也。爲今計者，宜講舊制，可紓饋餉之勞而得備禦之實，其安邊息民之長策歟。」

七年，臣僚復上言：「辰、沅、靖三州之地，多接溪峒，其居內地者謂之省民，熟戶、山猺、峒丁乃居外爲捍蔽。其初，區處詳密〔七〕，立法行事，悉有定制。峒丁等皆計口給田，多寡闊狹，疆畔井井，擅鬻者有禁，私易者有罰。一夫歲輸租三斗，無他繇役，故皆樂爲之用。邊陲有警，衆庶雲集，爭負弩矢前驅，出萬死不顧。比年防禁日弛，山猺、峒丁得私售田。田之歸於民者，常賦外復輸稅，公家因資之以爲利，故謾不加省。而山猺、峒丁之常租仍虛掛版籍，責其償益急，往往不能聊生，反寄命猺人，或導其入寇，爲害滋甚。宜敕湖、廣監司檄諸郡，俾循舊制毋廢，庶邊境綏靖而遠人獲安也。」

梅山峒蠻，舊不與中國通，其地東接潭，南接邵，其西則辰，其北則鼎、澧，而梅山居其中。開寶八年，嘗寇邵之武岡、潭之長沙。太平興國二年，左甲首領苞漢陽、右甲首領頓漢凌寇掠邊界，朝廷累遣使招諭，不聽，命客省使翟守素調潭州兵討平之。自是，禁不得與漢民交通，其地不得耕牧。後有蘇方者居之，數侵奪舒、向二族。嘉祐末，知益陽縣張頡收捕其桀黠符三等，遂經營開拓。安撫使吳中復以聞，其議中格。湖南轉運副使范子奇復奏，蠻恃險爲邊患，宜臣屬而郡縣之。子奇尋召還，又述前議。熙寧五年，乃詔知潭州潘夙、湖南轉運副使蔡燁、判官喬執中同經制章惇招納之。惇遣執中知全州，將行，而大田三砦蠻犯境。又飛山之蠻近在全州之西，執中至全州，大田諸蠻納款，於是遂檄諭開梅山，蠻傜爭闢道路，以待得其地。東起寧鄉縣司徒嶺，西抵邵陽白沙砦，北界益陽四里河，南止湘鄉佛子嶺。籍其民，得主、客萬四千八百九戶，萬九千八十九丁。田二十六萬四百三十六畝，均定其稅，使歲一輸。乃築武陽、關硤二城，詔以山地置新化縣，并二城隸邵州。自是，鼎、澧可以南至邵。

誠、徽州，唐溪峒州。宋初，楊氏居之，號十峒首領，以其族姓散掌州峒。太平興國四年，首領楊蘊始來內附。五年，楊通寶始入貢，命爲誠州刺史。淳化二年，其刺史楊政巖復來貢。是歲，政巖卒，以其子通塏繼知州事。

熙寧八年，有楊光富者，率其族姓二十三州峒歸附，詔以光富爲右班殿直，昌運〔八〕五人補三班奉職，晟情等十六人補三司軍將。繼有楊昌銜者，亦願罷進奉，出租賦爲漢民，詔補爲右班殿直，子弟姪十八人補授有差。獨光僭頗負固不從命，詔湖南轉運使朱初平羈縻之，未幾亦降，乃與其子日儼請於其側建學舍，求名士教子孫。詔潭州長史朴成爲徽、誠等州教授；光僭皇城使、誠州刺史致仕，官爲建宅；置飛山一帶道路巡檢。光僭未及拜而卒，遂以贈之，錄其子六人。

元豐三年，知邵州關杞請於徽、誠州融嶺鎭〔九〕擇要害地築城砦，以絕邊患。詔湖南安撫謝景温、轉運使朱初平、判官趙揚商度以聞，景温等以爲宜如杞言。乃議誠州以沅州貫保砦爲渠陽縣隸之，以徽州爲蒔竹縣隸邵州。趙揚言上江、多星、銅鼓、羊鎭、潭溪、上和、上誠、天村、大田等團並至誠州城下貿易，可漸招撫，幷乞下湖南邵州蒔竹縣招諭芙蓉、萬驛諸團，從之，徙誠州治渠陽而貫保爲砦如故。上江等諸團果皆納土，於是增築多星等砦，還連徽、廣西融州王口砦焉〔一〇〕。

元祐二年，改誠州爲渠陽軍，罷兩州兵馬及守禦民丁。有楊晟臺者，乘間寇文村堡，知渠陽軍胡田措置亡術，蠻結西融州蠻砦粟仁催，往來兩路爲民患，調兵屯渠陽至萬人，湖南亦增屯兵應援，三路俱驚。朝廷方務省事，議廢堡砦，徹戍守，而以其地予蠻，乃詔湖北轉運副使李茂直招撫，又遣唐乂同措置邊事討之。後以渠陽爲誠州，命光僭之子供備庫使昌達、供備庫副使楊昌等同知州事，而貫保、豐山、若水等砦皆罷戍，擇授土官，俾乂間毀樓櫓，撤官舍，護領居民入砦。崇寧初，改誠州爲靖州。

南丹州蠻，亦溪峒之別種也，地與宜州及西南夷接壤。開寶七年，酋帥莫洪曹遣使陳紹規奉表求內附。九年，復來貢，求賜牌印，詔刻印以給之。太平興國五年，洪曹貢銀百兩，以賀太平。

雍熙四年，洪曹族人知寶隆鎮莫淮閬牛一頭，逐水草至金城州河池縣，宜州牙校周承鑒以其牛耕作，淮閬三遣人取牛，承鑒不還，凡耕十日，始釋牛逐水草去。淮閬怒，領鄉兵六十人劫取承鑒家資財，驅縣民莫世家牛六頭以歸，誘群蠻爲寇。上遣供奉官王承緒乘傳劾承鑒，具伏占牛，詔棄市。時知宜州、贊善大夫侯汀失於備禦，群蠻之擾，頗害及民庶，詔發諸州兵進討，兵未至，悉已遁歸，汀坐免官。詔諭宜、融、柳州百姓及蠻界人戶曰：「朕託兆庶之上，處司牧之重，照臨所暨，撫養是均，矧於遐陬，尤所軫慮。昨以知宜州事侯汀失於綏緝，恣其侵牟，致茲邊夷，起爲寇鈔，侵騷閭里，虔劉士庶。及興師而討伐，乃畏威而竄伏。朕以興戎召釁，職由於汀，爰舉國章，削其官秩。汝等所宜體予含垢，革乃前非，安土厚生，保境延世，嬉我至化，是爲永圖。或尙恣於陸梁，當盡勦其族類。」自是不復爲寇。

淳化元年，洪曹卒，其弟洪皓襲稱刺史，遣其子淮通來貢銀盌二十，銅鼓三面，銅印一鉀，旗一帖，繡眞珠紅羅襦一。上降優詔，賜綵百匹，還其襦。自洪晉領州十餘年，歲輸白金百兩。洪皓之襲兄位，專其地利，不修常貢。其弟洪沅忿之，挈妻子來奔宜州。洪皓怒其背己，數引兵攻洪沅。洪沅與二男幷牙將一人，乘傳詣闕訴其事，請發兵致討。上以蠻夷之俗，羈縻而已，不欲爲之興師報怨。洪沅先自稱南丹州副使，以爲邵州團練使，給田十頃，下詔戒敕洪皓。

景德二年，洪皓死，長子淮勍襲父任，俄爲弟淮廸攻南丹州，淮勍帥屬來奔，詔宜州賜閑田資給之。大中祥符五年，宜州言淮廸頗集諸蠻，阻富仁監道路，上廉知淮廸無侵擾狀，遣使犒設撫勞之。九年，撫水蠻叛，詔淮廸約勒溪峒，勿從誘脅。明年，平撫水蠻，淮廸等並以勞進秩。景祐三年，有淮戢者舉族來歸，命爲湖南州團練副使，敕州縣拊存。後淮廸老，自言願傳其子世漸。至和元年，命世漸爲檢校散騎常侍，權發遣州事。明年，以淮廸爲懷遠大將軍致仕，世漸爲刺史、檢校工部尚書，賜袍帶，錢十萬，絹百匹。又補其親黨數十人爲檢校官，如故事也。世漸死，嘉祐末，命其子公帳襲之。

有世忍者，亦淮廸之子也，初率其屬人內附，治平初逃歸，攻殺公帳，奪其地自首，請於朝廷，願授刺史，補其親黨如故事，歲輸銀百兩。三年，遂命爲刺史，皆如其請。熙寧二年，徭賊殺人，世忍執以獻，授檢校禮部尚書。元豐三年入貢，其印以「西南諸道武盛軍德政官家明天國主」爲文，詔以南丹州印賜之，令毁其舊印。六年，大軍討安化，世忍獻弓矢，自言願世世爲外臣，修貢不懈，遷檢校戶部尙書，給銅牌旗號，官其子姪九人。世忍死，子公佞襲。

大觀元年，廣西經略使王祖道言公佞就擒。進築平、允、從州，牧文、地、蘭、那、安、外、習、南丹八州之地，併爲鎭庭孚觀州、延德軍，以其弟公晟襲刺史。宣和四年，公晟乞以州事付其姪延豐，願與其子歸朝，詔從之，仍乘驛給券。

紹興三年，公晟攻圍觀州，焚寶積監。朱勝非奏：「崇、觀、宣和間所開新邊，比來往往棄而不守，帥臣、監司屢言觀州爲控扼之地，不宜棄。」帝曰：「前日用事之臣，貪功生事，公爲欺罔，其實勞民費財，使遠俗不安也。」又用廣南經略安撫使劉彥適言，以公晟知南丹州兼溪峒都巡檢使、提舉盜賊公事，給以南丹州刺史舊印，公晟未受命。二十四年，公晟始貢馬，率諸蠻來歸。帝諭輔臣曰：「得南丹非爲廣地也，但徭人不叛，百姓安業，爲可喜耳。」遂以延沈襲公晟職，授銀青光祿大夫、檢校太子賓客、使持節南丹州諸軍事、南丹州刺史兼御史大夫、知南丹州公事、武騎尉。廣西經略安撫使呂愿中諭降諸蠻三十一種，得州二十七，縣一百三十五，砦四十，峒一百七十九及一鎭、三十二團，皆爲羈縻州縣。二十五年，延沈進補團練、防禦二使。三十一年，延沈恣行慘酷，爲諸蠻所逐，歸死省地，衆推延廩襲職。

隆興二年，延廩復爲諸蠻所圖，攜家歸朝，經略司奏以延甚襲職。淳熙元年，南丹爲永樂州所攻，使來告急，廣西帥臣遣將領陳泰權、天河縣主簿徐彌高諭和之。十四年，經略司奏以延廕襲職，詔從其請。嘉定五年〔三〕，延廕之子光熙襲職，知南丹州事。

校勘記

〔一〕九年　按本書卷二九高宗紀、繫年要錄卷一三八都作「十年」。

〔二〕三年　按此處所載之事，宋會要蕃夷五之九八繫於淳熙三年；下文四年二月所載之事，本書卷三四孝宗紀和同上會要繫於淳熙四年；下文六年所載孫叔傑敗績事，本書卷三四孝宗紀繫於乾道六年，但非由「盧陽西擄獠楊添朝寇邊」，而是由「沅州徭人相讐殺」。下文徭人相結爲亂及盧允文建言事，宋會要蕃夷五之九七繫於乾道七年；下文八年所載之事，宋會要蕃夷五之九九繫於淳熙八年；下文十年四月所載之事，本書卷三五孝宗紀和宋會要蕃夷五之一〇〇繫於淳熙十年。此以下紀年當有舛誤。

〔三〕臨岡縣　「岡」原作「江」。按本書卷八八地理志和通考卷三一九輿地考，武岡軍屬縣有臨岡而無「臨江」，今改。

〔四〕闢硤　原作「闕峽」，據本書卷八八地理志、九域志卷六、長編卷二四五改。下文誤作「開峽」，同改。

〔五〕世祿　按文義當即上文「楊友祿」，疑有一誤。

〔六〕李金　原作「李全」，據本書卷三三孝宗紀、宋會要蕃夷五之一〇四和上文改。

〔七〕區處　原作「匿處」。按宋會要蕃夷五之七〇作「區處」，是。據改。

〔八〕昌運　長編卷二六三和宋會要蕃夷五之八六都作「昌進」。

〔九〕誠州融嶺鎮　「州」原作「則」，「鎮」字原脫。據長編卷三〇七改補。

〔一〇〕還連徽廣西融州王口砦焉　宋會要蕃夷五之八九、長編卷三四五作「開道通廣西融州王口砦焉」。

〔一一〕嘉定五年　「嘉定」原作「嘉泰」。按嘉泰無五年，據通考卷三三一四裔考改。

宋史卷四百九十五

列傳第二百五十四

蠻夷三

撫水州　廣源州　黎洞　環州

撫水州在宜州南，有縣四：曰撫水，曰京水，曰多逢，曰古勞。唐隸黔南。其酋皆蒙姓，同出，有上、中、下三房及北遐一鎮。民則有區、廖、潘、吳四姓，亦種水田、採魚，其保聚山險者，雖有畬田，收穀粟甚少，但以藥箭射生，取鳥獸盡，卽徙他處，無羊馬、桑柘。地曰帚洞，五十里至前村，川原稍平，合五百餘家，夾龍江居，種稻似湖湘。中有樓屋戰栅，衞以竹栅，卽其酋所居。兵器有環刀、摽牌、木弩。善爲藥箭〔一〕，中者大叫，信宿死，得邕州藥解之卽活。

雍熙中，數寇邊境，掠取民口、畜產。詔書招安，補其酋蒙令地殿直，蒙令札奉職。咸平中，又數爲寇盜，止令邊臣驅逐出境。其黨狡獪者凡三十餘人，宜州守將因擒送闕下，上召見詰責之，對曰：「臣等蠻陬小民，爲饑寒所迫耳。」上顧謂左右曰：「昨不欲盡令勦絕，若縱殺戮〔三〕，顧無噍類矣！」因釋罪，賜錦袍、冠帶、銀綵，戒勗遣之。逾年，酋長蒙頂等六十五人詣闕，納器甲百七十事。又蒙漢誠、蒙虔瑋、蒙塡來朝，上器甲數百及毒藥箭，誓不搔邊，比歲皆遣使來貢及輸兵器，乃授漢誠官，賜物有差，既而侵軼如故。景德三年，蠻酋蒙塡詣宜州自陳，願朝貢謝罪，詔守臣諭以盡還所掠民資畜，乃從其請。

大中祥符六年，首領指揮使蒙但挈族來歸，徙於桂州。九年，數寇宜、融州界，轉運使俞獻可言：「知宜州董元已不善綏撫，昨蠻人饑，來質餱糧，公縱主者尅剝槩量；及求入貢，復驟沮其意：遂使忿恚爲亂。」詔出元已，遂遣潭州都監季守睿代元已招撫，羣蠻拒命，侵掠不已。獻可請以本道澄海軍及募丁壯進討，乃詔益以潭州兵五千人，命東染院使、平州刺史曹克明爲宜融等州都巡檢安撫使，內殿崇班王文慶、閤門祗候馬玉、內供奉官楊守珍等爲都監。

上猶以蠻夷異類，攻剽常理，不足以勦絕。又意其道險難進師，第令克明、獻可設方略攝其酋首，索所鈔生口，因而撫之。克明、獻可上言：「蠻人去冬寇天河，今又鈔融州廂陽諸砦，剽劫居民，害巡檢樊明，累依宣旨詔諭，曾不悛革，臣請便宜掩擊。」從之。

克明乃與守珍領兵入樟嶺路，文慶、王趯宜州西路，又令宜、桂都巡檢程化鵬取樟嶺古牢隘路會合。化鵬遇蠻於上房兩水口，擊破之。文慶、王至如門團，爲蠻所扼，不能進。克明、守珍乃過橫溪恩德砦，召山獠嚮導，開路進師。蠻依篁竹間，時出戰鬥，輒敗走。旬餘，上黃泥嶺杉木隘路，溪谷險邃，蠻據要害以拒官軍，自辰至午，大潰。其黨遂過霸苑抵帶洞，乃入中房前村。克明等頓兵下砦，中夕，羣蠻大譁譟，擊鉦鼓，攻砦甚急，出兵擊之，傷殺頗衆，因縱火焚其廬室積聚，自此恐懼，竄入山谷。又緣龍江南岸而東，至昏暮，過石峽隘險，士不並行。蠻復連弩北岸，克明遣猛士步涉與鬥，至卽退走，砦于下房博賀村，克明設伏砦外。其夜，蠻衆大集，遇伏發，內外合擊，追斬殆盡。乘勝搜山，悉得馬牛享士卒。

克明等知其窮蹙，乃曉諭恩信，許以改過，於是酋帥蒙承貴等面縛詣軍自首，克明厚加犒宴，且數責之，皆俯伏謝罪。及聞詔旨赦令勿殺，莫不泣下，北望稱萬歲。上以夷性無厭，習知朝廷多釋其罪，故急則來歸，緩則叛去，切詔克明等諭以悉還所掠漢口、資畜，卽許要盟。承貴等感悅奉詔，乃歃猫血立誓，自言奴山摧倒，龍江西流，不敢復叛。克明等師還，宜州蠻人納器甲凡五千數，願遷處漢地者七百餘口，詔分置廣西及荆湖州軍，給以田糧。凡立功使臣將士遷補、賜賚者千八百一十六人。承貴因請改州縣名，以固歸順之意，詔以撫水州爲安化州，撫水縣爲歸仁縣，京水縣爲長寧縣。自是間歲朝貢，不復爲邊患矣。

獻可等又言：「殿直蒙肚知歸化州，州與撫水相接，數遣子文寶及其妻族甘堂偵軍事，又其子格與官軍鬥敵，悉部送赴闕。有蒙隻者，亦肚之子，先嘗告賊，署爲昭州押牙。」詔補肚密州別駕，隻海州都押牙，賦以官田。文寶、格、甘堂並黥配登、萊州。寶元元年，復率衆寇融、宜州，發邵、澧、潭三州戍兵合數千人往擊。時蠻勢方熾，至殺運糧官吏。復詔趣兵進討，踰年乃平。

慶曆中，再以方物入貢，至和二年，復至。詔以知州蒙全會爲三班奉職，又以監州姚全料爲借職。嘉祐六年，又來貢。是後，月赴宜州參謁及貿巨板〔三〕，每歲州四管犒。及三歲，聽輸所貢兵械於思立砦，以其直償之，遞以官資遷補。熙寧初，知宜州錢師孟、通判曹覿擅裁損侵剝之，土人羅世念、蒙承想、蒙光仲等爲亂。五年，攻德謹砦，襲將官費萬，殺之。經略司問致寇狀，而宜州但以飢爲言，故朝廷賜粟二萬石以安輯之。已而守臣王奇戰死，事聞，乃詔知沅州謝麟、帶御器械和斌經制溪洞，發在京驍騎兩營及江南、福建將兵三千五百人，以聽師期。明年，世念等遂與諸蠻峒首領族類四千五百人出降。以世念爲內殿承制，承想、光仲等十人各拜官。崇寧二年，其酋蒙光有者復嘯聚爲寇，經略司遣將官黃忱等擊卻之。大觀二年，遂以三州一鎭戶口六萬一千來上。詔以知融州程鄰往黔南路撫諭，官吏推恩有差。至和後，又有融州屬蠻大丘峒首領楊光朝請內附，又有楊克端等百三人來歸，皆納之。

諸蠻族類不一，大抵依阻山谷，並林木爲居，椎髻跣足，走險如履平地。言語侏離，衣服斒斕。畏鬼神，喜淫祀。刻木爲契，不能相君長，以財力雄彊。每忿怒則推刃同氣，加兵父子間，復讎怨不顧死。出入腰弓矢，匿草中射人，得牛酒則釋然矣。親戚比隣，指授相賣。父子別業，父貧則質身於子，去禽獸無幾。其族鑄銅爲大鼓，初成，懸庭中，置酒以召同類，爭以金銀爲大釵叩鼓，去則以釵遺主人。相攻擊，鳴鼓以集衆，號有鼓者爲「都老」，衆推服之。

唐末，諸酋分據其地，自爲刺史。宋興，始通中國，奉正朔，修職貢。間有桀黠貪利或疆吏失於撫御，往往聚而爲寇，抄掠邊戶。朝廷禽獸畜之，務在羈縻，不深治也。熙寧間，以章惇察訪經制蠻事，諸溪峒相繼納土，願爲王民，始創城砦，比之內地。元祐初，諸蠻復叛，朝廷方務休息，乃詔諭湖南、北及廣西路並免追討，廢堡砦，棄五溪諸郡縣。崇寧間，復議開邊，於是安化上三州及思廣諸峒蠻夷，皆願納土輸貢賦，及令廣西招納左、右江四百五十餘峒。尋以議者言，以爲招致熟蕃非便，乃詔悉廢所置州郡，復祖宗之舊焉。

紹興初，監察御史明橐言：「湖南邊郡及二廣之地，舊置溪峒歸明官，比年寖廣其員，及諸州措置隘砦，闕人把拓，又令管押兵夫，素不習知法令，率貪婪無厭。況管押又皆鄉民，甚爲邊患，遭困苦折辱者往往無所赴愬。議者欲俾帥臣籍其姓名，每三年一遷易，如州縣官故事。或云止循舊添差，並罷管押兵夫，宜令二廣、湖南帥臣處置適宜，無啓邊禍，以害遠人。」詔下其議。三年，安化蠻蒙全劍等八百人劫普議砦，火其屋宇，廣西帥臣遣縣砦將佐發兵討平之。

四年，廣南東、西路宣諭明橐言：

平、觀二州本王口、高峯二砦，處廣右西偏，舊常無虞。崇寧、大觀間，邊臣啓釁，奏請置州拓境，深入不毛，如平、從、允、孚、庭、觀、溪、馴、敍、樂、隆、兌等十有二州，屬之黔南，其官吏軍兵請給費用，悉由內郡，於是騷然，莫能支吾。政和間，朝廷始悟其非，罷之。或者謂平州爲西南重鎭，兼制王江、從、允等州及湖南之武岡軍、湖北之靖州、桂州之桑江峒猺，觀州則控制南丹、陸家砦、茆灘十道及白崖諸蠻，以故二州獨不廢。臣自歷邊，即乞罷平、觀者，前後非一。內攝官吳芾嘗充經略司準備幹當，頗得其詳。

觀州初爲宜州富仁監，大觀間，帥臣王祖道欲招納文、蘭州，都巡檢劉惟忠謂得文、蘭不若取南丹之利，因誣其州莫公佞阻文、蘭不令納土，爲公佞罪，惟忠遂禽殺公佞。帥司奏其功，乃改南丹爲觀州，命惟忠守之。公佞之死，人以爲寃。其弟公晟結溪峒圖報復，連歲攻圍，惟忠中傷死，繼以黃璘代守。璘度不能支，辭疾告罷，以岑利疆代之。黃忱復建議，欲增築高峯砦於富仁監側，爲觀聲援。會朝廷罷新邊，遂請以高峯砦爲觀州，設知州一人、兵職官二人、曹官一人、指使砦保官七人，吏額五十人，廂禁軍、土丁、家丁又千餘人。歲費錢一萬二千九百餘貫、米八千八百一十七石有奇。州無稅租戶籍，皆仰給鄰郡。飛輓涉險阻，或遇蠻寇設伏，陰發毒矢，中人輒死。人畏賊，率委棄道路，縱然達州，縻費亦不可勝計。昔爲富仁監時，不聞有警，惟是邊吏欲以刺探爲功，故時時稱警急，因以爲利，遂欲存而不廢也。比年戶籍日削，民多流離，或轉入溪洞，公私困弊爲甚。

平州初隸融州，亦羈縻州峒也。舊通湖北渠陽軍，置融江砦及文村、臨溪、潯江堡，後以地隔生蠻，遂廢。崇寧間，復隸融。王口砦地接王江，更爲懷遠軍，後更爲平州〔四〕；更吉州爲從州〔五〕、王江爲允州〔六〕：並隸黔南。政和二年，復廢。邊吏黃忱、李坦誑其帥臣程鄰，乞存平州，設知州一人、兵職官二人、曹官一人，縣令簿二人，提舉溪峒公事；本州管界都同巡檢二人，五砦堡監官指揮十人，吏額百人，禁軍、土丁千人。歲費錢一萬四千四百一十八貫六百文、米一萬一千一百二十五石有奇。州無租賦戶籍，轉運司歲移桂、融、象、柳之粟以給之。及徙融州西北金溪鄉稅米四百九十餘石隸懷遠，縻費甚於觀州。况守臣到任，即奏推恩其子，州、縣、砦、堡例得遷官酬賞，而稅場互市之利又爲守臣邊吏所私，獨百姓有征戍轉輸之苦，誠爲可憫。臣以爲宜罷平、觀二州便。

然尙有可議者，觀州初爲富仁監時，有銀冶一，官取其利有常額，熙寧元降條例具在，宜先下經略司，責公晟等依熙寧條例施行。况公晟實公佞弟，理宜掌州事，近雖逃歸，未爲蠻族信服，察其情勢，不得不倚重中國。若乘時授之，彼知恩出朝廷，必深感悅。

樞密院亦上言：「廣西沿邊堡砦，昨因邊臣希賞，改建州城，侵擾蠻夷，大開邊釁。地屬徼外，租賦亦無所入，而支費煩內郡，民不堪其弊，遂皆廢罷。唯平、觀二州以帥臣所請，故存。今覩明槖所奏，利害之實昭然可見。緣帥臣又稱公晟於南丹、觀州、富監境上不時竊發，若廢二州，恐於緣邊事宜有所未盡。」詔令廣南西路帥、漕、憲司共條具利害以聞。既而諸司交言：「平、觀二州困弊已甚，有害無益，請復祖宗舊制爲便。」詔從其言。

乾道六年，詔補蒙澤進武副尉。初，宜州蠻莫才都爲亂，廣西經略劉焞遣進勇副尉蒙明質賊巢，諭降才都。既而復肆猖獗，戕賊官兵。未幾，禽才都，械送經略司伏法，悉破其黨，而明亦遇害，備極慘酷，邊人憐之。焞乞推恩其子澤以旌死事，朝廷從之，故有是命。

淳熙十年冬，安化蠻突入內地，焚砦柵，殺居民爲亂。宜州駐箚將官田昭明與蠻力戰敗，死之。十一年，廣西路鈐轄沙世堅言：「官軍與猺人兵器利鈍不同，宜敕沿邊軍州多置強弩毒矢，以懼猺人。」從之。是年，安化蠻蒙光漸率衆抄掠，世堅討平之。初，知宜州馬寧祖不支思立砦鹽錢，執議以爲前守所積逋，止給錢一月，不能遍及蠻部，而權思立砦准備將領楊良臣復鎮撫乖方，遂致激變光漸等。詔罷良臣，貶寧祖秩，敕帥、漕以時給溪峒鹽錢。

十二年正月，廣西漕臣胡庭直上言：「邕州之左江、永年、太平等砦，在祖宗時，以其與交阯鄰壤，實南邊藩籬重地，故置州縣，籍其丁壯，以備一旦之用，規模宏遠矣。比年邊民率通交阯，以其地所產鹽雜官鹽貨之，及減易馬鹽以易銀，忽而不防，恐生邊釁，所宜禁戢。」既而諸司上言：「經略司初準朝旨，置馬鹽倉，貯鹽以易馬，歲給江上諸軍及御前投進，用銀鹽錦，悉與蠻互市。其永平砦所易交阯鹽，貨居民食，皆舊制也。況邊民素與蠻夷私相貿易，官不能制。今一切禁絕，非惟左江居民乏鹽，而蠻情亦叵測，恐致乖異也。」乃牒邕州，禁民毋私販交阯鹽，以妨鈔法。是年，詔以楊世俊襲父進通職，補承信郎。

紹熙初，廣西帥以本路副總管沙世堅素有韜略，累立邊功，爲羣蠻所畏服，嘗破蒙光漸，示以威信，光漸不敢寇邊者累年。乞以世堅兼知宜州，實能制伏蠻夷，爲久遠之利。帝從之。慶元四年，宜州蠻蒙峒、袁康等寇內地，奪官鹽爲亂，廣西帥司調官兵招降之，朝廷推賞有差。

嘉定三年，章戡知靜江府，建議以爲廣西所部二十五郡，三方鄰溪峒，與蠻猺、黎、蜑雜處，跳梁負固，無時無之，西南最爲重地，邕、欽之外，羈縻七十有二，地里綿邈，鎭戍非一，請增置雄邊軍二百人及調憲司甲軍二百隸帥司。初，安平州李密侵鄰洞，拗掠編民，併取古甑洞，以其幼子變姓名爲趙懷德知洞事，戡諭邕守推古甑一人主之。十一年，臣僚復上言：「慶曆間，張方平嘗以爲朝廷每備西北，孰不知猺蠻衝突嶺外，南鄰交阯，勢須經營。唐時西備吐蕃，其後安南寇邊，旋致龐勛之禍。國朝每憂契丹、元昊，而儂智高陷邕州，南徼騷動，天子爲之旰食，豈細故哉？臣等比見淮甸間版築荐興，更戍日益，而廣南城隍摧圮不葺，戍兵逃亡殆盡，春秋教閱，郡無百人。雖有鄉兵、義丁、土丁之名，實不足用，緩急豈能集事？宜於嶺南要地增築城堡，籍其民兵，歲時練習，定賞罰格，以示懲勸。如此則號令嚴明，守禦完固，民習戰鬥，可息猺蠻侵掠之患，措四十州民於久安之域矣。」詔從之。

廣源州蠻儂氏，州在邕州西南鬱江之源，地峭絕深阻，產黃金、丹砂，頗有邑居聚落。俗椎髻左衽，善戰鬥，輕死好亂。其先，韋氏、黃氏、周氏、儂氏爲首領，互相劫掠。唐邕管經略使徐申厚撫之，黃氏納賀，而十三部二十九州之蠻皆定。自交阯蠻據有安南，而廣源雖號邕管羈縻州，其實服役於交阯。

初，有儂全福者，知儻猶州，其弟存祿知萬涯州，全福妻弟儂當道知武勒州。一日，全福殺存祿、當道，并有其地。交阯怒，舉兵執全福及其子智聰以歸。其妻阿儂本左江武勒族也，轉至儻猶州，全福納之。全福見執，阿儂遂嫁商人，生子名智高。智高生十三年，殺其父商人，曰：「天下豈有二父耶？」因冒儂姓，與其母奔雷火洞，其母又嫁特磨道儂夏卿。久之，智高復與其母出據儻猶州，建國曰大曆。交阯攻拔儻猶州，執智高，釋其罪，使知廣源州，又以雷火、頻婆四洞及思浪州附益之。居四年，內怨交阯，襲據安德州，僭稱南天國，改年景瑞。皇祐元年，寇邕州。明年，交阯發兵討之，不克。廣西轉運使蕭固遣邕州指使亓贇往刺候，而贇擅發兵攻智高，爲所執，因問中國虛實，贇頗爲陳大略，說智高內屬。乃遣贇還，奉表請歲貢方物，未聽。又以馴象、金銀來獻，朝廷以其役屬交阯，拒之。後復齎金函書以請，知邕州陳珙上聞，不報。智高既不得請，又與交阯爲仇，且擅山澤之利，遂招納亡命，數出敝衣易穀食，紿言洞中飢，部落離散。邕州信其微弱，不設備也。乃與廣州進士黃瑋、黃師宓及其黨儂建侯、儂志忠等日夜謀入寇。一夕，焚其巢穴，紿其衆曰：「平生積聚，今爲天火焚，無以爲生，計窮矣。當拔邕州，據廣州以自王，否則必死〔七〕。」

四年四月，率衆五千沿鬱江東下，攻破橫山砦，遂破邕州，執知州陳珙等，兵死千餘人。智高閱軍資庫，得所上金、函，怒謂珙曰：「我求一官統攝諸部，汝不以聞，何也？」珙對：「嘗奏，不報。」索奏草不獲，遂扶珙出，珙惶恐呼萬歲，求自効，不聽，迺幷其屬及廣西都監張立害之。立臨刑大罵，不爲屈。於是智高僭號仁惠皇帝，改年啓曆，赦境內。師宓以下皆稱中國官名。

是時，天下久安，嶺南州縣無備，一旦兵起倉卒，不知所爲，守將多棄城遁，故智高所嚮得志，相繼破橫、貴、龔、潯、藤、梧、封、康、端九州，害曹覲于封州、趙師旦馬貴于康州，餘殺官吏甚衆。所過焚府庫，進圍廣州。初，智高將至，守將仲簡不許民入保城中，民不得入者皆附智高，智高勢益張。先是，魏瓘築州城，鑿井畜水，作大弩爲守備。至是，智高爲雲梯土山，攻城甚急，又斷流水，而城堅，井飲不竭，弩發，中輒洞潰，智高力屈。會知英州蘇緘屯兵邊渡村，扼其歸路；番禺縣令蕭注募士丁及海上彊壯二千餘人，與智高衆格鬥，焚其戰艦；轉運使王罕亦自外至，益修守備。智高知不可拔，圍五十七日，七月壬戌，解去。

由清遠濟江，擁婦女作樂而行，遇張忠戰于白田，忠死之。去攻賀州，不克，夜害蔣偕于太平場。九月庚申，破昭州，害王正倫等于館門驛。州之山有數穴，大可容數百千人，民聞兵至，走匿其中，智高知之，縱火，皆焚死。十月丁丑，破賓州。甲申，復據邕州，日夜伐木治舟楫，揚言復趨廣州。十二月壬申，又敗陳曙于金城驛。初，智高以反聞，朝廷命曙就擊之，既而楊畋、曹脩、張忠、蔣偕相繼出，又以余靖、孫沔爲安撫使。畋、脩聞智高至，退軍避之。忠、偕勇而無謀，皆死。智高益自恣，南土騷然。仁宗以爲憂，命狄青爲宣撫使，諸將皆受青節制。曙恐青至有功，亟挑戰，故敗。

五年正月，青及沔、靖會兵賓州，官軍、土丁合三萬一千餘人，按軍法誅曙及指揮使袁用等三十二人于坐，一軍大振。於是進兵，青將前陣，沔將次陣，靖將後陣，以一晝夜絶崐崘關歸仁鋪。智高聞王師絶險而至，出其不意，悉衆來拒，執大盾、摽槍，衣絳衣，望之如火，青陣少却，先鋒孫節死之。青起麾蕃落騎兵，張左右翼出其後交擊，左者右，右者左，已而左者復左，右者復右，其衆不知所爲，大敗走。會日暮，智高復趨邕州，夜焚城遁，由合江口入大理國。得屍五千三百四十一，築爲京觀，所掠生口萬餘人，復其業。獲僞印九，黄師宓而下僞官五十七人，梟其首城上，收馬牛、金帛以鉅萬計。智高自起兵幾一年，暴踐一方，如行無人之境，吏民不勝其毒，朝廷爲下赦令，優除復，慰拊瘡痍，百姓始得更生云。先是，謠言「農家種，糴家收」。已而智高叛，爲青破，皆如其謠。

智高母阿儂有計謀，智高攻陷城邑，多用其策，僭號皇太后，性慘毒，嗜小兒肉，每食必殺小兒。智高敗走，阿儂入保特磨，依其夫儂夏卿，收殘衆得三千餘人，習騎戰，復欲入寇。

至和初，余靖督部吏黃汾黃獻珪石鑑、進士吳舜舉發峒兵入特磨，掩襲之，獲阿儂及智高弟智光、子繼宗繼封，檻至京師，初未欲殺，日給食飲，欲以誘出智高，或傳智高死，迺悉棄市。既而西川復奏智高未死，謀寇黎、雅州，詔本路爲備。御史中丞孫抃又請敕益州先事經制，以安蜀人。然智高卒不出，其存亡莫可知也。

儂氏又有宗旦者，知雷火洞，稍桀黠。嘉祐二年，嘗入寇，知桂州蕭固招之內屬，以爲忠武將軍，又補其子知溫悶峒日新爲三班奉職。七年，宗旦父子請以所領雷火、計城諸峒屬縣官，願得歸樂州，永爲王民。詔各遷一官，以宗旦知順安州，仍賜耕牛、鹽綵。是歲，儂夏卿、儂平、儂亮亦自特磨來歸，皆其族也。日新後嘗監邕州稅。治平中，宗旦與交阯李日尊、劉紀有隙，畏偪，知桂州陸詵因使人說之，遂棄其州內徙，命爲右千牛衞將軍。

有甲峒蠻者，亦役屬交阯，間出寇邕州。景祐三年，嘗掠思陵州憑祥峒生口，殺登龍鎮將而去。嘉祐五年，合交阯、門州等蠻五千餘人復爲寇，與官兵拒戰，斬首數百。詔知桂州蕭固趣邕州發諸郡兵，與轉運使宋咸、提點刑獄李師中合議追討。是歲數入寇，又詔安撫使余靖擊之。蘇茂州蠻亦近邕州，至和、嘉祐中，皆嘗擾邊。

黎洞，唐故瓊管之地，在大海南，距雷州泛海一日而至。其地有黎母山，黎人居焉。舊說五嶺之南，人雜夷獠，朱崖環海，豪富兼并，役屬貧弱；婦人服緦綆，績木皮爲布，陶土爲釜，器用瓠瓢；人飲石汁，又有椒酒，以安石榴花著甕中卽成酒。俗呼山嶺爲「黎」，居其間者號曰黎人，弓刀未嘗去手。弓以竹爲弦。今儋崖、萬安皆與黎爲境，其服屬州縣者爲熟黎，其居山洞無征徭者爲生黎，時出與郡人互市。

至和初，有黎人符護者，邊吏嘗獲其奴婢十人，還之。符護亦嘗犯邊，執瓊、崖州巡檢慕容允則及軍士，至是，以軍士五十六人與允則來歸。允則道病死，詔軍士至者貸其罪。

乾道二年，從廣西經略轉運司議，詔「海南諸郡倅守慰撫黎人，示以朝廷恩信，俾歸我省地，與之更始。其在乾道元年以前租賦之負逋者，盡赦免之。能來歸者，復其租五年。民無產者，官給田以耕，亦復其租五年。守倅能慰安黎人及收復省地者，視功大小爲賞有差，失地及民者有重罰。六年，黎人王用休爲亂，權萬安軍事、同主管本路巡檢孫滋等招降之。九年八月，樂昌縣黎賊劫省民，焚縣治爲亂，黎人王日存、王承福、陳顏招降之，瓊管安撫司上其功，得借補承節郎。

淳熙元年，詔承節郎王日存子孫許襲職。四年冬，萬安軍王利學寇省地，蓋旻進率衆拒之，兵弱戰沒。八年六月，詔三十六峒都統領王氏女襲封宜人。初，王氏居化外，累世立功邊陲，皆受封爵。紹興間，瓊山民許益爲亂，王母黃氏撫諭諸峒，無敢從亂者，以功封宜人。至是，黃氏年老無子，請以其女襲封，朝廷從之。十二年正月，樂會縣白沙峒黎人王邦佐等率賊衆五百爲寇，殺掠官軍，保義郎陳升之撫降其衆，俘獲林智福等，瓊管司上其功，詔減升之三年磨勘。十六年，詔以大寧砦黃弼補承信郎，彈壓本界黎峒。瓊管司言弼沉鷙有謀，爲遠近推服，故用之。弼，宜人黃氏姪也。

嘉定九年五月，詔宜人王氏女吳氏襲封，統領三十六峒。

環州蠻區氏，州隸宜州羈縻，領思恩、都亳二縣。

有區希範者，思恩人也。狡黠頗知書，嘗舉進士，試禮部。景祐五年，與其叔正辭應募，從官軍討安化州叛蠻。既而希範擊登聞鼓求錄用，事下宜州，而知州馮伸己言其妄，編管全州。正辭亦嘗自言功，不報。二人皆觖望。希範後輒遁歸，與正辭率其族人及白崖山酋蒙趕、荔波洞蠻謀爲亂，將殺伸己，且曰：「若得廣西一方，當建爲大唐國。」會有日者石太清至，因使之筮，太清曰：「君貴不過封侯。」乃令太清擇日殺牛，建壇場，祭天神，推蒙趕爲帝，正辭爲奉天開基建國桂王，希範爲神武定國令公、桂州牧，皆北嚮再拜，以爲受天命。又以區丕績爲宰相，餘皆僞立名號，補置四十餘人。

慶曆四年正月十三日，率衆五百破環州，劫州印，焚其積聚。以環州爲武城軍，又破帶溪砦，下鎮寧州及普義砦，有衆一千五百。宜州捉賊李德用出韓婆嶺擊卻之，前後斬獲甚衆，俘僞將二。希範懼，入保荔波洞，間出拒官軍。朝廷下詔購之，獲希範、正辭及趕者，人賜袍帶、錢三十萬、鹽千斤。

明年，轉運使杜杞大引兵至環州，使攝官區曄、進士曾子華、宜州校吳香誘趕等出降，殺馬牛具酒，紿與之盟，置曼陁羅花酒中，飲者皆昏醉，稍呼起問勞，至則推仆後廡下。比暮，衆始覺，驚走，而門有守兵不得出，悉擒之。後數日，又得希範等，凡獲二百餘人，誅七十八人，餘皆配徙。仍醢希範，賜諸溪峒，繢其五藏爲圖，傳於世，餘黨悉平。

鎮寧州亦隸宜州。景祐二年，蠻酋莫陵等七百餘人內寇，遣西京作坊使郭志高、閤門祗候梁紹熙往討，未至，陵等詣桂、宜州巡檢李仲政請降。廣西轉運使不俟詔，貸其罪。詔劾之，已而釋之。

是歲，高、竇州狄獠陳友朋等亦寇海上，本路會兵擊之，潰去。

校勘記

〔一〕善爲藥箭　「藥」字原脫，據宋會要蕃夷五之五、通考卷三三一四裔考補。

〔二〕昨不欲盡令勦絕若縱殺戮　「勦絕若縱」四字原脫，據宋會要蕃夷五之五補。

〔三〕及賀巨板　「賀巨板」原作「賀巨報」，據通考卷三三一四裔考改。

〔四〕平州　原作「平江州」，據本書卷九〇地理志、宋會要方域七之二四刪「江」字。

〔五〕更吉州爲從州　按本書卷九〇地理志說：「又於中古州置格州及樂古縣，五年，改格州爲從州。」宋會要方域七之二四所說略同，疑此處「吉州」即「格州」。

〔六〕王江爲允州　按本書卷九〇地理志說：「又於安口隘置允州及安口縣。」宋會要方域七之二四說：「允州，舊安口隘，崇寧四年建。」疑「王江」當作「安口」。

〔七〕否則必死　「必」原作「兵」，據長編卷一七二改。

宋史卷四百九十六

列傳第二百五十五

蠻夷四

西南諸夷　黎州諸蠻　敍州三路蠻　威茂渝州蠻
黔涪施高徼外諸蠻　瀘州蠻

西南諸夷，漢牂牁郡地。武帝元鼎六年，定西南夷，置牂牁郡。唐置費、珍、莊、琰、播、郎、牂、夷等州〔一〕。其地北距充州百五十里，東距辰州二千四百里，南距交州一千五百里，西距昆明九百里。無城郭，散居村落。土熱，多霖雨，稻粟皆再熟。無徭役，將戰征乃屯聚。刻木爲契。其法，劫盜者，償其主三倍；殺人者，出牛馬三十頭與其家以贖死。病疾無醫藥，但擊銅鼓、銅沙鑼以祀神。風俗與東謝蠻同。隋大業末，首領謝龍羽據其地，勝兵數萬人。唐末，王建據西川，由是不通中國。後唐天成二年，牂牁清州刺史宋朝化等一百五十人來朝。其後孟知祥據西川，復不通朝貢。

乾德三年，平孟昶。五年，知西南夷南寧州蕃落使龍彥瑫等遂來貢，詔授彥瑫歸德將軍、南寧州刺史、蕃落使，又以順化王武才爲懷化將軍，武才弟若啓爲歸德司階，武龍州部落王子若溢、東山部落王子若差、羅波源部落王子若臺、訓州部落王子若從、雞平部落王子若冷、戰洞部落王子若磨、羅母殊部落王子若母、石人部落王子若藏並爲歸德司戈。開寶二年，武才等一百四十人又來貢，以武才爲歸德將軍。來人乞賜武才錮函手詔，以舊制所無，不許。四年，其國人詣涪州，言南寧州蕃落使龍彥瑫卒，歸德將軍武才及八刺史狀請以彥瑫子漢瑭爲嗣，詔授漢瑭南寧州刺史兼蕃落使。八年，三十九部順化王子若發等三百七十七人來貢馬百六十四、丹砂千兩。

太平興國五年，夷王龍瓊琚遣其子羅若從并諸州蠻七百四十四人以方物、名馬來貢。六年，保州刺史董奇死，以其子紹重繼之。雍熙二年八月，奉化王子以慈等三百五十人以方物來貢。夷王龍漢璿自稱權南寧州事兼蕃落使，遣牂牁諸州酋長趙文橋率種族百餘人來獻方物、名馬，幷上蜀孟氏所給符印。授漢璿歸德將軍、南寧州刺史，以文橋等並爲懷化司戈。端拱二年，漢璿又貽書五溪都統向通漢，約以入貢。淳化元年，漢璿遣其弟漢興來朝。三年，夷王龍漢興及都統龍漢璓、刺史龍光顯、龍光盈及順化王雨滯等各貢馬、朱砂。

至道元年，其王龍漢璓遣其使龍光進率西南牂牁諸蠻來貢方物。太宗召見其使，詢以地里風俗，譯對曰：「地去宜州陸行四十五日。土宜五穀，多種秔稻〔三〕，以木弩射麞鹿充食。每三二百戶爲一州，州有長。殺人者不償死，出家財以贖。國王居有城郭，無壁壘，官府惟短垣。」光進之說，與前書所記小異，故幷敍之。上因令作本國歌舞，一人吹瓢笙如蚊蚋聲，良久，數十輩連袂宛轉而舞，以足頓地爲節。詢其曲，則名曰水曲。其使十數輩，從者千餘人，皆蓬髮，面目黧黑，狀如猿猱。使者衣虎皮氈裘，以虎尾插首爲飾。詔授漢璓寧遠大將軍，封歸化王；又以歸德將軍羅以植爲安遠大將軍，保順將軍龍光盈、龍光顯並爲安化大將軍，光進等二十四人並授將軍、郞將、司階、司戈。其本國使從者，有甲頭王子、刺史、判官、長史、司馬、長行、傔人七等之名。

咸平元年，其王龍漢璓遣使龍光腆又率牂牁諸蠻千餘人來貢，詔授光腆等百三十人官。三年，都部署張文黔來貢。五年，漢璓又遣牙校率部蠻千六百人、馬四百六十匹幷藥物布帛等來貢，賜冠帶於崇德殿，厚賚遣還。六年，知全州錢絳請招誘溪洞名豪，上以生事，寢其奏不報。

景德元年，詔西南牂牁諸國進奉使親至朝廷者，令廣南西路發兵援之，勿抑其意。先是，龍光進等來朝，上矜其道遠，人馬多斃，因詔宜州自今可就賜恩物。至是，懇請詣闕，從之。二年，詔羈縻保、霸州刺史董紹重、董忠義歲賜紫綾錦袍。四年，西南蠻羅甕井都指揮使顏士龍等來貢。士龍種落遐阻，未嘗來朝，今始至，詔館餼賜予如高、溪州。

大中祥符元年，瀘州言江安縣夷人殺傷內屬戶，害巡檢任賽，既不自安，遂爲亂。詔遣閤門祗候侍其旭乘傳招撫。旭至，蠻人首罪，殺牲爲誓。未幾，復叛。旭因追斬數十級，擒其首領三人，又以衣服紬布誘降蠻斗婆行者，將按誅其罪。上以旭召而殺之，違招安之實，卽降詔戒止；且令篤恩信，設方略制禦，無尙討伐以滋驚擾。二年，旭言夷人恃巖險，未卽歸服。詔文思副使孫正辭等爲都巡檢使，乃分三路入其境，脅以兵威，皆震慴伏罪。三年，正辭言夷人安集，降詔嘉獎。先有蠻羅忽餘甚忠順，防援井監〔三〕，捕殺違命者不已，上遣內臣郝昭信褒慰之，且諭以赦蠻黨前罪，勿復邀擊。

四年，茂州夷族首領、耆老，刑牛犬於三溪，誓不侵擾州界。又峽路鈐轄執爲亂夷人王羣體等至闕下，上曰：「蠻夷不識教義，向之爲亂，亦守臣失於綏撫。」並免死，分隸江、浙遠地。其年，霸州董喆爲其巡檢使董延早所殺。五年，黎洞夷人互相殺害，巡檢使發兵掩捕。上聞而切責之曰：「蠻夷相攻，許邊吏和斷，安可擅發兵甲，或致擾動？」卽令有司更選可任者代之。

六年〔四〕，晏州多剛縣夷人斗望、行牌率衆劫淯井監，殺駐泊借職平言，大掠資畜，知瀘州江安縣、奉職文信領兵趨之，遇害。民皆驚擾，走保戎州。轉運使寇瑊卽令諸州巡檢會江安縣，集公私船百餘艘，載糧甲，張旗幟，擊銅鑼，鼓吹，自蜀江下抵淸浮壩，樹營栅，招安近界夷族，諭以大兵將至，勿與望等同惡。未幾，納溪、藍順州刺史史个松〔五〕，生南八姓諸團，烏蠻狗廣〔六〕王子界南廣溪〔七〕移、悅等十一州刺史李紹安，山後高、鞏六州及江安界娑婆村首領，並來乞盟，立竹爲誓門，刺猫狗雞血和酒飲之，誓同力討賊。瑊乃署牓，許以官軍至不殺其老幼，給賜衣幣酒食。上遣內殿崇班王懷信乘傳與瑊等議綏撫方略，瑊言斗望等屢爲寇鈔，恃寬赦不悛惡，今請發嘉、眉屯兵捕剪，以震懼之。

六年九月，詔懷信爲嘉、眉、戎、瀘等州水陸都巡檢使，閤門祗候康訓、符承訓爲都同巡檢使，及發虎翼、神虎等兵三千餘人，令懷信與瑊商度進討。上因謂樞密使陳堯叟曰："往時孫正辭討蠻，有虎翼小校率衆冒險者三人，朕志其姓名，今以配懷信。正辭嘗料簡鄉丁號『白芀子兵』，以其識山川險要，遂爲鄉導，今亦令懷信召募。又使臣宋貢屢規畫溪洞事，適中機要，以貢知江安縣與懷信等議事。"瑊乃點集昌、瀘〔八〕、富順監白芀子弟得六千餘人。十一月，懷信、康訓分領，緣溪入合灘，至生南界斗滿村遇夷賊二千餘人，擊之，殺傷五百人，奪梭槍藤牌。會暮，收衆保砦。夷黨三千餘人分兩道，張旗喊呼來逼砦栅，懷信出擊，皆潰散。進壓娑婆，遇夷二千于羅固募村〔九〕，又破之。追至斗行村上屛風山，連破四砦。一日三戰，俘馘百餘人，奪資糧五千石、槍刀什器萬數，焚羅固募斗引等三十餘村、庵舍三千區。懷信又引兵至斗行村追擊過盧羅，射仆二百餘人，爇其欄栅千數。分遣部下於羅箇頰羅能落運等村及龍峨山掩殺，大獲戎具，斬首級及重傷投崖死者頗衆，燒舍千區及積穀累萬。兩路兵會于涇灘置砦，遣康訓部壕砦卒修涇灘路，以渡大軍。俄爲夷賊所邀，戰不利，訓顚于崖，死之。懷信引兵急擊，大敗之，追斬至涇灘。懷信夾砦于晏江口，瑊與符承訓偵知賊諜欲乘夜擊晏江，馳報懷信，卽自涇灘拔砦赴之。比至晏江北山，夷衆萬餘已自東南合勢逼懷信砦，懷信彀強弩環砦射賊，瑊等整衆乘高策援，夷人大懼而却，合擊破之，死傷千餘人。

七年正月，其酋斗望三路分衆來鬥，又爲官軍大敗，射殺數百人，溺江水死者莫計。夷人震讋，詣軍首服，納牛羊、銅鼓、器械，瑊等依詔撫諭。二月，還軍淯井，夷首斗望及諸村首領悉赴監自陳，願貸死，永不寇盜邊境。因殺三牲盟誓，辭甚懇苦。卽犒以牢酒，感悅而去。瑊、懷信等上言夷人寧息，請置淯井監壕栅，并許近界市馬。從之。

八年，夔州路上言黔州西南密州夷族張聲進遣使進奉，爲南寧州蕃落使龍漢璿邀奪〔一〇〕，讎劫不已，乞降敕書安撫。

天聖四年龍光凝、景祐三年龍光辨、康定元年龍光琇〔一一〕、慶曆五年龍以特、皇祐二年龍光澈等，繼以方物來貢獻。與以特俱至者七百十九人。是年，以安遠將軍、知蕃落使龍光辦爲寧遠軍大將軍，寧遠將軍知靜蠻軍節度使龍光凝、承宣武寧大將軍龍異豈並爲安遠大將軍，承宣奉化大將軍龍異魯爲武寧大將軍。至和中，龍以烈、龍異靜、首領張漢陛、王子羅以崇等皆入貢，命其首領而下九十三人爲大將軍至郎將。嘉祐中，以烈復至。大率龍姓諸部族地遠且貧，熙寧中來見，賜以袍帶等物，刺其數於背〔二〕。又有張玉、石自品者，嘉祐中來貢，而鵜州亦遣人貢馬。有董氏世知保州曰仲元者，襲是州二十餘年矣，至是益州鈐轄司表其善拊蠻夷，命爲本州刺史。鵜州、保州皆西南邊地也。又有夷在瀘州部，亦西南邊地，所部十州：曰鞏、曰定、曰高、曰奉、曰淯、曰宋、曰納、曰晏、曰投附、曰長寧，皆夷人居之，依山險，善寇掠。淯井監者，在夷地中，朝廷置吏領之，以拊御夷衆，或不得人，往往生事。

慶曆四年四月，夷人攻三江砦，詔秦鳳路總管司發兵千人選官馳往捕擊。既而瀘州教練使、生南招安將史愛誘降夷賊斗赦等，詔並補三班差使、殿侍、淯井監一路招安巡檢。未幾，夷衆復寇三江砦，指使王用等擊走之。

皇祐元年二月，夷衆萬餘人復圍淯井監，水陸不通者甚久。初，監戶負晏州夷人錢〔三〕而歐傷斗落妹，其衆憤怒，欲報之。知瀘州張昭信勸諭，既已聽服，而淯井監復執婆然村夷人細令等，殺長寧州落占等十人，故激成其亂。詔知益州田況發旁郡士卒，命梓夔路兵馬鈐轄宋定往援之。於是兩路合官軍洎白艻子弟幾二萬人與戰，兵死者甚衆，飢死又千餘人，數月然後平。賜況及轉運使敕書，褒獎宋定而下十三人，進秩有差。後況還朝，乃奏夷衆連年爲亂，繇主者非其人，請令轉運、鈐轄司舉官爲知監、監押，代還日，特遷一資。從之。

嘉祐二年，三里村夷斗還等百五十人復謀內寇。有黃土坎夷斗蓋，長寧州人也，先以其事來告。淯井監引兵趣之，捕斬七千餘級。鈐轄司上聞，詔賜斗蓋錢三十萬、錦袍、銀帶。明年，又補斗蓋長寧州刺史。

瀘州部舊領姚州廢已久，有烏蠻王子得蓋者來居其地，部族最盛，數遣人詣官，自言願得州名以長夷落。事聞，因賜號姚州，鑄印予之。得蓋又乞敕書一通以遺子孫，詔從其請。

夔州路又有溱、南二州夷，頗盛彊，皇祐初，詔自今歲遣使者存問之。

雅州西山野川路蠻者，亦西南夷之別種也，距州三百里，有部落四十六，唐以來皆爲羈縻州。太平興國三年，首領馬令膜等十四人以名馬、犛牛、虎豹皮、麝臍來貢，并上唐朝敕書告身凡七通，咸賜以冠帶，其首領悉授官以遣之。紹聖二年〔四〕，以碉門砦蠻部王元壽襲懷化司戈云。

黎州諸蠻，凡十二種：曰山後兩林蠻，在州南七日程；曰邛部川蠻〔一五〕，在州東南十二程；曰風琶蠻，在州西南一千一百里；曰保塞蠻，在州西南三百里；曰三王蠻，亦曰部落蠻，在州西百里；曰西箐蠻，有彌羌部落，在州西三百里；曰淨浪蠻，在州南一百五十里；曰白蠻，在州東南一百里；曰烏蒙蠻，在州東南千里；曰阿宗蠻，在州西南二日程。凡風琶、兩林、邛部皆謂之東蠻，其餘小蠻各分隸焉。邛部於諸蠻中最驕悍狡譎，招集蕃漢亡命，侵攘他種，閉其道以專利。曰大雲南蠻，曰小雲南蠻，卽唐南詔，今名大理國，自有傳。夷俗尙鬼，謂主祭者鬼主，故其酋長號都鬼主。

山後兩林蠻〔一六〕，後唐天成間始來貢。開寶二年六月壬子，勿兒遣部落將軍離魚以狀白黎州，期十月內入貢，成都府以聞，詔嘉答之。至是來朝，賜以器幣。由黎州南行七日而至其地，又一程，至嶲州。嶲州今廢，空城中但有浮圖一。又二程，至建昌城。又十七程，至雲南。三年七月，又朝貢。六年四月，邛部川歸德將軍阿伏上言，爲山後兩林蠻勿兒率衆侵掠堡砦。八年，懷化將軍勿尼等六十餘人來貢，詔以勿尼爲歸德將軍，又以兩林蠻大鬼主蘇吠爲懷化將軍。

太平興國二年，遣使王子卑綵、副使牟蓋、鬼主還祖等七十八人以名馬來貢，乞頒正朔。下詔曰：「山後兩林蠻主歸德將軍勿尼、懷化將軍勿兒等克慕聲明，遠脩職貢，並增環衞之秩，俾爲夷落之榮。勿尼可特授歸德大將軍，勿兒可特授懷化大將軍。」是冬，又遣使離魚貢犀二株、馬九匹，來賀登極。四年，勿兒與都鬼主又遣王子祚遇以名馬來貢。八年，蠻主弟牟昂及王子牟蓋、摩忙、卑愧、副使牟計等二百三十九人來貢。詔以牟昂爲懷化大將軍，牟蓋等三人爲歸德郎將，牟計等百二十人並爲懷化司戈。

雍熙三年，勿尼等及其王子李奉恩復來貢馬。淳化元年，王子離魚、副使卑都、卑諭、鬼主岐禮等百二十八人來貢。詔授離魚歸德將軍，卑都保順郎將，卑諭歸德司戈，卑熱等五十四人懷化司戈。

天禧二年，山後兩林百蠻都鬼主李阿善遣將軍卑熱等一百五十人來貢。

邛部川蠻，亦曰大路蠻，亦曰勿鄧，居漢越巂郡會無縣地。其酋長自稱「百蠻都鬼主」。開寶二年六月〔七〕，都鬼主阿伏白黎州，期以十月令王子入貢，成都府以聞，詔嘉納之。四年，黎州定遠兵士構叛，聚居鹿角溪，阿伏令弟遊擊將軍卑吠等率衆平之。詔賜阿伏銀帶、錦袍，并賜其衆銀帛各百，以爲歸德將軍。六年，阿伏與山後兩林蠻主勿兒言語相失，勿兒率兵侵邛部川，頗俘殺部落。黎州以聞，並賜詔慰諭，令各守封疆，勿相侵犯。

太平興國四年，首領牟昂、諸族鬼主副使離襪等各以方物來貢。

雍熙二年，都鬼主諸驅并其母熱兇遣王子阿有等百七十二人以方物、名馬來貢。詔以諸驅爲懷化將軍，並賜其母銀器。

端拱二年，遣弟少蓋等三百五十人來賀籍田，貢御馬十四匹、馬二百八十匹、犀角二、象牙二、莎羅毯一、合金銀飾蠻刀二、金飾馬鞍勒一具、羱羊十、犛牛六。詔以少蓋爲歸德郎將。

淳化元年，諸驅自部馬二百五十匹至黎州求互市，詔增給其直。諸驅令譯者言更入西蕃求良馬以中市。二年，復遣子牟昂、叔離襪以方物、良馬、犛牛來貢，仍乞加恩。詔授諸驅懷化大將軍，少蓋懷化將軍，牟昂歸德將軍，離襪懷化司戈；又封諸驅母歸德郡太君熱兇寧遠郡太君，弟離遮、小男阿醉都判官，任彥德等一百九十一人爲懷化司戈。

至道元年，李順亂西川〔六〕，王繼恩討平之。遣嘉州牙校辛顯使〔七〕，諸驅奉淳化二年所授官告、敕書及日曆爲信，因言與賊樊秀等接戰，敗之，復請朝覲，通嘉州舊路。繼恩上言：「通嘉州路非便，只令於黎州賣馬。」詔不允。其入覲王子一十九人并加官，鬼主三十六人並賜敕書以撫之。至道三年，遣王子阿醉來朝。

眞宗咸平二年，遣王子部的等來貢文犀、名馬，賜衣帶、器幣有差。又乞給印，以「大渡河南山前、後都鬼主」爲文，從之。五年，又遣王子離歸等二百餘人入貢。六年，黎州言邛部川都蠻王諸驅卒，其子阿遹立。

景德二年，阿遹遣王子將軍百九十二人來貢。詔授阿遹安遠將軍，阿遹叔懷化將軍，阿育爲歸德將軍，離歸爲懷化將軍，大判官懷化司候任彥德、王子將軍部的並爲懷化郎將，判官任惟慶爲懷化司候。大中祥符元年，遣將軍趙勿娑等獻名馬、犀角、象齒、娑羅毯，會于泰山。禮畢，阿遹加恩，勿娑等厚賜遣還。

天聖八年十月，邛部川都蠻王黎在遣卑郎、離減等來貢方物。時占城、龜茲、沙州亦皆入貢，至以家自隨。晏殊因請圖其人物衣冠，并訪道里風俗以上史官，詔可。九年三月，命黎在爲保義將軍，又命其部族爲郎將、司戈、司候，凡三十餘人。明道元年，黎州言黎在請三歲一貢，詔諭以道路遐遠，聽五年一至。景祐初，黎州復言邛部蠻請歲入貢，詔如明道令。寶元元年，百蠻都王忙海遣將軍卑蓋等貢方物，且請三歲一貢，不許。

慶曆四年，邛部川山前、山後百蠻都鬼主牟黑遣將軍阿濟等三百三十九人獻馬二百一

十、犛牛一、大角羊四、犀株一、莎羅毯一。慶曆間，有都鬼主弁黑等入貢。未幾，其王咩壘擾邊，知黎州孫固使其首領苴尅殺之。

熙寧三年，苴尅遣使來賀登寶位，自稱「大渡河南邛部川山前、山後百蠻都首領」，賜敕書、器幣、襲衣、銀帶。是年，苴尅死，詔以其子韋則爲懷化校尉、大渡河南邛部川都鬼主。九年，遣其將軍卑郎等十四人入貢。

乾道元年，詔以崖襪襲兄蒙備金紫光祿大夫、懷化校尉、都鬼主如故。淳熙元年，吐蕃寇西邊，崖襪率衆掩擊，詔嘉其功。二年五月，兩林蠻王弟籠畏及酋長崖來率部義等攻邛部川之籠甕城，不克，大掠而去。崖襪追之，不及。制置使范成大檄黎州嚴加備禦。八年，崖襪死，其姪墨崖襲職。詔黎州屯戍土軍、禁軍及西兵，遇有邊事並聽本州守臣節制。嘉定九年，邛部川逼於雲南，遂伏屬之。其族素效順，捍禦邊陲，既折歸雲南，失西南一藩籬矣。

風琶蠻，咸平初，其王曩葵遣使烏柏等貢馬五十七匹，素地紅花娑羅毯一，來賀即位。詔授曩葵及進奉使等官，優賜遣之。景德三年，又遣烏柏來貢，詔授曩葵歸德將軍，烏柏等四十六人弟遷郎將、司階、司戈。

保塞蠻〔一〇〕，開寶間，其蠻七十餘人由大渡河來歸，時時來貨其善馬。紹興二十七年，川、秦都大司言：「漢地民張太二姑率衆劫殺市馬蠻客崖遇等，恐啓邊釁，已加慰諭，併償其直矣。」詔免知州唐秬及通判陳伯強官，抵首賊法。

部落蠻，有劉、楊、郝、趙、王五姓〔一一〕。淳熙七年十月，黎州五部落蠻貢馬三百匹求內附，詔許通互市，卻其所獻馬。

彌羌部落。乾道九年，吐蕃青羌以知黎州宇文紹直不讎其馬價，憤怨爲亂。詔帥憲撫安之〔一二〕，紹直罷免。青羌首領奴兒結等市馬黎州，大肆虜掠，權州事王昉多給金帛，亟遣還。宣撫使虞允文言昉貪功，恐他部效尤，漸啓邊釁。詔降昉兩官。十月，黎州吐蕃復寇邊，攻虎掌砦。詔四川宣撫司檄成都府調兵二千人戍黎州以禦之。

淳熙二年，奴兒結還所虜生口三十九人，黎州與之盟，復聽其互市，給賞歸之。制置使范成大言：「所虜未盡歸我，豈可復與通好？」詔謫宇文紹直，編管千里外。成大增黎州五砦，籍強壯五千人爲戰兵；吐蕃入寇之徑凡十有八，皆築堡戍之。奴兒結率衆二千扣安靜砦。咸大調飛山卒千人赴之，度其三日必遁，戒勿追。已而果然。青羌奴兒結爲邊害者十餘年，其後制置使留正以計禽殺之，盡殲其黨。淳熙十二年，趙汝愚代爲制置使，或謂殺降不祥，必啓邊患，汝愚不爲動，但分守險要，嚴備以待之。明年，奴兒結弟三開果入寇，邊備完固，三開不能攻，走歸。汝愚縣重賞以間羣蠻，三開不能孤立，遂以憂死。時虛恨蠻族最強，破小路蠻，併其地，與黎州接壤，請通互市。汝愚以黎州三面被邊，若更通虛恨蠻，恐重貽他日之憂，不若拒之爲便。帝以其知大體，從之。尋汝愚以定青羌功加龍圖閣直學士。

嘉定元年十二月，彌羌蓄卜由惡水渡河，寇黎州，破碉子砦。初，蓄卜弟悶巴至三衙爲人所殺，又徙白水村渡於安靜砦，羌人患之。蓄卜遂與青羌詣邛部川，欲假道女兒城以入寇。守臣楊子謨諜知之，數以貲遺其都王母，俾毋假道〔三〕，時時餽米以濟其饑，蠻人德之。會趙公庇代爲郡〔四〕，靳不與，蓄卜遂得假道渡河，攻茆坪砦，掠三松、鼉砂、横山、三增、白羊諸村。郡遣西兵將党壽禦之〔五〕，失利，復遣統領王光世往。羌人由茆坪以革船渡河，光世憚之，留屯三衙不敢進。羌人焚掠既盡，渡河而歸。二年二月，復寇黎州良溪砦，官軍敗績。八年二月，蓄卜降。蓄卜連年入寇，皆青羌曳失索助之，守臣袁柟遣安靜砦總轄杜軫招降之。

他如浮浪蠻〔二六〕、白蠻、烏蒙蠻、阿宗蠻，則其地各有所服屬云。

敍州三路蠻：西北曰董蠻，正西曰石門部，東南曰南廣蠻。

董蠻在馬湖江右，僰侯國也。唐羈縻馴、騁、浪、商四州之地〔二七〕。其酋董氏，宋初有董春惜者貢馬〔二八〕，自稱「馬湖路三十七部落都王子」。其地北近犍爲之沭川賴因砦。砦阨險，蠻數寇抄。熙寧、紹聖中，朝廷皆爲徙賴因監押駐榮丁砦，而以縣吏控截。政和五年，始改差監押充知砦事，蠻寇掠如故。

南廣蠻在敍州慶符縣以西，爲州十有四。大觀三年，有夷酋羅永順、楊光榮、李世恭等各以地內屬，詔建滋、純、祥三州，後皆廢。

石門蕃部與臨洮土羌接，唐曲、播等十二州之地。俗椎髻、披氈、佩刀，居必欄柵，不喜耕稼，多畜牧。其人精悍善戰鬥，自馬湖、南廣諸族皆畏之。蓋古浪稽、魯望諸部也。

威州保霸蠻者，唐保、霸二州也。天寶中所置，後陷沒。酋董氏，世有其地，與威州相錯，因羈縻焉。

保州有董仲元、霸州有董永錫者，嘉祐及熙寧中皆嘗請命於朝。政和三年，知成都龐恭孫始建言開拓，置官吏。於是以董舜咨保州地爲祺州，董彥博霸州地爲亨州，授舜咨刺史，彥博團練使。舜咨尋遷觀察使；彥博留後，遂爲節度使。詔成都給居第、田十二頃。二州經費歲用錢一萬二千一百緡，米麥一萬四千七百石，絹二千八百五十匹，紬布、綾綿、茶、鹽、銀等不預焉。後皆爲砦。

茂州諸部落，蓋、塗、靜、當、直、時、飛、宕、恭等九州蠻也。蠻自推一人爲州將，治其衆，而常詣茂州受約束。茂州居羣蠻之中，地不過數十里，宋初無城隍，惟植鹿角自固。蠻乘夜屢入寇，民甚苦之，熙寧八年，相率詣州請築城，知州事范百常實主是役。蠻以爲侵其地，率衆奄至，百常擊走之，乃合靜、時等蠻來寇。百常拒守凡七十日。詔遣王中正將陝西兵來援，入恭州、宕州，誅殺頗衆，蠻乃降。

政和五年，有直州將郅永壽、湯延俊、董承有等各以地內屬，詔以永壽地建壽寧軍，延俊、承有地置延寧軍。時威州亦建亨、祺二州，然亨至威纔九十里，壽寧距茂纔五里，在大旱江之外，非扼控之所，未幾皆廢〔二九〕。

七年，塗、靜、時、飛等州蠻復反茂州，殺掠千餘人。知成都周燾遣兵馬鈐轄張永鐸等擊之，畏懦不敢進，皆坐黜。以孫羲叟節制綿、茂軍，於是中軍將种友直等破其都祿板舍原諸族，蠻敗散。其酋旺烈等詣茂州請降，乃班師。授旺烈官，月給茶綵。自後蠻亦驕。宣和五年，宕、恭、直諸部落入寇。六年，塗、靜蠻復犯茂州云。

渝州蠻者，古板楯七姓蠻，唐南平獠也。其地西南接烏蠻、昆明、哥蠻、大小播州，部族數十居之。

治平中，熟夷李光吉、梁秀等三族據其地〔三〇〕，各有衆數千家。間以威勢脅誘漢戶，有不從者屠之，沒入土田。往往投充客戶，謂之納身，稅賦皆里胥代償。藏匿亡命，數以其徒僞爲生獠劫邊民，官軍追捕，輒遁去，習以爲常，密賂黠民覘守令動靜，稍築城堡，繕器甲。遠近患之。

熙寧三年，轉運使孫固、判官張詵使兵馬使馮儀、弁簡、杜安行圖之，以禍福開諭，因進兵，復賓化砦，平蕩三族。以其地賦民，凡得租三萬五千石，絲綿一萬六千兩。以賓化砦爲隆化縣，隸涪州；建榮懿、扶歡兩砦。

其外銅佛壩者，隸渝州南川縣，地皆膏腴。自光吉等平，他部族據有之。朝廷因補其土人王才進充巡檢，委之控扼。才進死，部族無所統，數出盜邊。朝廷命熊本討平之，建爲南平軍，以渝州南川、涪州隆化隸焉。

元豐四年，有楊光震者，助官軍破乞弟，殺其黨阿訛。大觀二年，木攀首領趙泰、播州夷族楊光榮各以地內屬，詔建溱、播二州，後皆廢。

黔州、涪州徼外有西南夷部，漢牂牁郡，唐南寧州、牂牁、昆明、東謝、南謝、西趙、充州諸蠻也〔三〕。其地東北直黔、涪，西北接嘉、敍，東連荊楚，南出宜、桂。俗椎髻、左衽，或編髮；隨畜牧遷徙亡常，喜險阻，善戰鬥。部族共一姓，雖各有君長，而風俗略同。宋初以來，有龍蕃、方蕃、張蕃、石蕃、羅蕃者，號「五姓蕃」，皆常奉職貢，受爵命。

治平四年十二月，知靜蠻軍、蕃落使、守天聖大王龍異閣等入見，詔以異閣爲武寧將軍，其屬二百四十一人各授將軍及郎將。

熙寧元年，有方異現，三年，有張漢興各以方物來獻，授異現靜蠻軍，漢興捍蠻軍，並節度使。六年，龍蕃、羅蕃、方蕃、石蕃八百九十人入覲，貢丹砂、氈、馬，賜袍帶、錢帛有差。其後，比歲繼來。龍蕃衆至四百人，往返萬里，神宗憫其勤，詔五姓蕃五歲聽一貢，人有定數，無輒增加，及別立首領，以息公私之擾。命宋敏求編次諸國貢奉錄，客省、四方館撰儀，皆著爲式。

元豐五年，張蕃乞添貢奉人至三百，詔故事以七十人爲額，不許。七年，西南程蕃乞貢方物，願依五姓蕃例注籍。從之。

元祐二年，西南石蕃石以定等齎表，自稱「西平州武聖軍」。禮部言元豐著令以五年一貢爲限，今年限未及。詔特令入貢。五年，八年，紹聖四年，龍蕃皆貢方物。龍氏於諸姓爲最大，其貢奉尤頻數，使者但衣布袍，至假伶人之衣入見，蓋實貧陋，所冀者恩賞而已。故事，蠻夷入貢，雖交阯、于闐之屬皆御前殿見之，獨此諸蕃見於後殿，蓋卑之也。

元符二年，又有牟韋蕃入貢，詔以進奉人韋公憂、公市、公利等爲郎將〔三〕。

諸蕃部族數十，獨五姓最著，程氏、韋氏皆比附五姓，故號「西南七蕃」云。

施州蠻者，夔路徼外熟夷，南接牂牁諸蠻，又與順、富、高、溪四州蠻相錯，蓋唐彭水蠻也。

咸平中，施蠻嘗入寇，詔以鹽與之，且許其以粟轉易，蠻大悅，自是不爲邊患。後因飢，又以金銀倍實直質于官易粟，官不能禁。熙寧六年，詔施州蠻以金銀質米者，估實直；如七年不贖，則變易之。著爲令。

熊本經制淯井事，蠻酋田現等內附，夔路轉運判官董鉞、副使孫珪、知施州寇平，皆以招納功被賞。

施、黔比近蠻，子弟精悍，用木弩藥箭，戰鬥趫捷，朝廷嘗團結爲忠義勝軍。其後，瀘州、淯井、石泉蠻叛，皆獲其用。

高州蠻，故夜郎也，在涪州西南。宋初，其酋田景遷以地內附〔三〕，賜名珍州，拜爲刺史。景遷以郡多火災，請易今名。大觀二年，有駱解下、上族納土，復以珍州名云。

瀘州西南徼外，古羌夷之地，漢以來王侯國以百數，獨夜郎、滇、邛都、雟、昆明、徙、莋都、冉駹、白馬氐爲最大。夜郎，在漢屬牂牁郡，今涪州之西，溱、播、珍等州封域是也；滇，在漢爲益州郡，今姚州善闡之地是也；邛都，雟州會同川與吐蕃接，今邛部川蠻所居也；雟，今雟州；昆明，在黔、瀘徼外，今西南蕃部所居也；徙，今雅州嚴道地；莋都，在黎州南，今兩林及野川蠻所居地是也；冉駹，今茂州蠻、汶山夷地是也；白馬氐，在漢爲武都郡，今階州、汶州，蓋羌類也；此皆巴蜀西南徼外蠻夷也。自黔、恭以西，至涪、瀘、嘉、敍，自階又折而東，南至威、茂、黎、雅，被邊十餘郡，綿亘數千里，剛夷惡獠，殆千萬計。自治平之末訖于靖康，大抵皆通互市，奉職貢，雖時有剽掠，如鼠竊狗偷，不能爲深患。參考古今，辨其封域，以見琛賮之自至，梯航之所及者爾。若夫邊荆楚、交廣，則係之溪峒云。

瀘州蠻

淯水夷者，羈縻十州五囤蠻也，雜種夷獠散居溪谷中。慶曆初，瀘州言：「管下溪峒十州，有唐及本朝所賜州額，今烏蠻王子得蓋居其地。部族最盛，旁有舊姚州，廢已久，得蓋願得州名以長夷落。」詔復建姚州，以得蓋爲刺史，鑄印賜之。得蓋死，其子竊號「羅氏鬼主」。鬼主死，子僕射襲其號，浸弱不能令諸族。

烏蠻有二酋領：曰晏子，曰斧望箇恕，常入漢地鬻馬。晏子所居，直長寧、寧遠以南，斧望箇恕所居，直納溪、江安以東，皆僕夜諸部也。晏子距漢地絕近，猶有淯井之阻。斧望箇恕近納溪，以舟下瀘不過半日。二酋浸強大，擅劫晏州山外六姓及納溪二十四姓生夷。夷弱小，皆相與供其寶。

熙寧七年，六姓夷自淯井謀入寇，命熊本經制之。景思忠戰沒〔三〕，本將蜀兵，募土丁及夷界黔州弩手，以毒矢射賊，賊驚潰。於是山前後、長寧等十郡八姓及武都夷皆內附。提點刑獄范百祿作文以誓之曰：

蠢茲夷醜，淯溪之滸。爲虺爲豺，憑負固圉。殺人于貨，頭顱草莽。莫慘燔炙，莫悲奴虜。狃虓熟慝，胡可悉數。疆吏苟玩，噤不敢語。

奮若之歲，會是彊禦。躑躅嘯聚，三壕、羅募。僨我將佐，戕我士伍。西南繹騷，帝赫斯怒。帝怒伊何？神聖文武。民所安樂，惟曰慈撫。民所疾苦，惟曰砭去。乃用其良，應變是許。粥熊裔孫，爰馭貔虎。殲其渠酋，判其黨與。既奪之心，復斷右股。

攝提孟陬，徂征有敍。背孤擊虛，罙入厥阻。兵從天下，鐵首其舉。紛紜騰沓，莫敢嬰牾。火其巢穴，及其囷貯。曁其貲畜，墟其林橆。殺傷係纍，以百千數。涇灘望風，悉力比附。丁爲帝民，地曰王土。投其器械，籍入官府。百死一贖，莫保銅鼓。

歃盟神天，視此狗鼠。敢忘誅絕，以干罪罟。乃稱上恩，俾復故處。殘醜厥角，泣血怨語：「天子之德，雨暘覆護。三五噍類，請比涇仵。」

大邦有令，其戒警汝：天既汝貸，汝勿予侮。惟十九姓，往安汝堵。吏治汝責，汝力汝布。吏時汝耕，汝稻汝黍。懲創于今，無忕往古。小有堡障，大有城戍。汝或不聽，汝擊汝捕。尙有虓將，突騎強旅。傳此黔軍，毒矢勁弩。天不汝容，暴汝居所。不汝遺育，悔於何取！

立石于武寧砦。

熊本言二酋桀黠，不羈縻之則諸蠻未易服，遂遣人說誘招納。於是晏子、斧望箇恕及僕夜皆願入貢，受王命。晏子未及命而死，乃以箇恕知歸來州，僕夜知姚州，以箇恕之子乞弟、晏子之子沙取祿路並爲把截將、西南夷部巡檢。

八年，俞州獠寇南州，獠酋阿訛率其黨奔箇恕。熊本重賞檄斬訛。訛桀黠，習知邊境虛實，箇恕匿不殺，詭降于納溪。訛得不死，甚德箇恕，爲伺邊隙。會箇恕老厭兵，以事屬乞弟，遂與訛侵諸部。

十年，羅苟夷犯納溪砦。初，砦民與羅苟夷競魚笱〔三五〕，誤毆殺之，吏爲按驗。夷已忿，謂：「漢殺吾人，官不償我骨價，反暴露之。」遂叛。提點刑獄穆珦言〔三六〕：「納溪去瀘一舍，羅苟去納溪數里，今託事起端，若不加誅，則烏蠻觀望，爲害不細。」乃詔涇原副總管韓存寶擊之〔三七〕。存寶召乞弟等犄角，討蕩五十六村，十三囤蠻乞降，願納土承賦租。乃詔罷兵。

元豐元年，乞弟率晏州夷合步騎六千至江安城下，責平羅苟之賞。城中守兵纔數百，震恐不能授甲，蠻數日乃引去。知瀘州喬敍要欲與盟，遣梓夔都監王宣以兵二千守江安，仍奏以乞弟襲歸來州刺史。韓運遣小校楊舜之召乞弟拜敕，乞弟不出；遣就賜之，亦不見；而令小蠻從舜之取敕以去。喬敍因沙取祿路以賄招乞弟，乃肯來。

三年，盟于納溪。蠻以爲畏己，益悖慢。盟五日，遂以衆圍羅箇牟族。羅箇牟，熊本所團結熟夷也。王宣往救之，蠻解圍，合力拒官軍。宣與一軍皆沒，事遂張，馹召存寶授方略，統三將兵萬八千趨東川。存寶怯懦不敢進，乞弟遂款紿降，存寶信之，遂休兵于綿、梓、遂、資間。

四年，詔以環慶副總管林廣代存寶，按寶逗撓，誅之。熟夷楊光震殺阿訛，詔林廣與光震同力討賊。乞弟恐，復遣款。帝以其前後反覆，無眞降意，督廣進師。廣遂破樂共城〔三九〕，至斗蒲村，斬首二千五百級。次落婆，乞弟乃納降。廣盛陳兵以受之，對語良久，乞弟疑有變，引衆遁。廣帥兵深入，會大雨雪，浹旬始次老人山，山形劍立。度黑崖，至鴉飛不到山。五年正月，次歸來州，天大寒，然桂爲薪，軍士皆凍墮指。留四日，求乞弟不可得。內侍麥文昞問廣軍事，廣曰：「賊未授首，當待罪。」文昞乃出所受密詔曰：「大兵深入討賊，期在梟獲元惡。如已破其巢穴，雖未得乞弟，亦聽班師。」軍中皆呼萬歲，曰：「天子居九重，明見萬里外。」乃以衆還。自納溪之役，師行凡四十日。築樂共城〔三九〕、江門砦、梅嶺席帽溪堡，西達淯井，東道納溪，皆控制要害。捷書聞，赦梓州路，以歸來州地賜羅氏鬼主。

乞弟既失土，窮甚，往來諸蠻間，無所依。帝猶欲招來之，命知瀘州王光祖開諭，許以自新。會其死，於是羅始党、斗然、斗更等諸酋請依十九姓團結，新收生界八姓、兩江夷族請依七姓團結，皆爲義軍。從之。自是瀘夷震慴，不復爲邊患。沙取祿路死，子鶩弊承襲。政和五年，晏州夷卜漏叛，砦將高公老遁，招討使趙遹討平之，授鶩弊西南夷界都大巡檢。事見趙遹傳。

校勘記

〔一〕唐置費珍莊琰播郎牂夷等州　「郎」下原有「牂牁」二字。宋會要蕃夷五之一〇、通考卷三二九四裔考所載，都無此二字；又唐無牂牁州，新唐書卷四三下地理志：「牂州，武德三年以牂牁首領謝龍羽地置，四年更名牁州，後復故名。」「牁」同「牁」，「牁」字也不當重出。「牂牁」二字衍，故刪。

〔二〕多種秔稻　「秔」原作「秧」，據宋會要蕃夷五之一二、通考卷三二九四裔考改。

〔三〕防援井監　「井監」，長編紀事本末卷二五作「淯井監」。

〔四〕六年　原作「五年」，據宋會要蕃夷五之一七、長編卷八一改。

〔五〕刺史史个松　「刺史」下原脫「史」字，據宋會要蕃夷五之一七、長編卷八一補。「个松」，長編同；會要作「介松」；本書卷三〇一寇瑊傳作「溪藍順史箇松」。

〔六〕烏蠻獨廣　「獨」，長編卷八一作「狃」。

〔七〕南廣溪　按本書卷八九地理志，移州在南廣溪洞；寰宇記卷七九，悦州也在南廣溪洞，此下疑脫「洞」字。

〔八〕昌瀘　「瀘」原作「盧」。按本書卷八九地理志，四川有昌州、瀘州，無盧州；又當時蠻夷所在地區大都屬瀘州境內，「盧」當爲「瀘」之訛，因改。

〔九〕羅固募村　「固」字原脫，據下文及長編卷八一補。

〔一〇〕黔州西南溪州夷族張聲進遣使進奉爲南寧州蕃落使龍漢璙邀奪　「黔州西南溪州」，原作「南寧州」；「蕃落使」上原脫「南寧州」三字。按宋會要蕃夷五之一九，張聲進爲黔州西南溪州蕃族而非南寧州夷族，並謂其貢物爲南寧州龍漢璙刦截；上文龍漢璙爲南寧州夷族首領，亦無邀奪本族貢物之理，顯有舛誤。因據會要及上文移補。

〔一一〕景祐三年龍光辨康定元年龍光琇　「康定元年龍光琇」原在「景祐三年龍光辨」之前，據年代次序及宋會要蕃夷五之二〇至五之二一移正。

〔一二〕刺其數於背　「背」，通考卷三二九四裔考作「臂」。

〔一三〕初監戶負晏州夷人錢　「負」字原脫，據宋會要蕃夷五之二二、長編紀事本末卷四九補。

〔一四〕紹聖二年　宋會要蕃夷五之四作「元符三年」。

〔五〕邛部川蠻　「川」原作「州」，據本書卷五太宗紀、宋會要蕃夷五之五六、通考卷三三〇四裔考改。下文「邛部川」的「川」原都作「州」，並據此改正。「蠻」字原脫，據後文補。

〔六〕山後兩林蠻　五字原脫，據通考卷三三〇四裔考補。

〔七〕開寶二年六月　「二年」原作「三年」，據長編卷一〇、玉海卷一五四改。

〔八〕李順亂西川　「李順」原作「李淳」，據長編卷三五改。

〔九〕遣嘉州牙校辛顯使　按長編卷一〇開寶二年六月注引辛怡顯雲南至道錄，謂怡顯兩至雲南，親見「淳化末朝廷所賜諸驅詔甚具」，與下文所敍諸驅奉所授官告等爲信事相符；通考卷二百經籍考雲南至道錄條及玉海卷五八天禧雲南錄條，謂係辛怡顯出使雲南（後書爲黎、巂界）歸後所作，其出使事由都與本卷遣辛顯出使事一致。本卷之辛顯當卽此三書之辛怡顯，其出使地區當爲諸驅領地，疑此處有所省脫。

〔一〇〕保塞蠻　「保」原作「寶」，據上文及宋會要蕃夷五之五八、長編卷一四改。

〔一一〕部落蠻有劉楊郝趙王五姓　「趙王」二字原脫；「五」原作「三」。按朝野雜記乙集卷一九庚子五部落之變條，五部落「有姓郝、趙、王、劉、楊五族，因以得名」。據改。

〔一二〕詔帥憲撫安之　「帥」原作「師」，據宋會要蕃夷五之六〇改。

〔一三〕數以貲遺其都王母俾毋假道　兩朝綱目卷一一、朝野雜記乙集卷二〇戊辰嶲卜之變條都作「以財帛遺都王，毋令假道。」兩朝綱目又引宋史作注，內容與本卷同。

〔二四〕趙公庀　「庀」，同上二書同卷都作「庇」。

〔二五〕党壽　「壽」，同上二書同卷都作「燾」。

〔二六〕浮浪蠻　前文作「淨浪蠻」。

〔二七〕馴騁浪商　「商」，原爲唐的殷州，避趙匡胤父諱改。兩朝綱目卷一三、朝野雜記乙集卷二〇辛未利店之變條仍作「殷」。

〔二八〕董舂惜　「舂」，同上二書同卷及宋會要蕃夷五之一一都作「春」。

〔二九〕「政和五年」至「未幾皆廢」　按本書卷八九地理志，亨、祺二州建於政和四年，廢於宣和三年；壽寧軍建於政和六年，八年廢爲砦，宣和三年廢爲堡，與此處所記略有出入。

〔三〇〕李光吉梁秀等三族　按太平治蹟統類卷一七作「李光吉王衮梁承秀三族」。

〔三一〕充州　原作「兗州」，據新唐書卷四三下地理志、通考卷三二八四裔考改。

〔三二〕又有牟韋蕃入貢詔以進奉人韋公憂公市公利等爲郎將　按「牟韋蕃」，宋會要蕃夷五之三四同，長編卷五〇六無「牟」字；「公憂公市」，同上二書同卷均作「公夏公布」。下文「韋氏」當爲「牟韋」之省。

〔三三〕其酋田景遷以地內附　「田景遷」原作「田仙」，據考異卷八二、本書卷四九三、長編卷六改。下文「景遷」原作「仙」，並據此改正。

〔二四〕景思忠戰沒　「景思忠」原作「景思立」，據本書卷四五二本傳及長編卷二四五改。思立為思忠之弟，戰沒於河州踏白城，未參與此次戰役。

〔二五〕呰民與羅苟夷競魚筍　「筍」原作「苟」，據長編卷二九〇改。

〔二六〕穆珣　宋會要蕃夷五之二五、長編卷二九〇作「穆珦」。

〔二七〕乃詔涇原副總管韓存寶擊之　宋會要蕃夷五之二四及長編卷二九〇無「副」字。

〔二八〕樂共城　原作「樂攻城」。按長編卷三一九及後文均作「樂共城」；又本書卷八九地理五，瀘州有樂共城，當即指此，據改。

〔二九〕築樂共城　「築」下原有「城」字，據宋會要蕃夷五之三〇、太平治蹟統類卷一七刪。

附錄

進宋史表

開府儀同三司、上柱國、錄軍國重事、中書右丞相、監修國史、領經筵事、提調宣政院太醫院廣惠司事臣阿魯圖等言：竊惟周公念先業之艱難，七月之詩是作；孔子論前王之文獻，二代之禮可言。故觀趙氏隆替之由，足見皇元混一之績。欽惟世祖聖德神功文武皇帝，初由宗邸親總大軍，龍旂出指於離方，羽葆歸登於乾御。櫛風沐雨，詎辭跋履之勞；略地攻城，咸遵稟授之算。揚舲而平江、漢，卷甲而克襄、樊，龔行弔伐之師，昭受寵綏之寄。及夫收圖書於勝國，輯黼扆於神京，拔宋臣而列政塗，載宋史而歸祕府。然後告成郊廟，錫慶臣民，推大賚以惟均，示一統之無外。樞庭偃武，既編戡定之勳；翰苑摛文，尋奉纂修之旨。事機有待，歲月易遷，累朝每切於繼承，多務未遑於制作。

臣阿魯圖等誠惶誠懼頓首頓首，欽惟皇帝陛下恢弘至道，紹述丕謨。往行前言，樂討論于古訓；祖功宗德，思揚厲于耿光。惟我朝大啓基圖，彼吳會後歸版籍，視金源其未遠，紬石室以具存，及茲累洽之時，成此彌文之典。命臣阿魯圖、左丞相臣別兒怯不花領史事，前右丞相臣脫脫爲都總裁，平章政事臣帖睦爾達世、御史大夫臣惟一、翰林學士承旨臣起巖臣玄、治書侍御史臣好文、禮部尚書臣沂、崇文太監臣宗瑞爲總裁官，平章政事臣納麟臣伯顏、前中書右丞臣達世貼睦邇、左丞臣守簡、參議臣岳柱臣拜住臣陳思謙、郎中臣斡欒臣孔思立等協恭董治，史官工部侍郎臣斡玉倫徒、秘書卿臣泰不華、太常僉院臣杜秉彝、翰林直學士臣宋褧、國子司業臣王思誠臣汪澤民、集賢待制臣干文傳、翰林待制臣張瑾臣貢師道、宣文閣鑒書博士臣麥文貴、監察御史臣余闕、太常博士臣李齊、翰林修撰臣劉聞、太醫院都事臣賈魯、國子助教臣馮福可、太廟署令臣陳祖仁、西臺御史臣趙中、翰林應奉臣王儀臣余貞、祕書著作佐郎臣譚慥、翰林編修臣張翥、國子助教臣吳當、經筵檢討臣危素編劘分局，彙粹爲書。起自東都，迄于南渡，紀載餘三百載，始終纔一再期。

考夫建隆、淳化之經營，景德〔一〕、咸平之潤色，慶曆、皇祐以忠厚美風化，元豐、熙寧以聰明紊憲章，馴致紹聖紛紜，崇寧荒亂，治忽昭陳於方册，操存實本於宮庭。若乃建炎、紹興之圖回，乾道、淳熙之保乂，正直用則人存政舉，邪佞進則臣辱主憂。光、寧之朝，僅守宗社；理、度之世，日蹙封疆，顧乃拘信使以渝盟，納叛臣而侵境，由姦權之擅命，啓事釁以召兵。

厥後瀛國歸朝，吉王航海，齊亡而訪王蠋，乃存秉節之臣；楚滅而諭魯公，堪矜守禮之國。載惟眞元之會合，屬當泰道之熙明，衆言殽亂於當時，大誼昭宣於今日。矧先儒性命之說，資聖代表章之功，先理致而後文辭，崇道德而黜功利，書法以之而矜式，彝倫賴是而匡扶。雖微董狐直筆之可稱，庶逃司馬寡識而輕信。至若論其有弊，亦惟斷以至公。大概聲容盛而武備衰〔三〕，論建多而成效少。且辭之煩簡以事，而文之今古以時，舊史之傳述既多，雜記之蒐羅又廣。於是參是非而去取，權豐約以損增，事嚴敢計於疾徐，日積亦虞於玩愒。

臣阿魯圖等忝司當揆，實預提綱，周詢在局之言，靡不究心乃職。第述作之才有限，而報效之志無窮，儻垂淸燕之觀〔三〕，倘助緝熙之益。曰若帝堯，曰若帝舜，惟聖心稽古之功；監于有夏，監于有殷，乃臣子告君之道。謹撰述本紀四十七卷，志一百六十二卷，表三十二卷，列傳、世家二百五十五卷，裝潢四百九十二帙，隨表塵獻以聞。下情無任慚懼戰汗屏營之至。臣阿魯圖等誠惶誠懼頓首頓首謹言。

至正五年十月二十一日，開府儀同三司、上柱國、錄軍國重事、中書右丞相、監修國史、領經筵事、提調宣政院太醫院廣惠司事臣阿魯圖等上表。

修史官員

領三史：

開府儀同三司、上柱國、錄軍國重事、中書右丞相、監修國史、領經筵事、提調宣政院

太醫院廣惠司事臣阿魯圖

開府儀同三司、上柱國、錄軍國重事、中書左丞相、領經筵事、提調寧徽寺事臣別兒

怯不花

都總裁：

開府儀同三司、上柱國、錄軍國重事，前中書右丞相、監修國史、領經筵事、都總裁

臣脫脫

總裁：

銀靑榮祿大夫、中書平章政事、知經筵事臣帖睦爾達世

銀靑榮祿大夫、御史大夫、知經筵事臣賀惟一

翰林學士承旨、榮祿大夫、知制誥、兼修國史臣張起巖

翰林學士承旨、榮祿大夫、知制誥、兼修國史臣歐陽玄

嘉議大夫、治書侍御史臣李好文
中大夫、禮部尙書臣王沂
正議大夫、崇文太監、檢校書籍事臣楊宗瑞

史官：

嘉議大夫、工部侍郎臣斡玉倫徒
太中大夫、秘書卿臣泰不華
通議大夫、僉太常禮儀院事臣杜秉彝
翰林直學士、亞中大夫、知制誥、同修國史、兼經筵事臣宋褧
朝請大夫、國子司業臣王思誠
集賢待制、朝請大夫臣干文傳
朝列大夫、國子司業臣汪澤民
翰林待制、奉議大夫、兼國史院編修官臣張瑾
宣文閣鑒書博士、奉訓大夫臣麥文貴
翰林待制、奉訓大夫、兼國史院編修官臣貢師道
奉訓大夫、太常博士臣李齊

承德郎、監察御史臣余闕
翰林修撰、儒林郎、同知制誥、兼國史院編修官臣劉聞
承務郎、太醫院都事臣賈魯
承直郎、國子助教臣馮福可
儒林郎、陝西諸道行御史臺監察御史臣趙中
承德郎、太廟署令臣陳祖仁
應奉翰林文字、文林郎、同知制誥、兼國史院編修官臣王儀
應奉翰林文字、文林郎、同知制誥、兼國史院編修官臣余貞
登仕郎、祕書監著作佐郎臣譚慥
翰林、國史院編修官臣張翥
國子助教臣吳當
經筵檢討臣危素

提調官：

光祿大夫、中書平章政事臣納麟
榮祿大夫、中書平章政事、知經筵事臣伯顏

翰林學士承旨、光祿大夫、知制誥、兼修國史、知經筵事、前中書右丞臣達世貼睦邇
資德大夫、中書左丞臣董守簡
資德大夫、參議中書省事臣岳柱
朝請大夫、參議中書省事臣拜住
奉議大夫、參議中書省事臣陳思謙
通議大夫、兵部尙書臣李獻
通議大夫、工部尙書臣路希賢
太中大夫、吏部尙書臣何執禮
朝列大夫、戶部尙書臣賽因不花
嘉議大夫、中書左司郎中臣斡欒
亞中大夫、中書左司郎中臣孔思立
承德郎、刑部侍郎臣全普俺撒里
朝列大夫、中書右司員外郎臣不顏不花
左司員外郎臣實禮門
奉議大夫、中書左司員外郎臣白潧

奉直大夫、禮部郎中臣逯魯曾
奉訓大夫、中書右司都事臣野仙
朝請大夫、中書右司都事臣鄭衍
奉政大夫、中書左司都事臣畢璉
中議大夫、中書左司都事臣陳仲端
奉直大夫、中書左司都事臣許從宜

校勘記

〔一〕景德　原作「景定」。按「景定」爲宋理宗年號，上文建隆、淳化分別爲太祖、太宗年號，下文咸平爲眞宗年號，尋繹文義，此處「景定」當爲「景德」之誤。今改。

〔二〕武備　歐陽玄圭齋文集卷一三本表作「實德」。

〔三〕清燕　原作「清熙」，據同上書同篇改。

中書省咨文(二)

皇帝聖旨裏。中書省據遼、金、宋三史總裁官呈:「照得近奉都堂鈞旨,委自提調繕寫宋史刻板正本,今已畢功。理合比依遼、金二史,從都省聞奏定奪,指定行省去處,刊刻印造,傳之方來。竊照元修史官翰林編修張翥、國子助教吳當二人,深知宋書事理。如蒙差委齎書前往所指去處,監臨刊刻,至於鋟梓之際,倘或工匠筆畫差訛,就便正是,似爲便宜。具呈照詳。」得此,都省除已差史官翰林應奉張翥馳驛齎宋史淨稿前去,委自本省文資正官、首領官、儒學提舉各一員,不妨本職提調,與差去官精選高手人匠,就用齎去淨稿依式鏤板,不致差訛;所用工物,本省貢士莊錢內應付,如果不敷,不以是何錢內放支,年終照算;仍禁約合屬,毋得因而一概動擾違錯;工畢,用上色高紙印造一百部,裝潢完備,差官赴都解納外,合行移咨,請照驗依上施行,先具依准咨來。須至咨者。右咨浙江等處行中書省。

至正六年　　月　　日。

刊刻官員（二）

行省提調官：

光祿大夫、江浙等處行中書省平章政事臣達世貼睦邇
江浙等處行中書省平章政事臣忽都不花
資善大夫、江浙等處行中書省左丞臣韓渙
江浙等處行中書省參知政事臣撒馬篤
江浙等處行中書省參知政事臣楊惟恭
朝列大夫、江浙等處行中書省左右司郎中臣烏剌沙
奉直大夫、江浙等處行中書省左右司郎中臣崔敬
奉訓大夫、江浙等處行中書省左右司員外郎臣赫德尒
奉政大夫、江浙等處行中書省左右司員外郎臣鄭璠
承德郎、江浙等處行中書省左右司都事臣徐槃
承務郎、江浙等處行中書省左右司都事臣馬黑麻
承務郎、江浙等處行中書省左右司都事臣李琰

掾史臣趙謙、許恆敬、宣使臣堵簡

杭州路提調官：

中議大夫、杭州路總管兼管內勸農事、知渠堰事臣趙璉

儒司提調官：

承務郎、江浙等處儒學副提舉臣李祁

監督儒官：

溫州路永嘉書院山長臣錢惟演

嘉興路儒學正臣應才

杭州路仁和縣儒學教諭臣劉元

杭州路儒學訓導臣黃常臣姚安道

校勘記

〔一〕中書省咨文　此題原無，今補。

〔二〕刊刻官員　此題原無，今補。